LA FAMILLE
SANS SUPERMARCHÉ

Dépôt légal : janvier 2019
ISBN : 978-2-8153-1284-4
N° éditeur : RU0014 (R19030)

www.rustica.fr

Chloé Landriot

LA FAMILLE SANS SUPERMARCHÉ

Préface de Paul Ariès

Consommation alternative : LE guide-témoignage !

Rustica éditions

SOMMAIRE

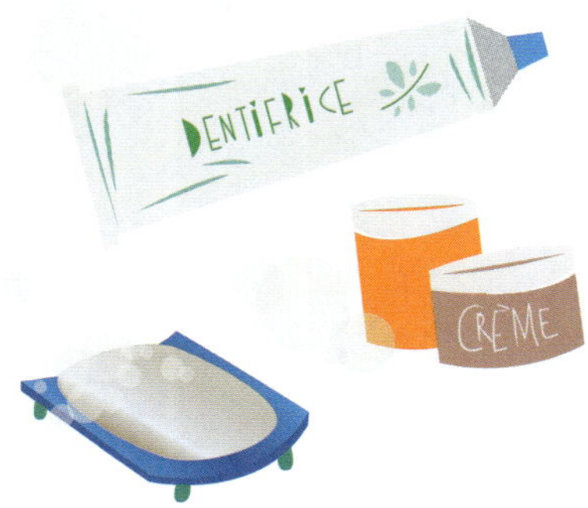
DENTIFRICE
CRÈME

PRÉFACE

QUE PEUVENT LES DÉÇUS ET LES EXCLUS DE L'HYPER-CONSOMMATION ?

Le livre que voici répond aux attentes de millions de consommatrices et de consommateurs, exclus ou déçus de la grande distribution. Il a su échapper aux travers habituels du genre : on ne trouve pas dans cette diatribe anti-hyper-super-marché le moindre soupçon de hargne contre les consommateurs lambda. Chloé Landriot appartient à cette joyeuse cohorte convaincue qu'on ne change pas le monde en culpabilisant les gens (« salauds de pauvres qui consommez si mal ! ») ni même en les sommant de réagir au nom de la catastrophe écologique. L'autrice donne envie, elle montre qu'une autre façon de penser, de faire, de vivre ses courses est possible. Ce livre campe donc du côté des passions joyeuses contre les passions tristes, il ouvre des pistes certes encore parfois broussailleuses mais avec la conviction, comme le disait le poète Antonio Machado, que le chemin se fait en marchant. Ce livre est donc beaucoup plus qu'un simple mode d'emploi de la vie sans supermarché : il donne à voir, à penser, à rêver.

Tout ce qui ne va pas dans ce monde ne se réduit pas, bien sûr, au supermarché, ni même à un quelconque autre objet : la voiture pour certains, la télévision selon d'autres... Chaque civilisation se caractérise cependant par ses fétiches. La société d'hyperconsommation possède également les siens, avec ses grands prêtres (les publicitaires), son propre calendrier (celui des soldes), ses objets de culte (le caddie et le linéaire), ses actions de grâce (bons d'achat et de réduction), et bien sûr, ses temples de la consommation que sont les supermarchés, voués à la religion du «toujours plus». On devine, à lire Chloé Landriot, que son refus du système des supermarchés procède d'un souci non seulement écologique mais foncièrement anthropologique : «Dites-lui comment vous faites vos courses, elle vous dira qui vous êtes !». L'humain serait donc aussi non pas seulement ce qu'il achète, mais comment et pourquoi il achète !

Ce tour d'horizon de la «consomm'action» est un bon symptôme de tout ce qui s'invente aujourd'hui au nom de l'avenir de nos enfants mais aussi, tout simplement, de la joie de vivre, du sens de l'existence. Oui, nous pouvons échanger nos œufs de poules de batterie contre des œufs de poules heureuses, oui, nous pouvons consommer responsable au regard des conséquences sociales, écologiques, politiques de nos achats. Chloé Landriot a oublié d'être amnésique, elle veut garder les yeux ouverts et rester consciente de ce qu'impliquent ses actes d'achat : elle sent bien que le consommateur de produits fabriqués et distribués dans de mauvaises conditions est, malgré lui, complice d'un système qu'il dénonce parfois. Son livre nous invite avec gentillesse à mettre nos actes en conformité avec nos valeurs et à y trouver du plaisir ! Car il y a du plaisir à échapper aux diktats des grandes marques, il y a du plaisir à se libérer de l'agression publicitaire, il y a du plaisir à fréquenter un commerce à taille humaine !

L'avènement d'une nouvelle ère du commerce, humain et responsable, est possible, car existe un «déjà là», des milliers d'alternatives qu'on découvrira au fil des pages. La force du système de la grande distribution est de rendre ces alternatives invisibles, de les caricaturer en styles de vie propres à la bonne couche de la société, celle des bobos, celle des donneurs de leçons et des gros porte-monnaie. Si la révolution des caddies devait être une nouvelle façon de reprendre l'éternel refrain anti-populaire, elle serait non seulement immorale, abjecte, mais vouée à l'échec. Le poète Rimbaud disait au XIXe siècle qu'il fallait rendre visible l'invisible : c'est en quelque sorte ce à quoi s'emploie ce livre ! Rendre visibles d'autres façons d'acheter, donc de vivre ! Cet ouvrage est une provocation... à agir avec lucidité et joie. J'aimerais ajouter une provocation... à penser « en dehors des clous », c'est-à-dire en dehors des idées toutes faites.

Nous avons de bonnes raisons d'espérer que les chemins qui se dessinent ici seront de plus en plus empruntés. La société de consommation n'est pas d'abord une société où l'on consomme plus que dans une autre, elle ne vient pas combler un vide : il n'y avait pas rien avant la fièvre acheteuse, mais d'autres façons de vivre, de penser, de sentir. La société de consommation a d'abord été la « casse » systématique des cultures populaires et rurales. Et il ne faudrait pas croire que celle-ci se soit effectuée sans résistances : il faut en moyenne deux générations pour faire de nous de bons petits consommateurs boulimiques. Nos anciens avaient la fâcheuse habitude de tourner sept fois leur porte-monnaie dans leur poche avant d'acheter quelque chose. Le coup de génie du système est d'avoir métamorphosé la figure de l'économe en celle du radin...

L'heureuse surprise, c'est que ces résistances renaissent sans cesse : les cohortes de déçus de la société d'hyperconsommation sont aussi nombreuses que celles des exclus de la consommation ! Ah, si ces deux catégories acceptaient de se donner la main ! On découvrirait alors que les gens ordinaires, nous toutes et tous, ne sommes pas des riches auxquels ne manquerait que l'argent : nous avons d'autres richesses, d'autres rapports au travail, au temps, à l'espace, à la vie, donc aussi à la consommation. Nous n'aspirons pas à partager le mode de vie des 1 % qui pillent la planète, mais à vivre bien. Ce vivre bien se conjugue aujourd'hui dans toutes les langues, qu'il s'agisse du « *buen vivir* » sud-américain, du « plus vivre » de la philosophie négro-africaine de l'existence, de la « vie pleine » en Inde. L'ouvrage que vous avez entre les mains fraie à sa façon des chemins pouvant conduire à de nouveaux jours heureux.

Paul Ariès,
politologue, rédacteur en chef de la revue *Les Zindigné(e)s*

INTRODUCTION

Manger local, privilégier les circuits courts…
Favoriser l'agriculture biologique, le commerce équitable…
Éviter d'acheter trop d'objets, de vêtements…
Cesser de gaspiller et avoir le moins de choses possible à jeter à la poubelle…
Savoir prendre son temps et se déconnecter…
… pour se reconnecter aux autres…

Qu'on appelle cela «consommation responsable», «zéro déchet», «minimalisme», «écocitoyenneté», ou un peu tout ça à la fois, cette tendance existe bel et bien. De plus en plus nombreuses sont les personnes, les familles, qui s'essaient à changer leurs habitudes, parce qu'elles sont convaincues que quelque chose ne va pas dans notre «société de consommation»…

Nous ne sommes pas les premiers à nous lancer dans cette démarche, et il y a des gens qui le font mieux que nous, depuis plus longtemps que nous (et qui ont déjà écrit des livres sur le sujet) ! Nous ne sommes pas parfaits, et nous ne prétendons pas être des modèles. Alors pourquoi cet ouvrage ?

Parce que nous avions déjà essayé, avant... Parce que vraiment, changer est devenu plus facile quand nous avons cessé d'aller au supermarché... Parce que le supermarché nous est apparu comme un point clé de la problématique... Parce que, de toutes nos habitudes de consommation, elle est la plus courante, et en même temps celle qui a le plus gros impact sur notre économie, nos emplois, notre santé, notre environnement...

Alors, en toute modestie, nous voudrions vous faire part de notre témoignage (oui, vivre sans grande surface est faisable !), vous montrer toutes les alternatives qui existent (elles sont nombreuses !) et vous dire qu'en plus, on est gagnant sur tous les plans, quel que soit son niveau de vie. Quelle expression affreuse, d'ailleurs ! Comme si la vie pouvait avoir des niveaux ! En fait, sans supermarché, on est juste plus vivant.texte

Chapitre 1

SE PASSER DU SUPERMARCHÉ, QUELLE IDÉE !

Il est partout, en ville, à la campagne, il se décline dans toutes les tailles, se fait discret au coin de la rue ou s'élève fièrement au centre de parkings géants… Ou bien encore, dématérialisé (en apparence), il remplit nos frigos sans que nous ayons quitté nos chaises de bureau. Le supermarché est si présent dans nos vies qu'il est devenu quasi inconcevable de s'en passer. Et pourtant…

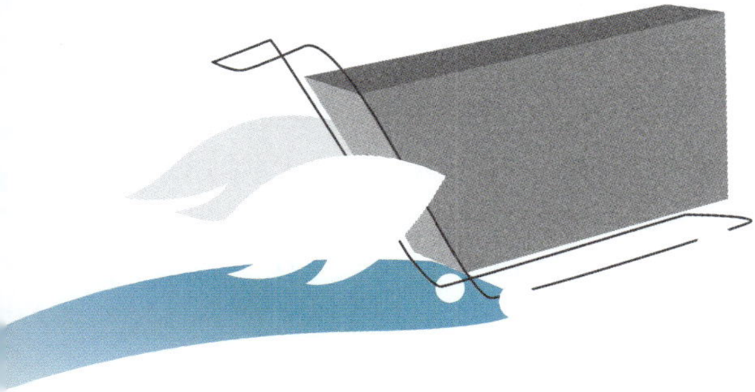

ALLER AU SUPERMARCHÉ : LE PROGRÈS POUR MA GRAND-MÈRE, UNE ÉVIDENCE POUR MOI

Pour ma grand-mère, fille de paysans élevée à la ferme, s'installer en ville, auprès d'un grand centre commercial, a constitué la réalisation d'un idéal. Elle qui a connu la guerre, les privations, le manque de variété alimentaire, elle a passé sa retraite à se rendre chaque jour au supermarché. Je crois que la possibilité d'acheter des choses en une seule fois pour toute la semaine comptait moins pour elle que celle de voir, jour après jour, l'étalage permanent des objets et des aliments en surabondance. Elle aimait surtout acheter ce qui était « en réclame », avec sans doute l'impression d'avoir fait une bonne affaire.

Moi qui écris ces lignes, j'ai aussi longtemps considéré la proximité d'un petit supermarché comme un critère décisif pour le choix d'un appartement. J'ai même poussé le vice (ne riez pas) jusqu'à faire monter le chariot par l'ascenseur pour l'amener sur le pas de ma porte – tout le monde dans l'immeuble le faisait, et un caddie restait à demeure dans le local poubelles... Il ne me venait pas à l'idée de faire mes courses ailleurs. Existait-il seulement une autre solution pour remplir mes placards ?

Quand j'étais toute petite, ma mère se rendait chaque semaine au Rond-Point Coop, la grande surface qui venait d'ouvrir sur notre commune de la périphérie stéphanoise. Quand la coopérative de consommateurs en faillite a été rachetée par l'une des quatre enseignes de la grande distribution qui se partagent aujourd'hui le marché français, elle a continué à venir s'y servir. Je me rappelle qu'elle trouvait cela «dommage», mais j'étais trop petite pour comprendre quelle différence cela pouvait bien faire, mis à part le changement de logo sur la façade...

Voilà comment, arrière-petite fille de paysans qui vendaient leur production sur le marché, petite-fille d'un ouvrier qui n'était heureux que dans son potager, je suis devenue simple consommatrice, ignorant parfaitement d'où venaient les produits que je mangeais. Le supermarché, c'est pour moi l'héritage de deux générations de femmes qui y ont trouvé une forme de confort et d'allègement de leur quotidien. Il arrive pourtant un moment où il faut questionner son héritage. Sortir du supermarché, c'est un peu sortir de l'enfance pour faire des choix conscients.

L'OMNIPRÉSENCE DU SUPERMARCHÉ

Sortir du supermarché : la difficulté de l'entreprise ne vient pas, en réalité, du manque de solutions alternatives mais d'un défaut de visibilité, par rapport à l'omniprésence des grandes enseignes. J'appelle ici « supermarché » tous les magasins rattachés à ces enseignes qui obéissent avant tout à une logique de réduction des coûts, usent massivement de la publicité et proposent des produits parfaitement standardisés.

Et quoiqu'on ait pu trouver récemment dans les médias des articles ou des reportages sur la désaffection des hypermarchés, ces usines à consommer dont le gigantisme commence à lasser la clientèle, la France n'en reste pas moins LE pays du supermarché, avec un nombre de grandes surfaces par habitant parmi les plus élevés du monde (le plus élevé pour les hypermarchés[1]).

D'après l'INSEE, 72 % des dépenses alimentaires se font dans les grandes surfaces[2], et il est difficile pour un commerce d'être efficace hors d'un réseau d'enseigne : « Le commerce de détail s'est

1 http://www.ademe.fr/sites/default/files/assets/documents/86337_etude-vrac-12-2012.pdf

2 https://www.insee.fr/fr/statistiques/1283665 - « Où fait-on ses courses ? », 2011.

organisé en réseau pour grouper ses achats, faire de la publicité à l'échelon national, mettre en commun des frais fixes ou des coûts de développement afin de profiter d'une enseigne reconnue par les consommateurs et de tous les avantages liés à une plus grande taille[3].» Un dixième des réseaux concentre 82 % du chiffre d'affaires, tous types de biens confondus, et parmi ces réseaux, les plus importants sont concentrés dans les grandes surfaces alimentaires[4]. À quoi il faut ajouter, pour certaines enseignes, une logique d'implantation à tous crins réellement agressive, contre laquelle les communes ont parfois bien du mal à se défendre. Nous en donnerons un exemple plus loin.

3 https://www.insee.fr/fr/statistiques/1281004 - « Grandes surfaces et réseaux d'enseignes dominent le commerce de détail », 2012.

4 *Ibid.*

COMME L'OGRE DU *CHAT BOTTÉ* : UN GÉANT CAPABLE DE SE MÉTAMORPHOSER EN N'IMPORTE QUOI…

Si le format « hypermarché » semble en déclin, le modèle de la grande enseigne reste donc extrêmement puissant, capable de s'adapter très vite aux nouvelles tendances, de les récupérer, et aussi de créer de nouvelles façons de consommer.

La consommatrice est-elle attirée par le bio ? Il y aura du bio à n'en plus finir, sous emballage plastique, joli, calibré, poussé sous serre chauffée et importé par avion. « La commercialisation massive en grande distribution interroge [...] les agriculteurs bio, dont les modes de production, dans certains cas, font largement appel à des opérations manuelles », écrit le géographe Mickaël Pouzenc. « Le passage à des modes de production industriels sans compromission avec les principes de départ de l'agriculture biologique paraît purement et simplement inconcevable à une partie d'entre eux. Des débats similaires traversent les milieux du commerce équitable[5] ».

5 Mickaël Pouzenc, « Les grandes surfaces alimentaires contre le territoire… tout contre », *Pour*, nov. 2012, n° 215-216, p. 260.

Le consommateur veut-il de l'authentique et du local ? Les marques de distributeurs proposent une gamme de produits dits «du terroir». Je ne dis pas qu'on ne trouve pas aussi dans les supermarchés de campagne des produits sans marque, qui viennent vraiment des petits producteurs, lesquels sont contents que l'enseigne locale leur permette d'écouler un certain volume de produits qu'ils ne pourraient vendre seuls. Et parfois (j'en ai vu des exemples), c'est le supermarché qui vient démarcher certains agriculteurs réputés pour leur excellence ! Mickaël Pouzenc, qui a étudié les stratégies des grandes surfaces en milieu rural, insiste sur leur utilisation du terroir pour se démarquer : «L'intégration au milieu local passe [...] par la mise en avant d'une vingtaine de produits locaux (fromages et autres produits laitiers, salaisons, volailles, fruits et légumes, biscuits, miel...). Même s'ils représentent une part minime du chiffre d'affaires, ils sont perçus comme importants pour l'image du magasin[6].»

Et c'est bien essentiellement d'image qu'il s'agit, car si les grandes enseignes s'associent à toutes sortes de pratiques estampillées «commerce équitable» ou «développement durable», leur adaptation présente des limites : «La grande distribution repose sur une centralisation des achats et une massification des flux de marchandises : ses démarches pour instaurer une proximité entre consommateurs, terroirs et producteurs, si appréciées dans d'autres formes de vente, en demeurent forcément réduites[7].»

Mais en ville, me direz-vous, on assiste au retour du commerce de proximité, au regain de fréquentation de l'épicerie de quartier... Les urbains délaissent les hypers de la périphérie, les Parisiens plus que les autres font leurs courses dans l'épicerie du coin de la rue... laquelle a probablement été dernièrement rachetée par un grand groupe. Depuis une dizaine d'années, les

6 *Ibid.*, p. 258.
7 *Ibid.*, p. 260.

enseignes de la grande distribution ont décidé d'investir les centres-villes et, selon le titre d'un article du *Monde*, « réinventent le commerce de proximité[8] ». Ouverture le dimanche et tard le soir, mise à disposition d'un micro-ondes pour les plats industriels à réchauffer, création de magasins dédiés aux attentes des « bobos urbains » (Carrefour Bio, Daily Monop', My Auchan ou « Un tour au jardin » chez Casino)... « Optimiser son assortiment en proxi » est devenu un art théorisé. La force de frappe de la grande distribution nuit aux épiciers de quartier. Pour Thierry Spencer, consultant en marketing, les commerçants indépendants sont désemparés face à la concurrence. « Les franchisés, explique-t-il, bénéficient des conseils et des infrastructures de leur enseigne, et de prix négociés par une centrale d'achat[9]. »

Ajoutons que les prix des loyers dans les grandes villes rendent difficilement accessible l'achat d'un fonds de commerce pour les artisans (boucher, fromager, traiteur...) : cette guerre pour les bons emplacements ne se joue qu'entre géants de la distribution[10]. Et conduit à une uniformisation toujours plus grande de nos cœurs de ville. La standardisation ne touche plus seulement les aliments, elle s'impose dans les rues. Enfin, n'oublions pas le *must*, le « top du top » de ce commerce de proximité « de demain » : la supérette ouverte 24 heures sur 24 sans personnel d'encaissement[11].

Enfin, comme l'ogre qui devient une minuscule souris, votre supermarché sait aussi se faire tout petit et tenir dans votre main... *via* la souris de votre ordinateur. Commande en ligne, puis *drive* ou livraison à domicile... nos courses sont dématérialisées au maximum.

---

8 https://www.lemonde.fr/vous/article/2009/08/20/les-grandes-enseignes-reinventent-l-epicerie-de-proximite_1230264_3238.html

9 *Ibid.*

10 https://www.nouvelobs.com/conso/20150519.OBS9212/comment-les-superettes-reinvestissent-nos-centres-villes.html

11 Il s'agit du Franprix des Halles à Paris, qui sera suivi par d'autres : http://www.lefigaro.fr/societes/2018/03/26/20005-20180326ARTFIG00218-franprix-lance-le-premier-supermarche-ouvert-24h24.php

LE SUPERMARCHÉ DU FUTUR… TOUT PROCHE

Imaginez un futur dans lequel vous pourriez entrer dans un magasin, vous servir, et ressortir sans faire la queue à aucune caisse. Cela ne ferait pas pour autant de vous un voleur. Simplement, vous aurez connecté l'application du magasin avec un de vos moyens de paiement, et une caméra, qui vous aura identifié à votre entrée dans les lieux, aura suivi vos moindres gestes et saura exactement le montant total des marchandises que vous avez emportées. Elle sera même capable de ne pas comptabiliser un produit que vous auriez pris puis reposé quelques minutes plus tard. Et si vous ne remettez pas la marchandise en question dans le bon rayon, votre téléphone portable vous en avertira.

En fait, que l'on trouve cela formidable ou angoissant, ce n'est pas le futur, ça existe déjà. Amazon Go et d'autres ont développé des systèmes qui sont aujourd'hui très au point. *Exit* la malheureuse caisse automatique qui rend les clients si désagréables.

Bienvenue au magasin du «tout tout de suite», qui nous met en prise directe avec le produit. On a supprimé les deux étapes les plus contrariantes de l'acte d'achat : le temps d'attente et l'acte physique du paiement. D'après une photographie visible sur Internet[12], les rayons sont même répartis en deux catégories : «*eat now*», «*eat later*», ce qui laisse penser qu'on peut manger le produit à peine sorti du rayon. Nous sommes toujours plus avant dans l'ère de la jouissance immédiate.

Au fond, cette tendance des «vendeurs» à flatter notre désir de plaisir immédiat n'est pas nouvelle. C'est elle, déjà, qui préside à la massification des plats industriels prêts à l'emploi et des salades en sachet. J'ai lu quelque part sur Internet un professeur de marketing qui expliquait que si la salade en sachets est si chère, ce n'est pas parce que ça coûterait cher de la laver, mais parce que c'est votre propre temps qu'on vous vend. Et ce serait insultant de vous dire que votre temps ne vaut pas grand-chose.

Nous vivons dans un monde où nous payons sans cesse pour gagner du temps. Nous payons en argent, mais nous payons encore sous bien d'autres formes que nous ne soupçonnons pas. Dans le cas du magasin sans caisse, il s'agit d'accepter de donner son identité en entrant et d'être pisté par des machines. Nous sommes incapables de dire finalement ce que nous payons pour ce temps si précieux.

Dans cette logique d'accélération permanente, le plus probable, pour demain, c'est que nous ferons nos grosses courses de la semaine en ligne et que nous irons dans la supérette sans caisse pour les fringales et les petits dépannages. Et pourquoi pas ? N'est-ce pas une façon idéale de faire ses courses ? Surtout quand on est une femme active, mère de famille et qu'on veut aussi «avoir une vie» quelques instants par jour ? Pourquoi diable se compliquer la vie à faire autrement ?

---

12 https://www.lsa-conso.fr/le-magasin-sans-caisse-amazon-go-s-ouvre-au-public,278202

QUE GAGNE-T-ON À SORTIR DU SUPERMARCHÉ ?

Beaucoup de plaisirs

Si les courses nous apparaissent essentiellement comme une corvée, c'est parce que les faire au supermarché n'est pas vraiment un moment de plaisir. Qui aime se trouver dans un immense hangar sans fenêtres où la disposition des produits a été pensée de façon à vous faire parcourir le maximum de distance ? On sait bien que l'absence de lumière naturelle (qui vise à faire perdre la notion du temps) et la réorganisation fréquente des rayons (afin de perturber les habitudes du client et de le faire passer partout) sont des stratégies qui fonctionnent bien pour faire acheter davantage. Mais ce n'est pas parce qu'elles marchent qu'elles nous sont agréables !

Dès que l'on sort du supermarché, on (re)découvre d'autres pratiques qui sont réellement plaisantes : faire ses courses en plein air, parler avec les producteurs, cueillir soi-même, découvrir des commerces originaux... Alors que toutes les grandes surfaces sont strictement identiques, il y a mille expériences diverses à faire à l'extérieur. Ne plus aller au supermarché, cela ne veut pas dire se priver du plaisir de consommer ! C'est même tout le contraire : il s'agit de trouver un certain bonheur à faire ses achats du quotidien. Bientôt, vous vous surprendrez à choisir un kilo de fruits avec la même excitation qu'une nouvelle robe. Et en effet, au-delà du moment des courses, le plaisir se trouve aussi dans la qualité des produits que l'on va pouvoir se procurer hors des réseaux standardisés : plus frais, plus variés, plus typés… Et contre toute attente, cela ne veut pas dire qu'on dépense plus !

Des avantages économiques

La grande distribution nous a tellement seriné qu'elle luttait « contre la vie chère » et mettait tout en œuvre pour nous offrir les meilleurs prix que nous avons fini par considérer cela comme un fait acquis. Nous sommes sûrs que le supermarché est la seule solution abordable pour nourrir une famille et que les autres façons de consommer sont réservées aux franges les plus aisées de la population. Il faut dire que ce postulat fait partie de la génétique du supermarché : les grandes surfaces alimentaires ont pris leur essor aux États-Unis pendant la grande crise des années 1930. En 1929, Michael Cullen ouvre un magasin dont il constitue les stocks à l'aide d'un ami grossiste et en achetant à bas prix les marchandises des fabricants mis en difficulté par la crise. Les clients, eux-mêmes ébranlés par la crise, sont prêts à faire des kilomètres pour se fournir à moindre coût dans des lieux lugubres (vieilles granges ou patinoires désaffectées) situés dans des endroits peu fréquentés[13]. Et le supermarché continue de nos jours à jouer sur ce sentiment perpétuel que nous avons de « connaître la crise », sur la peur de manquer (celle de ma grand-mère, celle des personnes qui sont prêtes à se marcher dessus pour un pot de pâte à tartiner en promotion[14]…).

13 http://archive.is/8fDon, « La naissance des supermarchés aux États-Unis – 1930 », Gaylord Becker.

14 Il est curieux de constater à quel point les « prix bas » éveillent aussi les instincts les plus bas. Récemment, une bibliothécaire me racontait que les gens se bousculent physiquement et verbalement lors de la vente annuelle des livres retirés des rayons et bradés, chacun croyant faire l'affaire du siècle et craignant de se faire doubler…

Or, l'avantage économique qu'il y aurait à se servir en grande surface est loin d'être évident ! Certes, on y trouve des prix bas... pour des produits de piètre qualité. Mathilde Golla, qui a fait l'expérience de vivre cent jours sans supermarché, fait dans son livre la critique de ces «petits prix» qui coûtent cher : pommes sans goût et sans valeur nutritive, pâtes qui se délitent à la cuisson, huile d'olive pleine d'eau[15]... Sans compter les conditions dans lesquelles ces aliments industriels sont produits. Selon elle : «Si les clients savaient exactement ce qu'ils consomment lorsqu'ils achètent des produits aux "petits prix" pratiqués par la grande distribution, peut-être qu'ils s'abstiendraient[16].» On pourrait répondre qu'il y a des familles aux faibles revenus qui ne peuvent pas faire autrement, sans doute, et qui, tout en sachant que ces produits ne sont pas très bons (pour la santé et pour l'environnement), sont obligées de s'en contenter. C'est une réalité. Mais nous verrons plus loin, pourtant, qu'il existe aussi des initiatives d'associations désireuses de mettre à la portée des ménages modestes d'autres circuits d'approvisionnement...

Et puis nous savons bien que l'agencement des rayons du supermarché n'est pas fait pour que nous nous tournions vers les produits les moins chers, mais bien vers les plus chers, qui sont placés là où il est plus facile de les attraper. Les caddies très grands incitent les clients au remplissage[17] et, pour éviter qu'ils ne soient

---

15 Mathilde Golla, *100 Jours sans supermarché : le premier guide des circuits courts*, Paris : Flammarion, 2018, pp. 124-125.

16 *Ibid.*, p. 124.

17 Si le chariot a été inventé, c'est d'ailleurs à l'origine tout simplement pour faire croître les quantités achetées : « Sylvan N. Goldman était un épicier de l'Oklahoma qui, au milieu des années 1930, au cœur de la grande dépression, se montra particulièrement soucieux d'accroître les achats de consommateurs pourtant désargentés. Il développa une chaîne de magasins et imagina des moyens permettant de multiplier les ventes au sein de chacun de ces espaces. Loin de penser, comme un économiste de manuel, que les quantités achetées découlent exclusivement du prix, de la qualité et de la contrainte budgétaire, Goldman observait pragmatiquement ses clients. Cet examen lui permit de constater que la restriction des achats dépendait aussi des aptitudes physiques : les clients ne pouvaient prendre davantage de choses que ce que leurs bras pouvaient supporter ; selon leur force, leur âge et leur sexe, cette restriction se révélait aussi draconienne, sinon plus, qu'une contrainte budgétaire. » Il inventa donc le premier chariot qui permettait seulement de poser deux paniers... « Histoire du chariot de supermarché, ou comment emboîter le pas de la consommation de masse », Catherine Grandclément et Franck Cochoy dans *Vingtième Siècle, revue d'histoire*, 2006/3, n° 91, p. 77. https://www.cairn.info/revue-vingtieme-siecle-revue-d-histoire-2006-3-page-77.htm

pleins trop vite, les encombrants packs d'eau et de couches sont relégués au fond du magasin. Tout est fait aussi pour attiser les envies des enfants : il y a de fortes chances pour que vous leur achetiez ce paquet de céréales avec un personnage de dessin animé, ou ces fromages qui «donnent» des étiquettes à collectionner. Vous-mêmes, adultes, vous vous laissez sans doute tenter par des produits qui ne sont pas de première nécessité, surtout si une bonne odeur est diffusée au moment de votre passage dans le rayon (ça s'appelle du «marketing olfactif[18]»). De plus, on finit par considérer certains produits de la grande distribution comme des incontournables alors qu'ils ne le sont pas. Pour ma part, j'ai acheté pendant dix ans chaque semaine du pain de mie en sachet. Si nous n'avions plus de pain de mie pour le petit déjeuner, il nous arrivait d'aller en chercher exprès, comme si c'était un aliment irremplaçable pour «bien commencer la journée», comme dirait la publicité. En fait, on peut vivre sans pain de mie, sans compotes en gourdes et sans ce condensé de chair de poisson en bâtonnet appelé «surimi» (pour lequel je me laissais aussi souvent tenter !).

Tout d'abord, donc, quand on évite le supermarché, on élimine une longue série de produits chers et inintéressants sur le plan nutritionnel. On a ainsi plus d'argent à consacrer à de meilleurs produits. En outre, ces produits de bonne qualité sont aussi moins chers... *via* les circuits courts. En fait, c'est parfaitement logique : moins il y a d'intermédiaires, moins il y a de marges (et plus grande est la part du prix qui revient au producteur, ce qui est encore une autre question). Il faut également se souvenir que le prix de la publicité est inclus dans celui du produit... Enfin, comble de la surprise, des produits bio en circuit court peuvent être moins chers que des produits conventionnels dans la grande distribution. Mathilde Golla cite l'association des Paniers marseillais, qui a

18 https://www.definitions-marketing.com/definition/marketing-olfactif/ : l'un des graphiques de cette page montre que le marketing olfactif augmente de 38 % le nombre d'achats impulsifs dans un rayon décoration. Parions que cela fonctionne encore mieux sur des produits qui se mangent !

réalisé une enquête de terrain montrant que sur une année, cette AMAP (Association pour le maintien d'une agriculture paysanne) « permet d'économiser 765 € par rapport à une boutique bio spécialisée et 217,50 € par rapport à des légumes non bio, en agriculture conventionnelle, achetés en supermarchés [19] ».

Mais acheter en circuit court, est-ce que cela n'équivaut pas à supprimer des emplois, précisément ceux des intermédiaires ? Ce n'est pas la conclusion à laquelle aboutit l'INRA, qui met plutôt l'accent sur la complexification des tâches, créatrice d'emplois en circuits courts : « Contrepartie favorable pour le territoire mais aussi pour la transmission des savoir-faire, le surplus de travail peut inciter les petites structures à recourir à l'emploi d'un salarié ou à former des jeunes : les circuits courts créent jusqu'à deux fois plus d'emplois pour un chiffre d'affaires équivalent [20]. » Au contraire, dans sa logique de réduction des coûts, le supermarché s'attaque aussi au coût humain : emplois peu rémunérés, caisses automatiques, bientôt plus de caisses du tout et mise en rayon par des robots... Quand vous achetez des produits de votre région, vous préservez les exploitations agricoles, les emplois des artisans, et vous contribuez à en créer d'autres, liés à la logistique du circuit court. Éviter le supermarché, c'est bon pour votre porte-monnaie, mais aussi pour la santé économique de votre région.

Un meilleur environnement présent et futur

Il est difficile de savoir combien de kilomètres parcourent, en moyenne, les produits alimentaires vendus en supermarché. Le chiffre de 2400 kilomètres a été abondamment cité, mais il est remis en question. Et puis une moyenne n'a peut-être guère de sens. Mais, en 2013, le scandale des lasagnes à la viande de

19 Mathilde Golla, *op. cit.*, p. 123.

20 http://www.inra.fr/Grand-public/Economie-et-societe/Tous-les-dossiers/Circuits-courts-du-producteur-au-consommateur/Fonctionnement-des-exploitations-en-circuit-court.

cheval, par exemple, a mis en lumière la complexité du circuit de la viande en Europe et les problèmes de traçabilité qu'elle induit : « Dans le cas présent, la viande a été achetée en Roumanie *via* un intermédiaire chypriote, Draap Trading Ltd. Cette société faisait ses achats *via* une boîte postale belge et stockait sa viande dans un entrepôt frigorifique situé à Breda, aux Pays-Bas. [...] Au moins six pays affirment avoir trouvé du cheval dans des lasagnes surgelées : la France, le Royaume-Uni, l'Allemagne, la Suisse, la Suède et la Norvège[21]. » Autre exemple édifiant, celui des coquilles Saint-Jacques bretonnes qui partent se faire nettoyer en Chine, avant de revenir en France pour y être garnies[22]. Il paraît que cela coûte moins cher. En réalité, cela a un coût environnemental : ce que l'entreprise agroalimentaire ne paie pas, nous le payons tous à travers la consommation de carburant[23] et le CO_2 émis. Et cela, même si nous ne mangeons pas de coquilles Saint-Jacques. Et puis privilégier les circuits courts, c'est aussi (souvent) privilégier des formes d'agricultures plus respectueuses de l'environnement, bio ou raisonnées.

Une réduction des déchets

Dans mon cas personnel, le premier déclic qui a motivé mon changement d'habitudes de consommation a été la volonté de diminuer mes déchets. Pendant des années, j'ai jeté mes pots de yaourts, mes films plastiques, mes bouteilles de lait, mes boîtes de conserve, mes barquettes de plats préparés, sans le moindre état d'âme. Je me comportais avec ma poubelle comme une enfant avec une boîte magique. Il suffisait qu'un objet soit avalé par la gueule ronde du sac noir pour qu'il ait bel et bien disparu de mon esprit et de mon environnement. Magie, vous dis-je ! Tout ce

21 http://www.lefigaro.fr/actualite-france/2013/02/15/01016-20130215ARTFIG00516-le-scandale-de-la-viande-de-cheval-resumee-en-cinq-points.php

22 http://www.letelegramme.fr/bretagne/coquilles-vides-un-casse-tete-chinois-09-12-2014-10454421.php

23 Faut-il rappeler que les ressources énergétiques ne sont pas infinies ?

qui était jeté n'existait plus pour moi. Il y avait bien des moments où je trouvais que ma poubelle d'emballages se remplissait trop vite, surtout si je n'avais pas la patience d'aplatir les briques de lait et de jus de fruits consommés à grande vitesse par mes enfants. Mais j'avais bonne conscience : le progrès était de mon côté, tous ces déchets-là allaient être recyclés.

En réalité, une partie seulement des déchets de la « poubelle jaune » sont vraiment recyclés. Ceux qui ne sont pas identifiés correctement par le système de reconnaissance visuelle du centre de tri sont incinérés, et les plastiques posent toujours problème : d'après les statistiques d'Éco-Emballages, le taux de recyclage par matériau est de 56 % pour les bouteilles et flacons, mais seulement de… 3 % pour les autres emballages en plastique en 2016[24]. Il ne faut pas perdre de vue non plus que recycler un déchet nécessite de l'énergie. C'est pourquoi le meilleur déchet, c'est celui qu'on ne produit pas. Mais il y a trois ans, je ne me posais guère de questions sur le contenu de ma poubelle.

Et puis un jour, de retour de vacances passées dans les magnifiques paysages des montagnes de l'Ardèche, j'ai pensé : « Dire que cette beauté est en sursis, qu'on sait qu'on est en train de rendre notre nature malade, de voler cela à nos enfants, et qu'on ne change rien à nos manières de vivre ! ». Je ne savais pas quoi faire exactement, mais je voulais m'efforcer de participer le moins possible à ce gâchis. C'est comme ça que j'ai pris la décision de réduire mes déchets. Pour acheter moins de produits emballés, j'ai commencé à me rendre dans une épicerie qui proposait du vrac et, par exemple, à faire mes biscuits moi-même. Mais au bout de cinq semaines, la fatigue d'octobre commençant à peser, j'ai repris davantage de produits emballés au supermarché, que je

24 http://www.ecoemballages.fr/sites/default/files/chiffrescles2016-ecoemballages.png. Eco-emballages est une entreprise privée agréée par l'État pour piloter le dispositif de tri et de recyclage des emballages ménagers. Elle s'est récemment associée avec Ecofolio, entreprise agréée pour le recyclage des papiers, et elles ont pris ensemble le nom de Citéo.

fréquentais toujours en parallèle. J'en ai conclu que pour moi, la seule façon de tenir ma résolution, c'était de ne plus fréquenter le supermarché... du tout. Je n'étais et ne suis toujours pas dans une démarche «zéro déchet» très stricte, mais nous avons au moins divisé par deux la taille de nos poubelles (par trois ou quatre quand nous jetons les épluchures au compost).

De plus, au-delà des emballages, le supermarché engendre une importante masse de déchets représentée par le gaspillage alimentaire. En 2011, le reportage *Global Waste: The Scandal of Food Waste*[25] montrait bien le rôle joué par la mondialisation dans ce gâchis sans nom et la part que les grandes surfaces y prennent. De nos jours, en France, le gaspillage est sans doute moindre qu'à l'époque : depuis le 11 février 2017, la loi française impose aux magasins de plus de 400 m^2 de proposer à une ou plusieurs associations d'aide alimentaire de conclure une convention permettant le don des invendus. Elle leur interdit de rendre ces invendus impropres à la consommation. Reste à savoir si les associations ont les capacités de récupérer tout ce qui peut l'être, et quelle proportion d'invendus sont tout de même jetés.

Mais attention, le supermarché est en fait loin d'être le plus gros gaspilleur. Car les champions de la nourriture à la poubelle, ce sont les ménages. C'est nous, dans notre cuisine, qui sommes à l'origine de 67 % de ces déchets[26] ! Une partie des aliments qui finissent à la poubelle sont même encore emballés, simplement parce que nous avons laissé passer leur date de péremption. Et les légumes représentent 31 % des déchets alimentaires. Ne faisons pas du supermarché un coupable universel : il revient également aux consommateurs de se discipliner et de gérer le contenu de leur frigo. Seulement, il est plus difficile de le faire quand on peut

25 Diffusé en français sous le titre *Global gâchis : le scandale mondial du gaspillage alimentaire*.

26 https://www.francetvinfo.fr/sante/alimentation/quatre-chiffres-qui-montrent-l-ampleur-du-gaspillage-alimentaire-en-france_1047911.html

acheter facilement de grandes quantités de produits (qu'on peut stocker dans des frigos toujours plus grands). Avec un caddie ou encore mieux, avec la livraison à domicile qui vous épargne la peine de porter vos courses, on ne se rend pas compte des volumes qu'on engrange. Si vous faites le marché à pied et que vous ramenez chez vous ce que vous êtes capable de porter, vous verrez qu'à la fin de la semaine, il ne vous restera rien. La nature est bien faite. Pour ma part, s'il m'arrivait auparavant de jeter des restes de conserves industrielles, à présent, je me refuse absolument à gaspiller quelque chose que j'ai passé du temps à cuisiner ! Quand on sait, en plus, que Paul Hawken et son équipe ont classé la réduction du gaspillage alimentaire troisième mesure la plus efficace pour endiguer le réchauffement climatique, comment ne pas y prêter attention au quotidien[27] ?

Une meilleure santé

L'industrie agroalimentaire déploie tout un arsenal publicitaire pour mettre en avant des produits « bons pour la santé[28] ». Dans notre société où le gras est diabolisé, où nous sommes priés de surveiller notre apport journalier en calories et de bien nous nourrir pour ne pas tomber malades, la tentation est forte de se tourner vers les desserts allégés, les pseudo-yaourts qui stimulent nos défenses immunitaires et notre flore intestinale, les céréales « *light* » et néanmoins « riches en vitamines ». Manger du vrai pain avec du fromage et du saucisson apparaît dans cette perspective comme une forme de suicide nutritionnel... Pourtant, les graisses végétales présentes dans les préparations industrielles (plats, biscuits, pain de mie...) sont-elles plus « vertueuses » ? Si elles sont hydrogénées, elles augmentent les risques de maladies cardio-vasculaires.

27 Paul Hawken, *Drawdown, comment inverser le cours du réchauffement planétaire*, Arles : Actes Sud, 2018.

28 Souvenons-nous qu'au milieu du siècle dernier, les publicités pour les cigarettes vantaient leurs vertus amincissantes...

Quant à l'huile de palme, omniprésente dans les aliments industriels (y compris dans les laits infantiles) et dans les cosmétiques, elle est responsable, on le sait, d'une déforestation sauvage.

Parallèlement à cette chasse au gras, l'industrie agroalimentaire utilise les sucres à outrance, comme le montre le récent documentaire *Sugarland*. Même les produits allégés en sont saturés. « Le mix des additifs, arômes, colorants, sel, conservateurs, comprend aussi... des sucres. Une box de pâtes préparées ou une barquette de lasagnes peut contenir une dizaine de grammes de sucres. Même cachette de sucre pour les sauces tomate, les sauces barbecue... Une simple dose de sauce peut apporter pas loin de 10 g de sucre. Une portion de soupe industrielle (25 cl) peut facilement contenir jusqu'à 14 g de glucides, dont la moitié de sucres », explique le site indépendant de l'Observatoire des aliments[29]. Or, l'OMS recommande de ramener l'apport en sucre à moins de 10 % de l'apport énergétique total et estime qu'il serait encore meilleur de le réduire à moins de 5 %, soit 25 grammes par jour[30].

Si l'on veut continuer à aller au supermarché tout en faisant la chasse à l'huile de palme et aux sucres cachés, on peut lire les étiquettes, se documenter, éplucher les rayons (ou les sites Internet) jusqu'à trouver les produits qu'on estimera suffisamment sains. Mais pour ma part, il me paraît plus simple de n'acheter que des produits non transformés : il n'y aura ainsi dans mes plats que ce que j'y aurai mis moi-même. Si vous faites partie de la cohorte Constances, vous avez peut-être remarqué qu'il y a dans le questionnaire initial plusieurs questions autour des plats préparés industriels. Le présupposé est sans doute qu'ils ont un impact sur notre corps, et il est intéressant de voir que les autorités de santé publique ont jugé que cet impact méritait d'être mesuré dans le temps, sur un large échantillon de 200 000 personnes.

---

29 https://observatoire-des-aliments.fr/qualite/aliments-porteurs-de-sucres-caches

30 http://www.who.int/mediacentre/news/releases/2015/sugar-guideline/fr/

Au sujet de la santé, j'ajouterai une dernière remarque (peut-être assez personnelle) : lorsqu'il m'arrive de faire moi-même mes yaourts au lait frais entier, lorsque j'achète des légumes produits près de chez moi en pensant à la façon dont je vais les cuisiner, lorsque je mets dans le sac de mes enfants nos biscuits « maison », j'éprouve une certaine satisfaction, et même parfois de la joie. Il existe un lien entre le lieu où les aliments ont été produits, le temps passé à les cuisiner et le moment où nous les dégustons. Prendre un repas tous ensemble dans ces conditions me met de bonne humeur et je me sens liée aux autres et à la « terre » où je vis à travers ce que je mange. Je n'avais pas ce sentiment à l'époque où je mangeais essentiellement de la nourriture industrielle. Même s'il n'y a pas d'étude montrant qu'il est bon pour la santé de manger des mets qui ont du sens pour vous et qui vous mettent en joie, je suis sûre que ça l'est ; au moins, c'est excellent pour le moral ! De plus, quand on cuisine soi-même, on limite nécessairement sa prise alimentaire aux quantités qu'on est capable de cuisiner – et on empêche les enfants de finir la boîte de biscuits en une seule fois car il a fallu une heure pour les faire… Et si faire la cuisine était une bonne façon de prévenir l'obésité[31] ?

Du « temps de cerveau » disponible

Traditionnellement, c'est l'automobile qui se classe en tête des plus gros annonceurs : en 2012, Renault et Peugeot occupaient le haut du classement, et ce n'est qu'en quatrième position qu'on voyait apparaître une marque de la grande distribution[32]. Or ces

31 C'est le postulat d'un rapport paru en 2008 au Royaume-Uni sur la question alimentaire « dans une perspective de développement durable et de lutte contre l'obésité ». L'amélioration des compétences dans le domaine de la préparation culinaire était citée parmi les objectifs à viser pour améliorer la situation. Des cours de cuisine obligatoires à l'école pour les élèves de 11 à 14 ans étaient d'ailleurs envisagés. « Food Matters, Towards a Strategy for the 21th Century », *The Strategy Unit, Cabinet Office, July 2008*, cité dans un rapport de l'ADEME sur la vente en vrac : http://www.ademe.fr/sites/default/files/assets/documents/86337_etude-vrac-12-2012.pdf, p. 41.

32 http://www.ozap.com/actu/publicite-quels-sont-les-10-plus-gros-annonceurs-de-france/445326

dernières années, les grandes enseignes ont encore augmenté leur présence dans les médias et pour la première fois, en 2018, c'est Lidl qui se place premier devant Renault[33]. Trois autres enseignes figurent dans les huit plus importants annonceurs du marché. Si on envisage les choses non plus par entreprise mais par secteur, la grande distribution produit 17 % du volume publicitaire, devant l'automobile qui se contente de 9 %... Elle est même le premier investisseur publicitaire à la télévision. Et elle rapporte tant d'argent aux groupes audiovisuels que ces derniers se sont mobilisés contre l'adoption du Nutri-Score dans la publicité. Le député Olivier Véran souhaitait faire apparaître dans les spots cette échelle de notation en couleurs et en lettres qui indique, *grosso modo*, si un produit est trop gras et trop sucré, ou plutôt sain. Le 28 mai 2018, l'Assemblée nationale a rejeté sa proposition.

Pour avoir croisé, au sein du public populaire avec lequel j'ai travaillé pendant huit ans, de nombreux jeunes adolescents obèses, je me suis fait la réflexion suivante : notre société de consommation vole à ses enfants leur propre corps. Elle leur vole aussi leur esprit, en le gavant de «faux désirs» imposés par une publicité omniprésente. Il suffit pourtant de décortiquer avec eux le discours et les images d'un spot publicitaire un peu caricatural, comme celui qui affirme : «Il a une Audi, il aura la femme», pour qu'ils dénoncent d'eux-mêmes l'ineptie du propos et la violence qu'il nous inflige. Et cette violence, ils la résument ainsi : la publicité parvient à nous faire croire que nous sommes ce que nous possédons. Ils et elles refusent spontanément de se voir ainsi réduits. Mais les éducateurs ne luttent pas à armes égales avec les annonceurs et les cerveaux des enfants demeurent des cibles parfaites... Il s'agit bien, en permanence, d'imprimer une certaine vision des choses chez le consommateur de demain.

---

33 http://www.strategies.fr/actualites/marques/4008925W/bilan-top-100-annonceurs-la-distribution-rebat-les-cartes.html

Depuis longtemps, la publicité nous vante moins le produit lui-même que l'expérience que nous allons pouvoir vivre à travers lui. Vous n'achetez plus une voiture pour ses capacités d'accélération ou son système de freinage sûr, mais parce qu'à travers elle, la conduite deviendra un monde de sensations exaltantes... Plus nous sommes coupés de la fabrication du produit, moins il a de signification pour nous, et plus il faut lui inventer de « vertus magiques ». Les chandails tricotés par la grand-mère, les framboises cueillies dans son jardin, ont une histoire, une chair – et en plus, ils sont uniques. Le fait qu'ils se retrouvent entre vos mains porte un sens : ils incarnent une transmission. Rien ne vous est transmis par le sweat à capuche (que tout le monde a) et la pizza industrielle. D'où la nécessité, pour la publicité, de remédier à ce vide de sens par des discours, reconnaissons-le, hautement efficaces. Et voilà que vous savez qui vous êtes parce que vous portez telle marque de vêtement ! Alors que c'est justement en faisant un pas de côté, en sortant des propositions standardisées des « grands magasins » pour jardiner, pour faire soi-même, pour échanger gratuitement... que l'on fait de vraies expériences (qui impliquent le corps) et que l'on retrouve le goût et la possibilité d'être inventif, d'être unique. Bref, d'être soi.

Un autre rapport au temps

Mais (car il faut bien qu'il y ait un « mais » : il y a toujours un « mais » dans les histoires !), mais faire sans supermarché, cela prend du temps. Oui. Oui, cela prend du temps. Et c'est tant mieux. Parce que cela nous oblige à ralentir dans ce monde où tout va si vite. Remarquez, d'ailleurs, que ce qui va vite, c'est le travail, c'est la circulation de l'information... Mais les choses les plus importantes peuvent-elles s'accélérer ? Les enfants grandissent-ils plus vite ? Les amitiés vraies et profondes se nouent-elles plus rapidement ? Cela aurait-il un sens de faire la fête «en vitesse» ? Les plus belles choses de notre vie prennent du temps. Toute la question est donc de décider de ce que nous voulons mettre au rang des belles choses.

Ne plus aller au supermarché : voilà qui nous oblige à reconsidérer la valeur que nous accordons à ce que nous mangeons, autrement dit... la valeur que nous nous accordons à nous-mêmes. Est-ce que je mérite, est-ce que ma famille mérite que je passe du temps à cuisiner ? Est-ce que ma région mérite que j'achète des produits locaux ? Est-ce que la planète mérite que je choisisse des productions qui l'abîment le moins possible ? Est-ce que mes enfants méritent que je fasse attention à l'héritage que je vais leur laisser ? Ou bien puis-je considérer que cela ne me pose pas de problème de participer au gâchis parce que je n'ai pas le temps...

Bien sûr, il y a des soirs où c'est plus difficile. Pour ma part, il y a des moments où je soupire, où je fais cuire des coquillettes (achetées en vrac) parce que la fondue de poireaux que j'avais prévue est finalement au-dessus de mes forces. Il y a des moments où je pense encore que je ne suis pas très raisonnable et que je ferais mieux de répondre aux mails du boulot à 19 heures, plutôt que de faire un gratin. Mais la plupart du temps, les tâches liées à mon mode de consommation ne me pèsent pas. Faire le marché est une détente, faire des biscuits avec les enfants est un moment de partage, faire la cuisine n'est plus une corvée mais le préambule d'un autre plaisir. Je voyais autrefois ces moments-là comme des pertes de temps mais je dirais plutôt maintenant que ce sont des moments de vie pleine et entière. Je peux regretter d'avoir mangé trop de nourriture industrielle autrefois, mais je n'arrive jamais à regretter d'avoir cuisiné un plat.

La battue du temps

Le temps est enterré
Quelque part,
Au fond des cœurs.
Chaque fois que quelqu'un meurt,
Son temps s'évade.
Le temps d'un musicien s'entend,
Le temps d'un écrivain se lit.
Il y a des gens qui n'ont pas de temps.
Ce n'est pas de leur faute :
C'est parce que durant leur vie
Ils ont travaillé,
Travaillé dans les usines,
Travaillé avec des machines,
Sans rêver,
Sans penser...
Dans une société qui ne laisse pas
à l'homme
Le temps d'être libre,
Le temps de créer.[34]

34 *Poèmes d'enfants : La Porte de la clé perdue*, Ecole Freinet, Paris : Casterman, 1975.

Ce poème d'une enfant de onze ans dit mieux que tous les discours que le temps n'existe pas. Seul un travail déshumanisé peut nous le voler, car tout le reste, le temps de rêver, le temps de penser, le temps de créer, tout ce temps-là n'est jamais perdu, quoiqu'il ne rapporte pas d'argent : il est notre plus intime liberté.

LE SUPERMARCHÉ, C'EST NOUS

Mettons-nous en dialogue avec notre société de consommation, soyons conscients de ce qu'elle nous propose et de ce que nous acceptons. Comment voulons-nous faire évoluer les choses ? Qui voulons-nous être ? Cette question que la publicité nous pose sans arrêt, nous devons y répondre vraiment !

Il s'agit de ne pas être myope et de voir autour, et de penser plus loin que les cinq prochaines minutes. Il s'agit de prendre conscience et d'accentuer la diversification des offres qui existent hors de la grande distribution. Il s'agit de ne pas nous laisser réduire à notre maigre « profil de consommateurs » et d'affirmer que nous avons aussi une épaisseur humaine. De retrouver un peu de liberté et beaucoup de plaisirs : le plaisir de la variété (au lieu des produits standardisés), le plaisir du sens (que l'on donne à l'acte de manger), le plaisir des sens, et celui du contact humain qui se perd dans des formes de commerce désincarnées.

En aucun cas il ne s'agit de se sentir coupable ou de se fixer des objectifs impossibles à atteindre. L'ambition de ce livre est « seulement » de nous faire prendre un peu de recul et de montrer toutes les solutions alternatives qui existent, afin que nous puissions choisir celles qui conviennent à la fois à notre éthique et à notre mode de vie. Car il y a une multitude d'autres façons de faire ses courses, et la bonne nouvelle, c'est que nous avons (encore) le choix !

J'ai fait un soir une rencontre émouvante partie d'une simple boutade. Un jeune homme, un étudiant visiblement, distribuait des tracts et des bons de réduction pour le supermarché du quartier. J'ai refusé en riant : « Merci, mais je ne vais plus au supermarché, ma religion me l'interdit ». Voilà que le jeune homme me suit dans la rue, troublé, et me demande des explications ! Puis il me raconte, avec l'air le plus désolé du monde, que ses parents non plus n'allaient jamais dans les grandes surfaces, mais qu'à présent qu'il doit s'assumer seul, il ne voit pas comment faire autrement pour se nourrir et financer ses études avec le peu qu'il gagne… en faisant justement ce job pour un supermarché. Il semblait s'en excuser devant moi, et c'était mon tour de me sentir gênée ! J'avais fait cette remarque pour expliquer mon refus de prendre son tract, et je pensais plutôt qu'il me croirait atteinte de folie douce, surtout pas qu'il se sentirait coupable ! Il m'a beaucoup émue, et j'ai tenté de le rassurer comme je pouvais : « Vous savez, moi aussi, quand j'ai commencé à travailler, j'allais au supermarché. Mais dans quelque temps, vous pourrez faire ce qui vous convient vraiment. » Et en réalité, je l'admire, parce que, quand j'avais son âge, j'étais loin de me préoccuper de l'impact de mes habitudes de consommation.

Je lui dédie ce livre, en lui souhaitant de finir brillamment ses études.

Chapitre 2

LES PRODUITS FRAIS

Via la radio et notre boîte aux lettres, les grandes enseignes nous assènent un véritable matraquage publicitaire pour annoncer leurs arrivages de produits frais, souvent assortis d'offres promotionnelles. Il arrive même que ces « réclames » ne soient pas dénuées d'un étonnant cynisme : ainsi, le 16 avril 2018, on pouvait entendre un spot radiophonique vantant le raisin rosé (origine Pérou, Afrique du Sud ou Chili) pour «seulement 2,49 euros le kilo»... et le spot faisait un jeu de mots sur «Les raisins de la colère», le roman de Steinbeck qui traite de la misère des agriculteurs de l'Oklahoma pendant la Grande Dépression !
Il est temps de mettre un « stop pub » sur la boîte aux lettres, de se demander sincèrement quel est «le vrai prix des bonnes choses», et de s'aventurer là où on les trouve réellement !

LE MARCHÉ DE PLEIN VENT ET LES COMMERCES DE BOUCHE DU QUARTIER

La persistance du marché de plein vent en France

Quand on veut acheter ses produits frais hors des rayons du supermarché, on pense généralement d'abord à aller «faire le marché».

D'après une étude de l'INSEE de 2005, 30 % des ménages se rendent sur les marchés et 12 % s'y approvisionnent même deux fois par semaine[35]. Dans certains endroits, la part des consommateurs qui fréquentent le marché local est même beaucoup plus importante : d'après une étude réalisée sur quatre communes du Gers, en 2013, 82 % des personnes interrogées allaient au marché une fois par semaine ou une fois tous les quinze jours[36]. Et cette fréquentation ne semble pas en baisse, bien au contraire. Si, dans les années 1970-1980, les marchés alimentaires, devenus les «symboles d'un monde dépassé», étaient en déclin, aujourd'hui, ils «connaissent un nouveau dynamisme plus ou moins

35 http://www.fcga.fr/wp-content/uploads/2016/11/les-nouveaux-defis-des-marches.pdf
36 http://www.gers.gouv.fr/content/download/8261/49820/ file/Rapport_Etude_Marches_Gers.pdf

remarquable suivant les régions », selon Aurore Navarro, chercheuse en géographie[37]. On compte en France 8000 marchés couverts ou de plein air répartis dans 6000 communes, et à Paris, huit nouveaux marchés ont été créés depuis 2001.

De plus, ces marchés s'adaptent ou se conjuguent aux autres besoins des consommateurs. Dans les grandes villes, il existe à présent en semaine des marchés de soirée, plus en phase avec le rythme de vie des citadins, tandis que dans les plus petits villages, le jour du marché est aussi celui de l'ouverture de la Poste, par exemple. Les personnes interrogées disent qu'elles continuent à faire le marché par habitude, par commodité, pour le plaisir de l'ambiance ou pour le lien social qui s'établit avec les vendeurs. Les marchés sont devenus par endroits un véritable événement touristique, mentionné sur les guides. Mais pour certaines personnes, c'est aussi une nécessité économique : ainsi, dans l'enquête réalisée sur les marchés du Gers, 40 % des personnes sans emploi disent venir par nécessité.

Enfin, dernière preuve, s'il en faut encore, que le modèle du marché reste cher au cœur des consommatrices et des consommateurs : les grandes enseignes essaient de lui ressembler ! Créations de marques de distributeurs spécialisées dans les produits dits « de terroir », rayon fruits et légumes rebaptisé « Petit Marché » et placé en face du rayon des fromages à la découpe ou du boucher et du poissonnier, retour de la forme architecturale des halles Baltard, avec leurs grandes verrières et leurs armatures métalliques…

L'habitude reste une des premières motivations à « faire le marché » pour les Français, mais la volonté de « consommer autrement », de trouver des produits locaux et de saison, est sans doute pour beaucoup dans le regain de fréquentation. Sans compter que les villes font de la publicité pour leurs marchés de plein vent : Le

37 Aurore Navarro, « Actualité des marchés de plein vent », *Pour*, vol. 215-216, nº 3, 2012, pp. 241-246.

Puy-en-Velay a déployé affiches, stands et musiciens pour inciter les habitants à élire leur marché « plus beau marché de France ». À Lyon, les TCL (Transports en commun lyonnais) diffusent sur les écrans du tramway des images d'étalages avec les jours et heures de marchés, et un affichage publicitaire de rue encourage les Lyonnais à fréquenter les marchés de producteurs ou celui de leur quartier.

Selon Aurore Navarro, « redécouverts dans le cadre des circuits courts », les marchés sont un débouché potentiel pour l'agriculture locale et permettent de valoriser les produits locaux[38]. Attention toutefois : on peut très bien faire son marché et revenir avec des fruits et des légumes identiques à ceux que l'on aurait achetés dans une grande surface !

Marché classique et marché de producteurs

Sur les marchés classiques, la présence de la production locale est très variable. On y trouvera certes facilement des variétés et des produits typiques du lieu, vendus directement par leurs producteurs ou relayés par des intermédiaires. Pour ce qui est de la proximité, toujours selon Aurore Navarro, les agriculteurs des marchés parcourent en général 70 à 80 kilomètres au maximum. Rien à voir, donc, avec les centaines ou les milliers de kilomètres subis par les marchandises de la grande distribution.

Cependant, il ne faut pas oublier que ces marchés classiques sont aussi largement occupés par des revendeurs qui s'approvisionnent auprès de grossistes dont les produits viennent de l'étranger, ou parfois d'une autre région de France, pas toujours précisée sur l'écriteau. Les municipalités sont tenues par le *Code rural* de réserver au moins 10 % des emplacements aux producteurs. Cela

38 *Ibid*.

signifie qu'il peut y avoir jusqu'à 90 % de revendeurs, et même davantage si l'on se trouve dans une région où la spécialisation de la production agricole entraîne une moindre présence des producteurs sur les marchés.

Parallèlement à ces marchés classiques se sont développés ces dernières années les Marchés des Producteurs, qui réunissent uniquement des producteurs locaux sous l'égide des Chambres d'agriculture. Ils s'engagent au respect d'une charte de bonnes pratiques, garantissant au consommateur, entre autres, la qualité fermière de leurs productions et une transparence sur les pratiques agricoles. Le site Internet des Marchés des Producteurs de Pays permet de trouver très rapidement ceux qui se tiennent près de chez vous. Toutefois, ce sont pour la plus grande partie d'entre eux des marchés festifs qui se déroulent à une date précise dans l'année, ou bien seulement l'été, quand les vacanciers viennent faire grossir la fréquentation. Et si vous n'habitez pas dans une des quelques villes qui en ont un toute l'année, comme Lyon, Toulon (trois fois par semaine), Le Pradet et Limoges, par exemple, vous ne pouvez pas considérer le Marché de Producteurs comme une alternative pour faire vos courses.

Il vous faut donc revenir au marché habituel de votre quartier et apprendre à y faire votre choix.

Comment bien choisir sur le marché de quartier ?

Pas de précipitation ! Si c'est la première fois que vous vous rendez sur ce marché, ou que vous avez jusqu'ici acheté selon d'autres critères (à cet étalage, les pommes sont plus brillantes, et à celui-ci, il y a moins d'attente pour se faire servir), prenez le temps de parcourir les allées et d'observer.

Certains étalages, incontestablement attirants, proposent des fruits et des légumes parfaitement propres, calibrés, et très variés, cette variété impliquant nécessairement une provenance lointaine (si vous trouvez des fraises en mars, des ananas et des mangues, il ne s'agit pas d'une production locale...). La lecture des écriteaux vous le confirmera. Ce sont souvent les mêmes marchands qui préparent à l'avance des bassines prépesées en promotion (1 ou 2 € le plateau, par exemple). Cette logique de vente se rapproche de celle du supermarché : inciter le client à acheter en plus grosse quantité sous prétexte qu'il y a un rabais. Il faut avouer qu'il est très tentant de rentrer chez soi avec un kilo de kiwis bradés et l'impression d'avoir fait une bonne affaire. Mais si vous êtes la seule personne de la maison qui mange des kiwis, vous allez peut-être le regretter. Et sur le plan du gaspillage alimentaire, on se retrouve dans la même spirale que celle où nous engouffrent les grandes surfaces.

D'autres étalages, sans doute moins apprêtés, sauront mieux répondre à votre exigence de consommation responsable. Les pommes n'y ont pas toutes la même taille, les radis et les pommes de terre sont pleins de terre, les carottes pas toujours bien droites. Il y a moins de produits différents, et sans doute des légumes que vous n'avez jamais goûtés ni cuisinés : de la betterave blanche, du céleri-rave, du radis noir... Parfois, une pancarte ou une banderole indique l'adresse de l'exploitation, mais ce n'est pas forcément le cas. Souvent, la queue y est plus longue (c'est bon signe). Un autre signe qui ne trompe pas : à partir d'une certaine heure, il arrive que des produits soient épuisés, car les habitués savent qu'il faut venir se servir tôt ou les réserver d'une semaine sur l'autre.

Une fois que vous avez repéré les stands qui offrent visiblement une production locale, n'hésitez pas à discuter avec les producteurs, pour connaître leurs méthodes, vous faire conseiller (parmi

TÉMOIGNAGE

Un couple de maraîchers près du Lac du Bouchet (43), m'explique :

« Nous vendons depuis trente ans sur le marché. Nous avons été certifiés bio pendant des années, mais nous ne sommes pas contents des contrôles effectués par l'organisme de certification, qui nous envoie des personnes peu compétentes. Maintenant que notre clientèle est bien fidèle sur le marché, nous avons cessé de cotiser à l'organisme de contrôle, et nous gardons l'argent pour les études des enfants. Bien sûr, ce que nous cultivons est toujours bio. Pour nous, le seul inconvénient de ne plus avoir de certification, c'est que nous ne pouvons plus écouler notre surplus dans une enseigne de magasin bio. Mais le rapport de confiance est instauré avec les clients du marché qui recommandent chaleureusement de se servir chez nous ! »

les trois variétés de courges proposées, laquelle ira le mieux dans une tarte salée ?), demander comment on prépare le chou-rave… On s'aperçoit ainsi parfois que tel maraîcher qui n'est pas labellisé bio ne se sert en réalité d'aucun produit phytosanitaire. Il arrive aussi qu'un vendeur serve d'intermédiaire à un ou deux producteurs locaux. Dans ce cas-là, en principe, il saura répondre à vos questions sur la fabrication de ces produits.

La phase de repérage accomplie, faire votre marché sera très rapide car vous irez directement chaque semaine auprès de vos fournisseurs habituels – à moins que vous n'ayez envie d'en profiter pour flâner quand même un peu !

Les commerces de bouche : quels avantages ? quelles limites ?

Si le marché de plein vent ne représente que 2,4 % des parts de marché[39] pour les produits alimentaires, les Français et les Françaises réalisent en revanche pas moins de 19,6 % de leurs dépenses alimentaires dans les magasins dits d'« alimentation spécialisée ». Les boulangeries-pâtisseries et les boucheries-charcuteries se répartissent à elles seules respectivement 7,3 % et 4,8 % des parts de marché. On peut supposer que les autres magasins d'alimentation spécialisée comportent (entre autres) les traiteurs, les primeurs, les fromagers...

Dans son expérience de *100 Jours sans supermarché*, Mathilde Golla a pourtant fait le choix d'éviter autant que possible ce type de commerces : « Je limite aussi au boulanger, parfois au fromager, et moins souvent au boucher, mes achats dans les petits commerces de bouche de proximité[40] ». Pourquoi ? Parce que sa principale motivation est le circuit court. Si l'on veut être sûr d'avoir accès à des produits d'origine locale avec zéro ou un seul intermédiaire, il est effectivement cohérent de réduire ses achats dans ce type de magasin. Votre choix dépendra donc en réalité de ce qui vous pousse personnellement à éviter les grandes surfaces. Quelle est votre priorité ? Le « zéro déchet » ? Le bio ? Le local et le circuit court ? Le soutien à l'artisanat et à la vie du quartier ?

Si vous boudez le supermarché d'abord parce que vous refusez ses emballages, vous pouvez être en paix avec vous-mêmes en allant dans les commerces de bouche en bas de chez vous. En effet, ils vous permettent sans problème de rester cohérents avec votre démarche « zéro déchet » : tout repose sur vous ! Si vous apportez votre sac à pain chez le boulanger, vos boîtes propres chez le

---

39 En valeur TTC du commerce de détail. Source INSEE pour l'année 2016, paru le 9/01/2018, https://www.insee.fr/fr/statistiques/2015133#tableau-tableau1

40 Mathilde Golla, *op. cit.*, p. 28.

boucher ou le fromager, il n'y a pas de raison que vous repartiez avec des papiers d'emballage. Pour ma part, il m'est arrivé d'emporter toute la charcuterie d'une raclette dans un grand *Tupperware*, et à maintes reprises, je suis allée chercher un repas de midi chez le traiteur, près de mon travail, avec mon propre petit plat en pyrex à couvercle. Cela demande de l'organisation : il m'est arrivé aussi d'oublier mon plat à la maison et de devoir accepter une barquette plastique. Mais ce n'est pas du fait du commerçant !

Si vous avez décidé de manger uniquement des aliments bio, alors il est probable que les petits commerces traditionnels ne feront pas votre bonheur, à moins que vous n'ayez la chance d'avoir un boulanger bio dans votre quartier ! Vous vous tournerez sans doute vers d'autres circuits (boulanger associé à une AMAP, vente directe de colis de viande bio). Enfin, il vous reste la solution d'acheter de la farine bio (en grande quantité pour réduire les coûts) et de faire votre pain vous-même.

Si vous visez avant tout à soutenir les petits producteurs locaux et à vous approvisionner en circuit court, mieux vaut vous renseigner auprès des commerçants. Il est vrai que votre traiteur achète sans doute tous ses ingrédients chez un grossiste (du type Métro ou PromoCash), qui reproduit le modèle de la grande surface. Il en va de même pour le boucher-charcutier. Si vous achetez votre plat de midi chez le traiteur, c'est donc un peu comme si vous aviez fait vos courses au supermarché... Mais vous aurez fait travailler un petit commerçant de votre quartier, et le plat ne comportera certainement pas autant d'additifs qu'un plat préparé de la grande distribution (peut-être même n'en comportera-t-il aucun). À vous de poser des questions : utilisez-vous des additifs ? D'où vient le fromage de la crèmerie ? Sur quelle ferme les veaux ont-ils grandi ? Certains artisans possèdent aussi cette culture des produits locaux et mettent un point d'honneur à se fournir chez des gens qu'ils connaissent et à cuisiner « comme à la maison ». Si c'est le cas, vos questions seront très bien accueillies et on sera fier d'y répondre.

TÉMOIGNAGE

Alain Sorgues, boucher-charcutier-traiteur à Saint-Priest (69), témoigne :

« En ce qui concerne la viande, chez moi, toutes les bêtes sont identifiées : le client peut savoir d'où elles viennent. Porc de la Haute-Loire, agneau de l'Aveyron, poulet fermier, je peux montrer toutes les étiquettes. Toute la charcuterie, les pâtés en croûte, les saucisses, je les fais moi-même, sans additif. Je ne suis pas dans le bio, mais dans le raisonné. Le bio est très cher et ce n'est pas toujours possible de trouver la viande bio. Je fais au mieux. Avant, j'étais un peu démodé, et maintenant, je suis un précurseur !

La traçabilité, c'est mon combat. Je suis né là-dedans, j'ai vu mon grand-père aller choisir les bêtes au pré. Dans ma famille, bien manger est une religion. Mais l'industrie agroalimentaire gagne du terrain. On inscrit notre art de vivre au patrimoine mondial de l'Unesco, mais au quotidien, qui le défend ?

Autrefois, sur Saint-Priest, nous étions nombreux à travailler de cette façon, maintenant nous sommes trois. Tout autour, il y a beaucoup de grandes surfaces. Pourtant, ça ne coûte pas plus cher de bien manger, mieux vaut manger moins de viande, mais de bonne qualité. À midi, je fais une formule « plat du jour » à 5 €. C'est sûr, je suis « ras les pâquerettes » au niveau du prix, mais ici, dans ce quartier populaire, si je vends trop cher, je ne vends plus rien. Je devrais être parti à la retraite depuis un an, mais je reste pour former quelqu'un qui travaillera comme moi ! »

En effet, même si les commerces de bouche de votre quartier ne sont pas bio ou inscrits dans le circuit court, ils ont encore peut-être le mérite d'exister et de permettre à votre rue de rester vivante. Sans que vous en ayez conscience, ils jouent un rôle social très important et à ce titre, on peut estimer qu'ils doivent d'être soutenus, car leur survie est souvent précaire.

Du reste, à mon avis, s'il est bon de faire des efforts pour soutenir la production très locale, il ne faut pas en faire une obsession. D'autant plus qu'elle ne satisfait pas toujours tous nos besoins, il faut bien l'admettre. En termes de fromage, par exemple, on peut privilégier pour la fin de repas la production du cru : ce n'est pas gênant de ne pas avoir de Camembert à sa table en Auvergne, ni de fromage aux artisous en Normandie. En revanche, pour cuisiner, surtout avec des enfants qui apprécient en général les pâtes et les gratins, ce serait trop frustrant pour moi de me passer d'emmental...

TÉMOIGNAGE

André Fournel, traiteur à la retraite, qui a tenu pendant vingt-trois ans le magasin Le Périgord à Saint-Etienne, rappelle le rôle social des petits commerçants.

« En dehors de la clientèle pour les réceptions, les gens qui venaient se servir chez nous étaient surtout des personnes seules, et beaucoup de personnes âgées. Ces dernières aiment bien aller chaque jour chez leurs commerçants, c'est une occasion de rompre la solitude, de discuter un peu. Il y a aussi les employés qui viennent chercher leur déjeuner à la pause de midi. Il nous est arrivé de porter les repas à domicile : ce n'était pas le but de notre activité commerciale, c'était plutôt un service qu'on rendait à de vieux clients qui ne pouvaient plus se déplacer. Mais à présent, les commerces se meurent et les quartiers se désertifient. C'est un problème pour les personnes âgées, parfois même pour les étudiants. Il faut avoir une voiture pour aller faire ses courses en périphérie ! C'est devenu très compliqué pour les commerces de bouche traditionnels : en ville, les loyers sont chers et les immeubles sont vieux, ce qui implique de faire de gros travaux pour respecter les normes liées à l'alimentaire. Il faut aussi pouvoir moderniser son outil de travail. Seules les grandes enseignes peuvent lutter, ou les commerçants installés depuis longtemps. Mais au moment du départ en retraite, comment trouver un repreneur ? Ils seront souvent remplacés par une grande enseigne.

La boulangerie est le seul commerce qui arrive à tenir, et encore pas toujours. À la Croix de l'Orme, l'an dernier, un jeune a repris une pharmacie qui fermait pour en faire une boulangerie : il a engagé de gros travaux, et a dû mettre la clé sous la porte au bout de trois mois… Il faut dire que les habitants ne jouent pas le jeu, ils ont perdu l'envie d'aller chez les commerçants de quartier. »

Ajoutons que les petits commerçants participent aussi à la vie locale en acceptant les petites annonces et les affiches pour les prochains événements du quartier. À la campagne, ils peuvent même servir de relais de Poste. À l'heure où l'on peut imprimer ses timbres à la maison, c'est à nous de voir quel équilibre nous voulons trouver entre ce que nous offre Internet et le lien social, les rapports humains, que nous voulons faire vivre autour de nous.

Est-ce que je vais vraiment tout trouver ? À quoi vais-je devoir renoncer ? *Quid* de la variété ? Retour d'expérience en famille...

La réponse à ces questions dépend pour une grande partie de vos habitudes actuelles. Pour ma part, lorsque j'ai fait mes premières courses hors du supermarché, mon objectif n'était pas de changer les routines alimentaires de ma famille. Au contraire, je souhaitais plutôt retrouver ailleurs les produits auxquels mes enfants étaient habitués et pouvoir leur proposer les plats qu'ils mangeaient sans difficulté.

En termes de produits frais, nous étions des mangeurs de yaourts plus que de fromage, de petits consommateurs de fruits (les fruits des grandes surfaces n'ont pas beaucoup de goût), et des carnivores relativement modérés. En effet, puisque nous mangions de la viande en principe à midi (les enfants à la cantine, et le papa et moi sur notre lieu de travail), je n'estimais pas nécessaire d'acheter de la viande pour les soirs de semaine. Je me procurais donc simplement une barquette de jambon ou de dinde pour faire une entrée froide, une barquette de lardons pour confectionner un plat le week-end, et un poulet Label Rouge pour le dimanche midi.

Quant aux légumes, je ne peux pas vraiment ranger dans la catégorie des produits frais ceux que je consommais à cette période-là ! En effet, partant du principe que je devais éviter de cuisiner les soirs de semaine, pour m'épargner de la fatigue et gagner du temps, je faisais provision de boîtes de haricots, lentilles, petits pois carottes, ratatouille, et achetais aussi des couscous ou des paellas toutes faites. Pour pallier le manque de fruits, j'achetais beaucoup de compotes et souvent en gourde individuelle. Bonjour les emballages ! Mais à cette époque-là, mes enfants étaient accros aux blagues inscrites sur la gourde et se battaient pour avoir certains parfums… Vous comprenez que je partais de loin ! J'étais une « maman-supermarché » bien installée dans ses routines d'achats pratiques.

Pour ce qui concerne les yaourts, lorsque je me suis lancée « hors supermarché », je ne voulais surtout plus de pots individuels à mettre à la poubelle. Le crémier du marché proposait des yaourts fermiers, mais ils étaient dans des pots en plastique non recyclable. Une des solutions aurait été de les fabriquer moi-même, mais si j'étais prête à cuisiner plus, je ne voulais pas acheter de yaourtière, car dans ma grande ignorance, je croyais que l'on ne pouvait pas les faire sans cet objet à la mode. Je ne voulais pas que ma démarche « zéro supermarché » rime avec « profusion de nouveaux objets » à la maison. Les yaourts ont donc fait partie des rares aliments dont nous nous sommes tout simplement passés.

Pendant plus d'un an, je me suis alors mise à acheter bien davantage de fromages, et cela a été une révélation pour mon fils. Il se délecte de chèvretons, de Saint-Félicien, de Morbier et à présent, raffole du fromage aux artisous. Ma fille se révèle quant à elle une amatrice exclusive de comté, mais ce n'est pas faute d'avoir eu l'occasion de découvrir d'autres fromages. Et l'on voit comment le fait de renoncer à un des produits du supermarché nous a, au bout du compte, ouverts à une variété de fromages que nous n'avions pas l'habitude de consommer !

À l'occasion d'un déménagement, on nous a offert un four à micro-ondes qui possédait un programme « yaourts ». Je me suis donc lancée dans leur fabrication tout récemment. J'ai découvert sur un marché voisin un producteur de yaourts fermiers qui sont un pur délice et qui sont vendus seulement 40 centimes le pot. J'en prends juste ce qu'il faut pour faire les miens. J'ai commencé avec du lait UHT, mais depuis, j'ai aussi trouvé du lait cru entier bio tout frais (c'est le privilège de la campagne) et j'ai appris qu'il n'était même pas nécessaire de posséder une yaourtière qui chauffe, mais seulement un système pour maintenir le lait à température (comme un sac isotherme... ou un bonnet !).

À ce sujet, je recommande la visite du site nicrunicuit.com qui donne des informations très détaillées sur la fabrication de toutes sortes de produits fermentés à faire à la maison. Les enfants aiment ces yaourts-là bien davantage qu'autrefois ceux du supermarché ! Si vous n'avez pas accès au lait fermier entier, avec un bon yaourt comme point de départ, vous pouvez également en obtenir de très bonne qualité avec du lait UHT. Ils ne seront pas aussi fermes et crémeux, mais cela restera meilleur que tout ce que vous trouverez en grandes surfaces. Là aussi, la variété s'invite là où on ne l'attendait pas, car vous constaterez que les yaourts n'ont jamais exactement le même goût d'une «fournée» à l'autre.

C'est un peu le même scénario qui s'est produit pour les compotes. Lorsque mes enfants étaient des nourrissons, nous faisions leurs compotes régulièrement. On est plein de bonnes résolutions avec un tout-petit, on veut lui donner le meilleur ! Mais quand il grandit, on songe raisonnablement à se simplifier la vie. Or, sans les compotes en gourde si pratiques, comment faire ? Au début, je me suis mis en tête de les faire moi-même pour toute la semaine, à partir de fruits achetés au marché. Mais mes deux kilos de compote étaient si vite engloutis (oui, c'était bon !) que je me suis découragée de passer tant de temps à éplucher et cuire des fruits pour qu'ils fassent si peu de profit.

On touche là au cœur du problème des produits transformés (en dehors des additifs qu'ils peuvent recevoir dans l'industrie agroalimentaire). Prenez trois kilos de fruits : si vous les consommez frais et crus, vous en aurez pour toute la semaine, si vous les transformez en compote, tarte ou gâteau… ils ne feront pas long feu ! Sans compter que la cuisson détruit les vitamines des fruits (et que contrairement aux industriels, dans votre cuisine, vous n'allez pas ajouter d'acide ascorbique). Comme pour les yaourts, les compotes ont donc disparu de notre réfrigérateur. Les enfants ont pris goût aux fruits de saison simplement épluchés et coupés en petits morceaux à la fin du repas. Ne plus aller au supermarché ne signifie pas renoncer à se simplifier la vie ! Mais la simplification passe par d'autres moyens, meilleurs pour la santé.

En ce qui concerne les légumes, nous n'avons renoncé à aucun de ceux que nous avions l'habitude de cuisiner. Simplement, nous avons cessé d'acheter des courgettes toute l'année pour suivre la production de saison. Et nous avons (évidemment) fait des découvertes, comme celle du chou-rave et de la betterave blanche, deux légumes d'hiver délicieux crus et râpés en entrée. Toutefois c'est dans les AMAP que nous avons testé le plus de « nouveautés », j'y reviendrai.

Enfin, je trouve facilement sur le marché le peu de viande que j'avais l'habitude de consommer et je prends garde de choisir de la viande de producteur (ce qui est plus facile à la campagne qu'en ville). Mais je dois dire aussi que notre nouvelle réflexion sur notre alimentation nous a conduits à manger beaucoup moins de viande, tant pour notre santé que pour celle de la planète.

Combien ça coûte ?

Suivant les semaines, je dépense, pour deux adultes et deux enfants, entre 25 et 40 € sur le marché lorsque c'est ma seule source d'approvisionnement en légumes.

Voici ci-dessous mon marché du 31 mars dernier, avec seulement des produits venant du département :

Chez un producteur de légumes bio :

- Pommes de terre à 1,5 € / kilo
- Betteraves rouges à 2,5 € / kilo
- Panais à 2,5 € / kilo
- Un chou blanc
- Un kilo d'oignon

Sous-total : 11,60 €

Un saucisson fermier bio : **6,60 €**

Chez un fromager bio :

- Un litre de lait entier 0,90 cts
- Un morceau de fourme (12 € le kilo)

Sous-total : 5,80 €

Chez un producteur de légumes en plein champ :

- Salade
- Carottes
- Trois petits poireaux
- Un kilo de courge

Sous-total : 8,00 €

Six gros œufs bio : **1,90 €**
(inutile de vous dire qu'à ce prix-là, il y a la queue devant le stand.)

Total du marché du 31 mars 2018 : 33,90 €

N.B. : Ceci est un marché « d'hiver ». Au printemps et en été, il faut compter 10 à 20 € de plus en général.

Cette semaine-là, j'ai peu dépensé en fromages, car il en restait beaucoup à la maison. La semaine précédente, la note du fromager du marché s'élevait à 8,20 € et j'avais acheté aussi du comté et de l'emmental dans une boutique bio. En revanche, j'avais dépensé seulement 16 € en fruits et légumes parce que j'avais des provisions de la semaine précédente… Tout compte fait, le marché demeure très économique ! Reste à préciser qu'un des paramètres qui peut faire varier le montant de la note, c'est la ville où l'on se trouve. Mais pour les produits non transformés, la vente directe sur le marché reste toujours plus avantageuse que le « super- » marché avec la marge de ses intermédiaires.

Combien de temps ça prend ?

Lorsqu'on a ses repères, faire le marché n'est pas nécessairement coûteux en temps. Tout dépend de la taille du marché et de l'heure à laquelle on s'y rend ! Pour compléter l'exemple de mon marché du 31 mars, ce jour-là, j'ai mis quarante minutes pour me servir chez quatre producteurs différents sur le marché du Puy, au beau milieu de la matinée, à l'heure de la plus grosse affluence. Mais si j'étais venue plus tôt, j'aurais passé moins de temps à faire la queue. Et lorsque je me sers sur un marché plus petit, comme à Chadrac, cela est aussi plus rapide. À Lyon, il m'est déjà arrivé de faire le marché avant huit heures le samedi matin pour aller très vite, et de partir en week-end une fois mon frigo rempli.

Ceci dit, même si on peut avoir de bonnes raisons d'être pressé, le marché de plein air invite plutôt à un autre état d'esprit, qu'il faut savoir cultiver… De façon générale, d'ailleurs, sortir du supermarché, c'est accepter à certains égards de revoir son rapport au temps. Le but de la démarche n'est pas d'induire un stress supplémentaire, mais, au contraire, de réinvestir comme du temps de vie à part entière des moments que l'on a pris l'habitude de considérer comme des corvées à expédier au plus vite. Avez-vous remarqué que plus nous inventons de solutions pour « gagner du temps » et plus nous avons le sentiment d'être pris dans une course sans fin et de ne plus « avoir de vie » ? Et si faire les courses redevenait un plaisir, un avant-goût du régal qui nous attend dans notre assiette ?

Faire le marché avec les enfants, est-ce vraiment une bonne idée ?

Il faut avouer que faire les courses avec de jeunes enfants est rarement une partie de plaisir. *A fortiori* en grande surface. Passons sur la phase délicate où, une fois le *cosy* du bébé posé au fond du chariot, il ne reste plus de place pour y mettre le pack d'eau minérale qui sert à la préparation de ses biberons (cette phase est sans doute à l'origine de beaucoup de conversions à la commande en ligne). Il y a ensuite la période bénie où Petit Bout et Super Choupette tiennent assis dans le siège du caddie. Certes, il faut être vigilant(e), car les chutes sont possibles, mais l'inconvénient le plus fréquent reste à ce moment-là la petite main baladeuse qui fait choir du rayon quelques paquets de gâteaux.

Mais toutes les bonnes choses ont une fin : un jour, votre rejeton ne peut (ou ne veut) plus rester assis sur la planche en plastique, et il vous faut jongler entre votre activité de remplissage et la surveillance du petit individu qui aspire à l'autonomie de ses déplacements. Quand le magasin s'est doté de mini-chariots à pousser – avec petit fanion pour faciliter le repérage à distance – le niveau de difficulté de l'entreprise diminue de moitié.

Les jours de petite forme, la queue aux caisses s'accompagne d'une crise de larmes pour obtenir un des merveilleux gadgets alignés en tête de gondole et qui se baptisent « sèche-pleurs » sans doute avant tout… parce qu'ils les déclenchent. Vous allez me dire que nous serons bientôt sauvés par Amazon Go et son système de magasins sans caisses. Certes, ce sera bien pratique, mais à ce moment-là, comment nos enfants comprendront-ils que nous payons en réalité tous les objets que nous prenons, et qu'ils ne peuvent pas remplir le chariot à volonté ?

En effet, il reste à gérer les caprices pour les céréales ornées du personnage de Disney le plus en vogue, la pâte à tartiner et les bonbons aux colorants... À quoi il faut ajouter les opérations marketing que vos enfants ne pourront pas manquer : pour tant d'euros dépensés, vous pouvez gagner des peluches à collectionner, des cartes ou des figurines, le plus souvent à l'effigie du dernier dessin animé à gros budget. Je suis bien placée pour le savoir, nous avons à la maison tous les Schtroumpfs et la Schtroumpfette, acquis à force de cagnotte dans la dernière grande enseigne que nous fréquentions !

En allant au marché au lieu du supermarché, supprime-t-on réellement toutes ces difficultés ? Ou se contente-t-on de les déplacer ? *Primo*, vivre avec de jeunes enfants est en soi une épreuve – qui porte en elle sa récompense – et cesser de fréquenter les grandes surfaces ne résoudra pas tous vos problèmes. *Secundo*, la question dans la vie consiste moins souvent à éviter les épreuves qu'à choisir celles qu'on préfère. Ces considérations hautement philosophiques étant posées, nous pouvons envisager le déroulement du marché avec progéniture associée.

Le marché étant le plus souvent en plein air, vous pouvez déjà avoir la satisfaction d'emmener vos enfants faire un tour dehors plutôt que de les promener sous les néons. Si c'est samedi ou dimanche, cela peut devenir aussi la première sortie familiale du week-end. Dans les petites villes de campagne, c'est encore l'occasion de voir des lapins et des poules, ce qui plaît beaucoup aux petits.

Il est peu probable que vous ayez à essuyer un caprice pour un chou-fleur ou des endives ; en revanche, les tartelettes « maison » à l'étalage du boulanger ou les fruits secs peuvent attiser quelques convoitises, mais si vous cédez, ce sera toujours meilleur que les bonbons et le Nutella®.

Avec des enfants très petits, la poussette restera sans doute votre meilleure alliée. On ne peut que s'ébahir de la quantité de choses qu'on peut faire tenir dans une poussette-canne de bonne qualité. Le filet sous l'assise recevra vos légumes les plus lourds, tandis que les plus fragiles seront dans des sacs accrochés aux poignées de l'engin. (Au sujet des sacs, on évitera d'accepter les sacs en plastique que donnent encore les commerçants ; vos grands cabas assez résistants du supermarché feront très bien l'affaire.) Et si vous êtes adepte du portage, vous aurez les mains libres pour votre chariot à roulettes.

Il faut reconnaître que vous ne circulerez pas rapidement : mais personne ne marche vite sur un marché, et les gens sont plus aimables si par accident vous les heurtez avec un bambin dans une poussette qu'avec un chariot. Sans compter que les commerçants sont en général contents de parler avec les enfants, de les reconnaître d'une semaine sur l'autre et de leur donner au passage un fruit ou un morceau de fromage. Ce qui ne risque pas tellement de vous arriver avec la caissière du supermarché, *a fortiori* si vous avez affaire à une caisse automatique. Finalement, emmener vos enfants faire le marché, c'est leur donner l'exemple de cet échange humain agréable que peut – que doit – être le commerce quand il n'est pas privé de toute la noblesse de son sens.

Je n'ai pas le temps de cuisiner !

D'après une étude de l'INSEE en 2008, la part des produits frais par rapport aux préparations industrielles a beaucoup baissé en quarante-cinq ans[41]. Les conserves, les « plats cuisinés » surgelés ou lyophilisés font désormais partie du quotidien de tous les foyers, avec ou sans enfants. On ne va pas se mentir : ne plus aller au

41 Danielle Besson, « Le repas depuis 45 ans : moins de produits frais, plus de plats préparés », dans *INSEE Première*, n° 1208, septembre 2008.

Un peu de recul

À l'origine, la boîte de conserve industrielle n'a pas été pensée pour libérer la femme des tâches domestiques, mais pour nourrir les soldats de la Première Guerre mondiale.
C'est seulement après qu'il a fallu inciter les femmes à renoncer à leur propre préparation pour s'en remettre à celle des industriels. «Le patronat saisit cette opportunité de faire pénétrer ses produits dans la société française à une époque où il y a encore auto-fabrication des conserves "maison" dans la société rurale. En habituant les poilus à la conserve industrielle du fait des commandes de l'État et en donnant l'opportunité aux citadins de mettre des conserves dans les colis des soldats, les habitudes alimentaires se transforment», explique Marie Llosa[42]. Pourtant, il n'a pas été facile de convaincre les consommateurs ! Les premiers concernés eux-mêmes, les soldats, baptisaient «singe» le bœuf en conserve, pour manifester leur dégoût de la viande industrielle. Certains se plaignent dans leurs lettres à leur famille de cette nourriture dont ils sont las et qui parfois les rend malades... Mais il est tellement avantageux de pouvoir déplacer des troupes sans faire suivre la cuisine ! Par la suite, il a fallu que les publicitaires déploient des trésors d'invention pour convaincre les femmes (majoritairement au foyer dans les années 1960 à 1980) d'acheter pour leur famille des conserves industrielles[43].
Encore aujourd'hui, ce sont les besoins de l'armée (et non ceux des femmes !) qui motivent bien des innovations dans tous les domaines, y compris dans l'alimentaire. En 2011, une entreprise française a signé un contrat avec l'armée américaine afin de créer des snacks à base de viande déshydratée pour les soldats[44]. Vous en reprendrez bien un morceau ?

42 Marie Llosa, « La conserve alimentaire au service du soldat : une production de guerre ? », dans *Matériaux pour l'histoire de notre temps*, 2008/3, n° 91, pp. 80-83.

43 Un des leitmotiv de la publicité pour les plats industriels est d'assurer qu'ils sont meilleurs que les plats «maison». Depuis la soupe Heinz qui fustige l'épouse dont le mari s'ennuie à table jusqu'à «Reviens, Léon, j'ai les mêmes à la maison», la cuisinière risque « 'infidélité» (au moins alimentaire) de son mari si elle continue à préparer elle-même ses repas...

44 http://www.agro-media.fr/actualite/des-snacks-a-base-de-viande-pour-les-soldats-5474.html

supermarché signifie donc aussi passer beaucoup plus de temps dans la cuisine. Il faut être prêt à renoncer aux plats industriels qui facilitent la vie de la « ménagère ». Pourtant, ce n'est pas parce que les femmes travaillent que nous mangeons des conserves, mais bien parce que l'industrie agro-alimentaire est parvenue à nous les imposer !

La première question qui se pose est donc certainement : qui va faire la cuisine ? Rappelons d'abord que rien ne prédispose les femmes à la préparation des repas, et que si le changement de mode de consommation est un projet familial, il est indispensable que Monsieur participe à l'effort de guerre. On peut imaginer se répartir équitablement le nombre de repas à faire dans la semaine.

Toutefois, chacun et chacune a ses préférences en termes de tâches ménagères. Pour ma part, alors que j'ai, quinze ans durant, compté sur les préparations industrielles pour alléger mon emploi du temps, j'ai découvert au bout de quelques semaines de pratique… que j'aimais cuisiner ! Il m'a fallu le temps d'acquérir des habitudes, d'avoir les recettes en tête, et c'est devenu la moins ingrate de toutes les obligations. Je préfère largement préparer un gratin plutôt que nettoyer la salle de bains ou passer l'aspirateur ! Et mon conjoint, conscient du surcroît de travail que représente la cuisine, se charge de ce que je n'aime pas faire.

J'ajouterai que cuisiner est devenu, le plus souvent, un moment de détente qui me permet de couper avec la journée de travail. Tandis que les enfants jouent ou regardent un dessin animé, je mets des musiques que j'aime et j'épluche les légumes sans plus penser à rien. Une de mes amies m'a dit récemment : « Le tricot est une activité méditative ». Je suis d'avis que c'est aussi vrai pour la cuisine. C'est une activité apaisante (à condition de ne pas en faire une course contre la montre) qui nous relie aux aliments que nous mangeons. Lors d'un repas partagé entre voisins, j'ai pu constater que je n'étais pas la seule à considérer cela comme un plaisir. Il existe au sujet de l'acte même de cuisiner un magnifique reportage en quatre volets de l'américain Michael Pollan, intitulé *Cooked*, qui en montre toutes les dimensions (sociales, médicales, symboliques et spirituelles) et qui nous alerte sur la façon dont l'industrie agroalimentaire les met en péril.

Reste qu'il est difficile de se mettre aux fourneaux quand on a un quotidien bien rempli ! Certains soirs, après avoir fait faire les devoirs, emmené le grand au judo et donné le bain du petit, on n'a souvent qu'un quart d'heure avant de passer à table... Il faut l'admettre d'emblée, cuisiner tous les soirs n'est pas possible dans la plupart des familles, si les deux conjoints travaillent. Il va donc falloir anticiper, organiser, et trouver des parades. Chaque famille développe ses propres méthodes en fonction de ses contraintes, et en général, c'est ce que l'on a trouvé soi-même qui fonctionne le mieux. Mais voici tout de même quelques solutions.

La première astuce consiste à cuisiner en prévoyant des restes en quantité suffisante pour faire un deuxième repas le lendemain, ou pour les placer au congélateur, et avoir ainsi un petit stock de dépannage. Ainsi, vous ne cuisinerez pas tous les soirs. C'est ma solution préférée, qui me permet de ne cuisiner que deux soirs par semaine (je ne compte pas le vendredi, qui est un jour à part). Dans certaines familles où les deux parents rentrent tard, on cuisine le week-end pour toute la semaine.

Il arrive aussi qu'il y ait un moment dans la semaine où on n'a pas de solution. Ainsi, chez nous, le mercredi, je rentre du travail vers 12 h 45 pour récupérer à la garderie de l'école deux enfants affamés... Et c'est un jour où je n'ai pas de plat d'avance. Ce jour-là, j'achète à la boulangerie en bas de chez moi quatre parts de pizzas

TÉMOIGNAGE

Karine M., deux enfants et enceinte du troisième, explique :

« Nous recevons nos légumes le vendredi. Pour chaque repas du week-end, nous cuisinons de très grosses quantités. La première fois que ma mère nous a vus faire, elle a demandé : "Vous êtes sûrs que nous allons manger tout ça ?" Mais en réalité, les quatre repas du week-end, dont les restes sont congelés, nous servent aussi de repas du soir du lundi au jeudi. Et là, il n'y a plus qu'à faire réchauffer ! »

et je les accompagne d'une salade verte. D'accord, elles ne sont pas bio, d'accord, ce n'est pas idéal sur le plan nutritionnel... Mais ce n'est pas une part de pizza par semaine qui compromet l'équilibre alimentaire, et les enfants sont doublement contents d'être mercredi ! L'essentiel est de garder le cap, pas d'être extrémiste.

Une routine est une aide précieuse pour «encadrer» le temps passé à cuisiner. Si vous savez quels sont les jours où vous voulez le faire et à quelle heure vous devez vous y mettre, si une partie du menu est invariante d'une semaine sur l'autre, cette gestion nouvelle vous paraîtra beaucoup moins lourde. Chez nous, par exemple, on fait des crêpes tous les vendredis soir. Il faut moins de dix minutes pour préparer une pâte à crêpes, et c'est la garantie de mettre les enfants de bonne humeur et de nous faire oublier la fatigue de la semaine. Dans d'autres familles, on pratique l'apéro du vendredi soir... Mais sans chips du supermarché ! Il est facile de faire soi-même ses chips de légumes au four.

Toutefois, il faut encore reconnaître que pendant les week-ends et les vacances, on peut avoir envie profiter d'une belle journée à l'extérieur sans devoir rentrer une heure plus tôt pour faire le repas du soir. Dans ces cas-là, personnellement, je cuisine tôt le matin, tout de suite après le petit déjeuner, de façon à être « libérée » pour le reste de la journée. Auparavant, quand je voyais ma belle-mère se mettre aux fourneaux à huit heures du matin, j'en étais presque agacée. Maintenant, je fais comme elle... ou je prévois des pâtes !

L'avis des enfants...

Est-ce que nos enfants ont eu du mal à accepter le changement ? Ils avaient quatre et huit ans au moment où nous avons décidé de ne plus aller au supermarché. Nous leur avons expliqué que nous ne voulions plus des emballages et des additifs alimentaires. Ils ont très bien compris – les enfants sont, me semble-t-il, naturellement sensibles aux questions qui touchent la santé et l'environnement. Nous avions un peu le sentiment de nous lancer dans l'inconnu et d'être des « résistants » ou des « rebelles », à notre très (très) modeste dimension. Les enfants ont immédiatement senti cela et partagé notre fierté. Ma fille scandait à tue-tête : « On va plus au supermarché ! » et mon fils refusait même les biscuits emballés que lui offrait la voisine au motif qu'ils venaient d'une grande surface. Il a fallu un peu modérer leur ardeur ! Mais justement, leur enthousiasme a été pour nous un formidable point d'appui. Pas question de revenir en arrière ou nous les aurions terriblement déçus !

Pour les produits frais, l'adaptation n'a pas été bien difficile. Comme je le disais plus haut, ils ont rapidement accepté de manger du fromage au lieu des yaourts, des salades de fruits frais à la place des compotes en gourde... Pour les légumes, ils les mangent en général de bon cœur, d'autant que je les cuisine beaucoup mieux qu'avant et qu'ils ont plus de goût. Le chou, en particulier, a été une révélation pour mon fils. Tandis que je n'en achetais jamais en grande surface, je me suis mise à en prendre sur le marché et à le faire en potée. Mon aîné se sert toujours deux fois ! Quant au marché lui-même, ma fille m'y accompagne généralement avec plaisir pour faire une promenade avec moi.

Si le marché traditionnel se maintient avec dynamisme dans notre société, il existe en parallèle de nombreuses autres solutions alternatives comme les AMAP qui se sont bien développées ces dernières années.

LES AMAP

Le concept : un engagement réciproque

Les AMAP apparaissent aujourd'hui comme une façon très simple et pratique de s'approvisionner en produits frais, toujours locaux, le plus souvent bio. Une AMAP (Association pour le maintien de l'agriculture paysanne) naît de l'engagement réciproque d'un producteur (ou d'une productrice) et d'un groupe de consommateurs et consommatrices adhérentes.

L'agriculteur s'engage à produire ses aliments « sans engrais ni pesticides chimiques de synthèse » et « sans OGM ». Il ouvre régulièrement les portes de sa ferme pour montrer aux adhérents ses méthodes de production. Et bien sûr, il livre chaque semaine un « panier » de légumes. (Pour les fruits, le pain, la viande, les œufs, les fromages, la périodicité peut être différente : tous les 15 jours ou bien à des dates prévues dans le contrat).

Les adhérents (souvent appelés « Amapiens ») s'engagent pour leur part à acheter par avance la totalité de la récolte, pour six mois ou pour douze. Ils peuvent régler en une seule fois ou

Un peu de recul

Années 1960, baie de Minamata au Japon. Des familles de pêcheurs développent d'étranges symptômes physiques et neurologiques, graves et permanents ; leurs enfants naissent avec des troubles mentaux. C'est qu'ils mangent des poissons gorgés de mercure, ce mercure que l'usine locale de pétrochimie rejette dans la mer… Dès lors, la conscience des Japonais s'éveille. À cette même période, l'orientation de leur nouvelle politique agricole (basée sur les intrants chimiques au service du rendement) suscite la méfiance de l'opinion.

Des mères de famille se regroupent pour mettre en œuvre une idée qui leur garantira de nourrir leur famille sainement. Elles achètent par avance la récolte d'un paysan qui leur garantit en échange de cultiver sans aucun pesticide ni engrais chimique. Le *teikei* est né, avec, à sa base, la confiance mutuelle. Pour les Japonais, c'est la notion de *wa*, « harmonie », qui est en jeu ici comme dans l'ensemble des rapports sociaux. Même si de l'argent est versé au producteur, cet échange est perçu plutôt comme un système de don contre don. « En d'autres termes, explique Jean Lagane, chercheur en sociologie de l'environnement, au-delà de l'apparence d'une relation d'achat et de vente se dissimule une opération d'échange non-marchande basée sur l'établissement de confiance commune et de gratitude. » Accroupie, en train de trier des fraises à la ferme, Kikuko, 42 ans, cadre dans une entreprise de cosmétique, reconnaît que « s'il y a un échange d'argent entre les membres [du *teikei*] et le paysan, c'est une façon d'exprimer sa gratitude [*kansha*] pour tout le travail accompli[45] ». On estime qu'au Japon, en 1993, une famille sur quatre faisait partie d'un *teikei*.

Ce n'est pourtant pas du Japon que viendra le modèle français des AMAP, mais des États-Unis, lorsqu'un couple d'agriculteurs du Var, Denise et Danièle Vuillon, rencontre à New York une amie membre d'un CSA (Community Supported Agriculture). D'une culture à l'autre, d'un continent à l'autre, il est intéressant de constater que des personnes prennent des initiatives relativement semblables pour reprendre la main sur leur nourriture et réhumaniser leurs rapports avec ceux qui la produisent.

45 Jean Lagane, « Du *teikei* à l'AMAP, un modèle acculturé », *Développement durable et territoires* [En ligne], vol. 2, n° 2, mai 2011, mis en ligne le 23 mai 2011. http://journals.openedition.org/developpement durable/9013

remettre au début du contrat un certain nombre de chèques qui seront encaissés au fur et à mesure par l'agriculteur. Dans tous les cas, ils apportent ainsi un soutien appréciable au producteur ou à la productrice qui se voient assurées que leur récolte leur rapportera un certain montant, quels que soient les aléas climatiques. Pour les Amapiens, cela signifie aussi accepter que le poids et le contenu du panier varient d'une semaine à l'autre, et puissent être différents de ce qui était prévu, en cas de problème. Enfin, il est bon qu'ils puissent répondre présents lorsque le ou la paysanne a besoin d'un coup de main pour la récolte de pommes de terre ou pour réaliser quelques travaux sur le domaine...

Un système « gagnant-gagnant »

On trouve sur le site reseau-amap.org un tableau comparatif des avantages et inconvénients de chaque mode de commercialisation pour le producteur ou la productrice[46] : supermarché, marché, AMAP, autre forme de panier bio... En toute cohérence avec les éléments détaillés dans le tableau, on peut lire en conclusion : « L'AMAP semble être le système permettant au producteur la meilleure valorisation financière de ses produits, et ayant les plus-values sociales et environnementales les plus intéressantes. » C'est aussi un système « anti-gaspi », car les Amapien(ne)s consomment tout ce qui est produit ! Qu'importe que les légumes ne soient pas standardisés, ce qui compte, c'est leur bon goût ! Cette absence de « sélection des jolis légumes » permet aussi de diminuer le prix des denrées en reportant les coûts sur la totalité de la production.

Le système est-il aussi avantageux pour les adhérents ? Oui, sans conteste ! Tout d'abord, rien n'est comparable au goût des légumes et des fruits qui viennent d'être cueillis et qui ont été produits

46 http://www.reseau-amap.org/partenariats-producteurs-consommateurs.php

COMMENT UNE AMAP PEUT PERMETTRE À UN AGRICULTEUR DE DÉMARRER ET DE SE CONVERTIR AU BIO : L'EXEMPLE DE L'AMAP ALPAGE (LYON)...

Dans sa précédente vie, Éric était paysagiste. Il a racheté une exploitation conventionnelle, et pour garantir l'achat de ses premières récoltes, il a souhaité s'appuyer sur une AMAP.
Les Amapiens l'ont soutenu, à condition qu'il convertisse sa ferme à l'agriculture biologique. Aujourd'hui, l'AMAP représente 30 à 40 % de ses débouchés, qu'il complète par des ventes en magasin de producteurs et à la ferme.
La vente directe fonctionne très bien : les clients dépensent en moyenne 60 € par panier. De nombreux restaurateurs s'approvisionnent chez lui. Mais l'AMAP demeure une base solide sur laquelle il sait pouvoir compter, et il souhaite qu'elle continue à grossir comme elle le fait depuis sa création.

dans le respect de la nature. Personnellement, lorsque nous nous sommes inscrits dans notre première AMAP, après avoir patienté des mois sur une liste d'attente, nous avons été un peu déroutés par la contrainte que représentait pour nous la distribution du mardi soir et, surtout, par le fait de ne pas pouvoir choisir nos légumes, voire de recevoir des légumes que nous n'avions jamais vus, dont nous ignorions et le nom et la façon de les cuisiner ! Pourtant, si nous étions venus par principe, pour soutenir l'agriculture paysanne, nous sommes restés… par gourmandise.

Mais l'intérêt pour les Amapiens n'est pas seulement d'ordre gustatif. Ainsi que l'explique Florent Sebban, coprésident du réseau des AMAP d'Île-de-France, quand on fait ce choix de consommation, « on décide de ce qu'on mange, du type d'agriculture qu'on soutient, et donc on décide du paysage qu'on recrée, de l'air qu'on respire, de l'eau qu'on boit, de la vie sociale et économique de nos villages. C'est plus que ce qu'on mange[47] ». Et il ajoute que pour

47 Interview France Culture à écouter sur https://www.franceculture.fr/societe/circuits-courts-la-lente-evolution-des-producteurs.

un village de deux ou trois mille habitants qui peine à maintenir des commerces ou à faire venir des producteurs sur un marché, l'AMAP représente la plus pertinente des alternatives, créatrice de lien social.

Concrètement, ça se passe comment ?

Nous avons fait partie de deux AMAP, successivement, au cours de notre vie de citadins. La première était à deux arrêts de métro de chez nous, la seconde à moins de deux minutes à pied. Notre première AMAP, baptisée Guill'AMAP, regroupait un maraîcher, qui livrait chaque semaine, un producteur de fruits ainsi qu'un couple de chevriers qui livraient leurs paniers tous les quinze jours. La seconde, l'AMAP Alpage, proposait en plus du pain, des œufs, et périodiquement des colis de viande, mais pas de fromage. Dans les deux, il était parfois possible (par exemple au moment des fêtes) de faire des commandes exceptionnelles. On pouvait, évidemment, ne pas souscrire à tous les contrats.

Dans nos deux AMAP, l'organisation de la distribution était la même : chaque semaine, des volontaires venaient en soutien pour décharger la camionnette du producteur, installer les cagettes sur les tables, et préparer quelques paniers d'avance. En général, pour que le système tourne, il suffit que chaque personne adhérente se porte volontaire pour assurer deux ou trois demi-distributions par an. Je parle de «demi-distribution», car on s'inscrit soit pour décharger et assurer la première heure, soit pour la deuxième heure et le rangement. Les bénévoles du soir pèsent les légumes suivant les indications du producteur ou de la productrice, et les remettent aux Amapiens (qui viennent avec leurs propres sacs). De plus, le maraîcher récupérait nos épluchures de légumes et de fruits pour son compost : quand on vous dit que c'est un système «anti-gaspi» !

TÉMOIGNAGE

Gallien Rieusset, référent « légumes » de l'AMAP Alpage à Lyon, explique :

« Dans ma précédente AMAP, j'étais juste adhérent, mais en arrivant dans celle-ci, j'ai décidé de m'impliquer davantage, par conviction. J'avais vraiment envie de m'engager pour me passer de la grande distribution et revenir à une alimentation plus saine.

Le référent ou la référente, c'est la personne qui assure le contact entre les Amapiens et un producteur.

Il est chargé notamment de récupérer les contrats et les chèques, de participer à des réunions mensuelles ou bimensuelles pour se tenir au courant de la vie de l'exploitation et communiquer ce qui doit l'être. Les référents prévoient des actions pour faire connaître l'AMAP et recruter de nouveaux membres. Ils organisent l'A.G. qui a lieu une fois par an sur une des fermes de l'AMAP, et, en cas de besoin, ils planifient une journée d'aide (par exemple pour la récolte des pommes de terre ou pour certains travaux) sur l'exploitation. Ces journées-là sont très conviviales, on mange tous ensemble, chacun apporte sa spécialité et on goûte aussi les produits de la ferme. »

Personnellement, cela m'effrayait un peu, au début, de devoir consacrer trois soirées à porter des caisses, puis à peser des légumes pleins de terre. Je me suis inscrite parce qu'il le fallait bien… Mais chaque fois, j'ai passé un excellent moment à «jouer à la marchande» : au début, on tâtonne, mais on se prend vite au jeu de l'estimation du poids des légumes («si je mets ce gros panais avec ce tout petit, je parie que j'arrive à 500 grammes») ! Rien de tel pour se changer les idées et se sentir tout à coup très loin de sa journée de travail… Assurer la distribution, c'est aussi une bonne façon de croiser tous les autres Amapiens et d'échanger avec les producteurs et productrices. Si vous pouvez, je vous conseille de le faire dès votre entrée dans l'AMAP. La distribution, c'est un peu le minimum syndical de l'adhérent. Et j'ai toujours constaté avec plaisir qu'il y avait autant d'hommes que de femmes qui «s'y collaient» !

Au-delà de la distribution elle-même, les Amapiens et Amapiennes sont invités à participer dans la mesure de leurs possibilités à la vie de l'association.

Pour notre part, je dois l'avouer, nous ne nous sommes jamais rendus aux A.G. ni sur l'exploitation. À notre décharge, les enfants étaient alors plus petits et nous n'avions pas de voiture. Malgré l'organisation d'un covoiturage, nous avons plusieurs fois reculé à l'idée de ne pas être autonomes et de ne pas avoir la possibilité de rentrer chez nous plus tôt en cas de problème avec nos tout-petits. Mais je regrette à présent d'avoir manqué ces occasions de passer une journée à la campagne... Ceci dit, la bienveillance étant de mise, nous n'avons jamais essuyé de reproche de la part d'Amapiens ou d'Amapiennes plus investis que nous ! Gallien reconnaît lui-même avoir été d'abord un simple «utilisateur», durant plusieurs années, avant de s'impliquer davantage.

Combien ça coûte ?

Les prix des paniers de légumes varient sans doute légèrement en fonction des régions et des producteurs, puisque ce sont ces derniers qui les fixent. À titre d'exemple, pour l'AMAP Alpage, voici les prix proposés en 2017-2018 :

Petit panier de légumes (2 personnes) : 11 €

Grand panier de légumes (équivalent d'un petit panier et demi) : 16,5 €

Œufs : 0,40 € l'unité[48] (avec la possibilité de choisir la quantité livrée chaque semaine)

Volaille (poulet de 2 kilos environ) : 20 € / pièce[49]

Veau sous la mère (en caisses de 5 ou 10 kilos) : 17,5 € / kilo

Charcuterie : panier Duo mensuel, 3 articles en moyenne : 20 €

Charcuterie : panier Famille mensuel, 5 articles en moyenne : 33 €

(Produits proposés selon la saison : saucisson à cuire et sec, terrine fraîche, saucisse de Toulouse, chipolatas nature et merguez de porc, lard demi-sel, farce, pâté de foie, pâté de tête, terrine, jambonneaux à cuire...)

Panier « Fruits frais » : 8 € l'hiver, 5 € l'été (moyenne : 2,5 € / kilo)

Panier « Fruits frais + jus de fruits » : 12 € l'hiver, 8 € l'été

Panier « Jus de fruits » (1 litre) :2,50 €

Pain bis : 5 € / kilo

Pain graines : 6 € / kilo

Cela semble assez représentatif des tarifs pratiqués par les AMAP. Pour pouvoir comparer, je me suis renseignée sur les prix pratiqués dans d'autres régions. Une AMAP parisienne, Le Panier

48 C'est aussi le tarif des œufs bio en Biocoop et de la plupart des œufs fermiers sur le marché de plein vent à Lyon.

49 Le site de FranceAgriMer indique au 29 mars 2018 que le prix moyen du poulet bio en magasin spécialisé est de 12,38 € le kilo, et de 10,26 € le kilo dans les GMS (grandes et moyennes surfaces), c'est-à-dire hyper et supermarchés. Source : https://rnm.franceagrimer.fr/prix?POULET. Le prix de l'AMAP est donc en dessous du prix moyen de la grande distribution, et offre une bien meilleure traçabilité (les poulets ne sont pas nourris avec du soja chinois...).

du 6e, propose ses petits paniers à 11 € et ses grands paniers (environ 5 kilos) à 22 €, ses poulets à 11,90 € le kilo, ses jus de pommes à 3 € le litre, et ses trois variétés de pommes à 12 € pour 5 kilos. On retrouve le petit panier de légumes à 12 € en Charente-Maritime dans l'AMAP L'Étiquette, et les œufs à 2 € les six et 3,90 € les douze.

Combien de temps ça prend ?

La question du temps se joue à plusieurs niveaux.

Niveau 1 :
récupérer le panier de légumes.
C'est selon moi la façon la plus rapide qui soit de faire ses courses. Pour ma part, dans ma seconde AMAP, dont les distributions étaient très bien organisées, j'y passais moins de dix minutes, trajet compris. Il me suffisait de ne pas venir au tout début du créneau horaire, mais plutôt au milieu, quand les gens les plus pressés étaient déjà repartis, et je n'avais presque jamais à faire la queue pour recevoir ma commande. Le temps pour le paysan de cocher mon nom sur sa liste et de poser les légumes dans mon grand sac, le tour était joué ! Je trouve que ne pas avoir à choisir soi-même fait gagner beaucoup de temps : pas besoin de se questionner devant l'étal (« est-ce que je reprends de la courge ou est-ce que les enfants en ont marre ? »), la plupart des légumes changent d'une semaine sur l'autre.

Niveau 2 :
temps nécessaire pour s'impliquer dans la vie de l'association.
Pour la plupart des gens, cela se limite à participer à une distribution une heure par trimestre. Selon Gallien Rieusset, si l'on souhaite être référent, il faut compter en plus une heure de réunion

mensuelle (ou deux heures pour des réunions bimensuelles), ainsi que le temps de préparer les contrats en début d'année et de faire un suivi. L'outil informatique est ici d'une grande aide : avec le site et l'application cagette.net, la gestion des contrats et des comptes est beaucoup plus rapide qu'avant – et les personnes sont contentes de recevoir un e-mail leur rappelant les dates de livraison. Grâce à la dématérialisation des contrats, Gallien chiffre à une heure par mois environ son temps de suivi pour l'AMAP… Sans dire que c'est négligeable dans nos vies (trop) bien remplies, il faut reconnaître que cela ne paraît pas insurmontable. D'ailleurs, est-ce que certaines personnes ne passent pas (en cumulé) une heure par mois à faire la queue aux caisses du supermarché ?

Quid de la variété ?

Pour ma part, c'est l'AMAP, bien davantage que le marché, qui m'a fait découvrir des légumes que je n'avais jamais rencontrés. En effet, les maraîchers bio ont intérêt à cultiver des variétés anciennes, plus résistantes aux maladies, et ils s'efforcent généralement de proposer des paniers très diversifiés. C'est ainsi que nous avons découvert la claytone de Cuba, une salade d'hiver très fraîche, presque juteuse, qui ressemble à de la mâche avec des feuilles plus allongées et plus claires. J'ai aussi appris à cuisiner de nouvelles sortes de chou : chou chinois, à faire en lasagnes, chou pointu, avec une excellente recette allemande trouvée sur Internet… Rien à voir avec le chou vert un peu fort que ma mère faisait en soupe et que je n'aimais pas !

Nous qui consommions nos petits pois en boîte, nous avons été surpris par leur véritable saveur lorsqu'ils sont frais. Et je ne vous parle pas des fèves, qui sont pour les enfants et nous un pur régal. Certes, les écosser prend du temps, mais c'est une tâche facile à faire en famille, et à quatre, on va plus vite. Si je m'étais contentée du marché, jamais je n'aurais acheté ces légumes-là, que je ne savais pas préparer.

L'AMAP a ceci de fantastique qu'elle apporte des surprises, qu'elle oblige à apprendre de nouvelles recettes : elle change en petite aventure la préparation des repas. Le maraîcher ou la maraîchère sont toujours prêts à faire des suggestions. « Si vous avez peur que vos enfants n'aiment pas le chou kale, faites-en des chips », m'a-t-on dit un jour. Pari réussi !

Recette de chips de chou kale – ou de n'importe quel légume !
Lavez les feuilles de chou (ou coupez vos légumes en fines tranches), badigeonnez-les d'huile d'olive, disposez-les sur une plaque, salez, et passez au four jusqu'à ce que ce soit croustillant.

Nous ne connaissions pas non plus le panais, le radis noir (délicieux cru et râpé avec de la crème), nous n'avions jamais fait de purée de céleri-rave (aussi appréciée des enfants que la purée de pommes de terre). Dans l'AMAP Alpage, le paysan remettait au goût du jour des variétés anciennes et oubliées, comme la courge de l'Ain ou le navet de Caluire. La première fois de l'année où nous en recevions, il joignait une recette proposée par un chef de la région, ainsi qu'une petite fiche racontant l'histoire de cette variété. De quoi nourrir notre estomac, mais aussi notre réflexion sur la problématique des semences…

Mais je crois qu'une des plus grosses surprises a été de découvrir tout simplement… le goût de la tomate ! Le vrai goût de la tomate. C'est à peu près comme si nous n'en avions jamais mangé avant d'être dans une AMAP. Je comprends pourquoi Christophe Léon en a fait le titre de sa nouvelle pour la jeunesse qui met en scène une société dans laquelle l'alimentation a été confisquée par l'industrie. Le goût de la tomate, c'est effectivement le goût de la liberté !

Toutefois, lorsque je parle d'AMAP autour de moi, je reçois parfois des retours mitigés au sujet des légumes (mais pas sur les autres produits proposés). Un de mes collègues m'a avoué avoir délaissé le maraîcher de son AMAP qui donnait trop souvent des légumes abîmés, dont la quantité réellement consommable était insuffisante. Il est possible aussi que la région joue sur la possibilité de produire des choses variées : une personne m'a dit ne plus savoir quoi faire avec des poireaux, et ma cousine a fini par se dégoûter du chou, et toute sa famille avec : « Nous avons arrêté notre contrat légumes à l'AMAP ! Non pas que nous soyons contre le manger local, les petits producteurs et l'agriculture bio, bien au contraire. Mais je vivais comme une contrainte (depuis dix ans) le système de notre AMAP pour les légumes : pas de choix possible, interdiction de manquer plus de deux fois par semestre, du chou quasi toute l'année (deux mois de répit en juin-juillet…), et beaucoup de légumes qui revenaient trop souvent et en grosses quantités. À tel point que je passais du temps à cuisiner des légumes que la tablée n'appréciait pas (en tout cas pas en de telles quantités), et qu'au bout de plusieurs réchauffages dans la semaine on finissait par jeter. Et pendant ce temps, on laissait monter à graine les salades du potager parce qu'on avait toujours des légumes de l'AMAP dans le frigo… Mais nous restons fidèles à l'AMAP pour le reste, avec des contrats moins contraignants (œufs, pain, farine, poulets, pommes, poires, etc.). »

Et si les enfants n'aiment pas certains produits ? Et si je ne peux pas être présent(e) au moment de la distribution ? Et si le producteur ou la productrice rencontrent des difficultés ?

En cas de problème, dans une AMAP, on trouve toujours un arrangement. Dès que l'on connaît un peu les autres membres, ou *via* un système de mails, on peut faire des échanges (« mes endives contre tes panais »), récupérer le panier d'un absent (qui viendra le prendre plus tard à la maison), ou même s'organiser l'été pour donner ceux qu'on ne peut pas récupérer pendant les vacances, et recevoir en échange les produits d'une famille quand ce sera son tour de partir…

C'est souvent le même esprit qui règne en cas de pépin pour le paysan ou la paysanne. À titre d'exemple, lorsque notre producteur de fruits a vu sa récolte de pêches compromise, il a compensé, pour une part, avec des jus bio de sa fabrication, et pour l'autre part, avec des pêches fournies par un verger voisin en agriculture raisonnée. Et cela en toute transparence auprès de nous. En outre, si les aléas climatiques peuvent faire parfois baisser la production, en revanche, lorsque la nature est plus généreuse que prévu, les producteurs et productrices n'hésitent pas à vous faire bénéficier des surplus !

Ce dialogue permanent permet aussi à l'agriculteur ou à l'agricultrice de s'adapter (quand c'est possible) aux *desiderata* des familles. Ainsi, si tel légume a été particulièrement plébiscité, il sera produit l'année suivante en plus grosse quantité. Dans notre première AMAP, nous avions été plusieurs à demander que les betteraves rouges soient livrées par deux. En effet, comme leur temps de cuisson est très long, nous voulions le « rentabiliser ». Demande exaucée.

L'avis des enfants

Pour les enfants, la distribution de l'AMAP peut être l'occasion d'une première prise d'autonomie. Pas d'argent à donner, pas de monnaie à rendre… À un âge où on ne les laisse pas encore aller faire les courses tout seuls, ils peuvent déjà récupérer le panier de légumes ou de fruits comme des grands, quand leurs parents préfèrent bavarder plutôt que de faire la queue !

Pour les miens, ils ont surtout apprécié les grandes quantités de cerises que nous avons reçues (jamais je n'aurais pu acheter autant de cerises sur le marché !) et les chips de chou kale !

Enfin, une AMAP est en soi un formidable outil pédagogique pour l'éducation au goût – par la qualité et la diversité proposées, à condition que le maraîcher joue le jeu ! – et au refus du gaspillage. Dès lors qu'on connaît la personne qui a travaillé pour produire les aliments qu'on a dans son assiette, il paraît inconcevable d'en mettre à la poubelle ! Et cela, les enfants le comprennent très bien.

Chapitre 3

AU PLUS PRÈS DU TERROIR

Si l'on désire aller encore plus loin dans la quête de fraîcheur et de prix abordables, il faut aller… plus près de la source ! Acheter à la ferme, cueillir, produire soi-même : tout est possible, il suffit d'en avoir envie et de savoir vers où se tourner.

ACHETER SUR LE LIEU DE PRODUCTION

Depuis une dizaine d'années se développent des pratiques commerciales qui, en dehors du marché et de l'AMAP, permettent un contact direct entre les producteurs et les consommateurs. Certaines sont ancestrales (comme le fait d'aller chercher son lait à la ferme juste après la traite), d'autres, favorisées peut-être par Internet, semblent plus « nouvelles ». Mais leur point commun est que la vente s'effectue directement sur le lieu de production : c'est le client qui se déplace !

La cueillette en plein champ

L'idée de la cueillette en plein champ, c'est simple : vous venez vous servir vous-même sur l'exploitation. On peut distinguer les cueillettes ponctuelles d'un fruit précis (par exemple un producteur de noix qui organise une journée portes ouvertes) des exploitations qui sont intégralement prévues pour ce type de pratique, presque tout au long de l'année et avec des fruits et légumes variés. Ce sont évidemment ces dernières qui nous intéressent ici, car elles permettent plus ou moins de remplacer le marché de saison et représentent donc un véritable moyen de faire les courses. À ceci près que vous vous retrouvez dans les allées d'un jardin au lieu de celles d'un supermarché !

Les plus connues sont sans doute les cueillettes des exploitations Chapeau de paille, rassemblées en Groupement d'intérêt économique à but non lucratif (G.I.E.), qui partagent les mêmes pratiques agricoles et commerciales. L'agriculture raisonnée y est de mise (paillage naturel, utilisation de fumier et compost, rotation des cultures...) mais non l'agriculture biologique. Les 32 cueillettes (dont 10 en région parisienne) emploient l'équivalent de 180 travailleurs à temps plein, et plus de 200 saisonniers participent à la vente de mai à octobre. Elles accueillent 2,5 millions de cueilleuses et cueilleurs par an. Mais il existe d'autres fermes, indépendantes et parfois bio, où l'on peut ramasser soi-même fruits et légumes.

L'expression « agriculture raisonnée » revient souvent, mais ne recouvre pas, semble-t-il, une réalité très précise. Le témoignage de Philippe Marguery répond en partie à la question.

TÉMOIGNAGE

Philippe Marguery, directeur du G.I.E. Chapeau de paille, explique :

« Je visite l'ensemble des cueillettes de mon groupement deux fois par an. Nous faisons le point sur leurs pratiques agricoles, sur la mise en place de mesures permettant de limiter l'usage des pesticides et de maîtriser l'irrigation et les apports de matières fertilisantes. Si la base technique est le respect de la législation, il est très facile, quand on circule dans une cueillette, d'observer les introductions d'insectes auxiliaires dans les serres, les pièges colorés (jaunes ou bleus) destinés aux insectes envahissants, les filaments de confusion sexuelle (qui leurrent le papillon mâle du ver de la pomme et l'empêchent de rencontrer la femelle pour se reproduire), l'absence de bronzage du feuillage des pommiers en été, synonyme de régulation naturelle des acariens par leurs prédateurs, et la suppression des insecticides néfastes… En ce qui concerne le désherbage, les buttages des pommes de terre et poireaux, les binages ou hersages des cultures (haricots, carottes, petits pois…) et des espaces entre les cultures (passe-pieds) sont remarquables par l'assouplissement superficiel du sol. Pourquoi sur-arroser ou surfertiliser quand on sait que ces abus sont punis par la souffrance des plantes (carences induites, appétences pour les insectes piqueurs-suceurs, asphyxie ou brûlures…) ? La mise sous abri de 5 % des surfaces en moyenne permet de protéger une partie des légumes des aléas climatiques et ainsi de les affranchir des maladies associées à la pluviométrie comme le mildiou ou le botrytis, sans traitement. En plus de ces deux visites, nos adhérents se réunissent une fois par mois pour échanger sur leurs pratiques techniques et organisationnelles, partager leurs réussites et leurs échecs. Nous n'avons aucun label ni certification mais nous sommes soumis à la pression de nos clients qui nous demandent de faire mieux et plus écologique : nous les entendons ! »

Pour ma part, j'ai testé la Cueillette de Fraisochamp (affiliée au réseau Chapeau de paille) à Thil, dans l'Ain. Située à moins d'une demi-heure de voiture du centre de Lyon, la ferme ne se trouve pas dans un cadre que l'on pourrait qualifier de charmeur. Entre autoroute et ligne de TGV, elle est traversée par les énormes pylônes d'une ligne à haute tension. Ce n'est pas l'idée que je me faisais de la «cueillette en plein champ». Mais il faut admettre que c'est aussi le corollaire de la proximité avec la grande ville. Nous y serions-nous rendus s'il avait fallu faire trente kilomètres de plus ? Probablement pas.

Toutefois, on cesse vite de prêter attention au paysage une fois passée l'entrée du site. Tout est fait pour accueillir les enfants : un espace est réservé aux tracteurs à pédale, un cheval et une vache en plastique «grandeur nature» accueillent les petits postérieurs, et des animaux vivants (un âne, des lapins, des oies, des chèvres naines) attirent les curieux. Pour les parents, des brouettes et des chariots sont mis à disposition, pour transporter la récolte… et faire face à la fatigue des jardiniers en herbe. En effet, on marche beaucoup et les enfants sont très nombreux.

Les noms des légumes prêts à être cueillis sont affichés devant les parcelles, ainsi que leur prix et les consignes pour les prélever correctement. C'est très clair et très simple, même si on ne l'a jamais fait. On se laisse vite gagner par l'ambiance familiale et détendue du lieu. Dès qu'on a les mains dans les feuilles et le nez dans la verdure, le temps s'écoule différemment. Ramasser soi-même ce que l'on va manger procure une certaine satisfaction, et beaucoup de détente. Du haut de ses cinq ans, ma fille est toute fière de pouvoir participer et s'applique à ramasser les radis les plus gros. Je découvre pour ma part les végétaux sous un autre angle : par exemple, je ne savais pas à quoi ressemblait la rhubarbe, dont on ne voit sur le marché que les tiges qui se mangent. Comme c'est le début de la saison, nous n'avons pas encore accès à une grande diversité de fruits et légumes, mais nous pouvons déjà nous procurer de quoi faire plusieurs repas : salade verte, radis, côtes de bettes, épinards, rhubarbe et fraises. Les personnes habituées me confirment que c'est une solution très intéressante.

TÉMOIGNAGE

Trois générations autour d'un panier…

Séverine est venue avec sa fille de cinq ans et demi et avec **Monique**, sa belle-mère.

« Je viens à peu près une fois par mois. Ce qui me plaît, c'est la fraîcheur des produits, leur prix et le fait qu'ils proviennent d'une agriculture raisonnée. Dans la boutique attenante, ils vendent aussi des produits qui arrivent parfois d'Espagne, et c'est normal, car ils ne peuvent pas tout proposer à la cueillette à certaines périodes de l'année. Mais moi, ça ne m'intéresse pas, je viens seulement pour la cueillette. Et puis, c'est aussi l'occasion de faire une promenade avec la petite. »

Monique, la grand-mère, habite juste à côté :

« Moi, je viens presque chaque semaine en saison, et la cueillette arrive à remplacer mon marché. J'achète des produits pour moi et aussi pour Séverine. Les prix sont vraiment intéressants. Les variétés de tomates anciennes sont vendues à 3,80 € le kilo. C'est imbattable ! Et pour la diversité, on est servi : 21 sortes de légumes, des aromates, et comme fruits, des abricots, des cassis, des fraises, des framboises, des groseilles, des mûres. On peut aussi faire des bouquets de fleurs ! »

Effectivement, les prix sont très bas, et dégressifs selon la quantité achetée. Voici à titre d'exemple les tarifs de ce jour-là.

***Côtes de bettes* :** 1,90 € / kilo

***Épinards* :** 2,40 € / kilo

***Rhubarbe* :** 2,80 € / kilo,
2,40 € si plus de 3 kilos,
1,90 € si plus de 5 kilos

***Radis* :** 2,50 € / kilo

***Fraises* :** 4,90 € / kilo

***Salade* :** 0,80 cts / pièce

C'est idéal pour les grandes familles, ainsi que pour les conserves et les confitures. Attention toutefois : chaque ferme fixant ses prix, j'ai également pu lire les commentaires critiques d'un ou deux internautes sur le sujet. Renseignez-vous avant de faire un gros trajet ! La fraîcheur est aussi un des atouts majeurs : manger des légumes et des fruits cueillis depuis moins de deux heures, quelle différence ! Le seul moyen de manger encore plus frais, c'est d'avoir son propre jardin. Pour éviter les déchets, vous devez venir avec vos propres sacs et barquettes. Pour les fraises, des barquettes en plastique vous sont proposées à l'achat, que vous pourrez réutiliser les fois suivantes.

La vente à la ferme

Dans mon esprit (comme dans celui de beaucoup de citadins peut-être), la vente à la ferme est associée aux vacances et au plaisir. En effet, ma première expérience de ce type d'achat « à la source », je l'ai faite régulièrement dans mon adolescence, quand ma mère me donnait deux francs pour aller chercher un litre de lait frais à la ferme jouxtant notre maison de campagne. Le paysan n'avait que cinq ou six vaches qu'il trayait à la main. Avec le lait entier, nous faisions des flans « à tomber par terre ». Nous achetions aussi parfois des fourmes et des fromages blancs en faisselle, que le fermier ne fabriquait que pour sa consommation personnelle et celle du hameau. Comme ses fromages blancs étaient trop forts pour être sucrés, nous les mangions en entrée avec des tomates, de l'huile d'olive et des herbes, façon « mozzarella ». Un régal sans équivalent : aucun autre fromage n'aura jamais le même goût... Et à présent que j'y repense, je me dis que sans cette habitude acquise très jeune, je n'aurais sans doute pas autant de curiosité et d'appétit, à l'heure actuelle, pour tout ce qui peut venir directement de la ferme. La consommation s'éduque, comme tout le reste !

Il s'agissait là bien sûr d'une pratique de « voisinage » échappant à toute forme de norme et de contrôle – ce qui ne veut pas dire que nous ayons risqué quoi que ce soit en consommant ces produits. Mais comme le rappelle M. Benois, de l'élevage du Gain en Charente-Maritime : « C'est devenu très compliqué de faire de la vente directe ! Autrefois, du temps de mon père, on pouvait vendre un litre de lait à son voisin ! À présent, il faut une patente sanitaire, montrer qu'on respecte la prophylaxie, et obtenir l'agrément de FranceAgriMer qui doit être renouvelé chaque année sur contrôle d'échantillons. Mais si vous étiez venue à 18 heures, vous auriez vu la queue ! » À soixante centimes le litre de lait entier tout juste trait, on ne peut que le comprendre.

Alors, comment trouver les fermes qui vendent leurs produits sur place ? Même si le bouche-à-oreille est plus romantique, il existe un outil qui répertorie 4437 lieux de vente directe : le site www.bienvenue-a-la-ferme.com. Fruits, légumes, produits laitiers, viandes et poissons, vins, épicerie… La gamme proposée est extrêmement large. Les produits ne sont pas nécessairement bio mais les fermiers s'engagent à respecter une charte éthique et notamment à permettre la visite de leur exploitation «en toute transparence sur leurs pratiques agricoles». C'est souvent l'occasion de rencontres très intéressantes, comme celle de Jean-Luc Margerit en Haute-Loire, qui place très haut son exigence en la matière.

« LE BIO DEVRAIT ÊTRE LA NORME » : REGARD D'UN ÉLEVEUR PASSIONNÉ…

Jean-Luc Margerit vend fromages, yaourts et lait frais à la ferme de Treslemont, à Yssingeaux (43) et sur les marchés. C'est lui qui fournit les cantines de sa commune en yaourts. Tous les soirs à 19 heures, il ouvre les portes de son étable pour que tout un chacun puisse assister à la traite. Lorsqu'il raconte son parcours, on comprend que ses pratiques sont le fruit d'une démarche de recherche permanente, démarche qui l'a conduit à de nombreuses remises en cause.

«En deux générations, cette exploitation est passée de vingt-sept actifs à deux… À la place, on nous a mis entre les mains la technologie du poison. Pour ma part, je me suis formé à l'agriculture biologique en 2008, mais ma structure n'était pas prête à cette époque-là. Je rentrais de Haute-Loire Biologique avec des savoirs que mes parents ne m'avaient pas transmis !»

Le fermier me montre le sol de sa prairie implantée et m'explique : «Là, la terre a été amendée avec du compost et de la matière organique pailleuse issue de l'élevage : c'est un engrais, et en même temps, cela évite l'évaporation. Dans ce pré, vous avez du trèfle, des légumineuses, de la luzerne. C'est très riche et lactogène. Certaines exploitations ont tellement déséquilibré leurs sols qu'elles n'ont plus que des graminées. C'est dans ces cas-là qu'on se trouve obligé d'intervenir avec des phytosanitaires.» La ferme de Treslemont fonctionne en autonomie alimentaire, c'est-à-dire que tout ce que les bêtes mangent est produit ici. «La seule chose que je suis obligé

d'acheter, c'est le lithothamne, une algue calcaire qui permet d'amender les terres acides.» D'ailleurs, Jean-Luc ouvre ses portes (ou plutôt ses prés) aux élèves du lycée agricole d'Yssingeaux, qui mènent un travail d'observation des sols.
Et il va au-delà du cahier des charges de l'agriculture biologique, car il se fie avant tout à son expérience… et à son humanité. «On dit qu'il faut qu'une vache ait un veau par an pour produire un maximum de lait. Vous imaginez ce que cela veut dire, avoir un enfant chaque année ? C'est épuisant. L'espérance de vie d'une vache laitière est de cinq à sept ans. Pour ma part, par attachement à certaines bêtes, j'ai décidé de les laisser en paix, j'ai espacé les vêlages. Eh bien les vaches nous le rendent ! On a moins de veaux, mais on a un lait de qualité extraordinaire, et les gens ne s'y trompent pas.»
Je peux en témoigner : quand Jean-Luc arrive à 10 heures sur le marché de Chadrac, une énorme queue se forme avant même qu'il ait ouvert son camion… Mais par principe, il se refuse à voir ses yaourts dans les rayons d'une grande surface, et ce n'est pas faute d'en avoir reçu la proposition. Pour préserver la qualité de son lait, il le travaille juste après la traite, en profitant de sa température. Hormis pour la pasteurisation des yaourts, il n'est jamais réchauffé.
Pourtant, malgré ces pratiques d'une grande exigence, Jean-Luc Margerit a finalement fait le choix de ne pas se faire certifier bio. C'est que le label n'a guère de sens pour lui. «Autrefois, tout le monde était bio sans y penser ! Maintenant, on trouve du bio à toutes les sauces, on perd en exigence. Et puis les aides financières poussent à la conversion des gens qui ne sont pas convaincus. Je trouve tout simplement qu'on ne devrait pas parler de bio : ce mot ne devrait pas exister, parce que cela devrait être la norme.»

Des fermes en ville

Tout cela est fort beau, me direz-vous, quand on habite à la campagne. Mais quelles possibilités s'offrent réellement aux urbains ?

À l'évidence, ils ont moins d'occasions de faire leurs achats de cette manière. Pourtant, des exploitations d'une nouvelle sorte, des fermes urbaines, émergent peu à peu et pourraient, à terme, devenir des sources d'approvisionnement significatives pour les villes. C'est ce que montrent Cyril Dion et Mélanie Laurent dans leur film *Demain*, où l'on découvre notamment les fermes de Détroit qui prennent la place des friches industrielles.

Parfois ce sont d'anciennes voies ferrées qui sont transformées en potager, comme à la ferme de la Recyclerie, dans le quartier de la porte de Clignancourt à Paris[50]. Ou bien les toits des immeubles et les espaces verts des collèges sont mis à profit, ainsi que le fait, toujours à Paris, l'association Veni Verdi. Si la Recyclerie s'apparente davantage à un jardin partagé, Veni Verdi, en revanche, organise la vente directe des produits tous les jeudis en saison, dans le 2e et le 20e arrondissements[51]. Il arrive aussi que la ferme urbaine soit tout simplement… une ancienne ferme, comme celle de l'abbé Rozier à Écully, près de Lyon, qui a 230 ans d'âge. Cette dernière organise un marché sur place tous les mercredis après-midi ainsi qu'une vente hebdomadaire dans le 4e arrondissement. Montpellier, Annecy, Saint-Denis, Clermont-Ferrand (et d'autres peut-être ?) ont rejoint le mouvement ces dernières années.

Toutes ces fermes urbaines, en agriculture biologique, ont en commun un projet pédagogique fort à destination des publics scolaires ou des citoyens. Elles assument aussi parfois un rôle d'insertion sociale. Ainsi l'association Aiden collabore-t-elle avec

50 http://www.larecyclerie.com/ferme-urbaine
51 http://www.veniverdi.fr/nous-rencontrer

la ferme de l'abbé Rozier pour proposer une vingtaine de places en formation à des personnes vivant des *minima* sociaux. Dans la lignée des mouvements citoyens, qui dans les années 1970, ont développé l'agriculture urbaine en réponse à la crise économique, ces fermes nouvelles semblent bien s'appuyer sur la volonté de se réapproprier le sol, de vivre ensemble et de conquérir une forme d'autonomie alimentaire.

Mais le supermarché n'est pas passé à côté de l'évolution qui se dessine, et récupère déjà ce qui apparaît comme une forme d'agriculture de demain. C'est le cas de Franprix, qui distribuera en 2019 la production de la plus grande ferme urbaine d'Europe, située sur le toit de l'hôtel logistique multimodal urbain du quartier de la Chapelle dans le 18e arrondissement de Paris. Son exploitation a été confiée à l'entreprise Cultivate, et l'un des espaces de ce « *Mushroof* » sera dédié à la consommation de produits *made in France* à travers un *coffee-shop*, une boutique et une cantine végétale...

Il faut sans doute se réjouir que la grande distribution adopte un modèle de production plus vertueux (mais pas bio toutefois[52]). Pourvu simplement que tous les modèles coexistent et qu'une forme d'industrie agroalimentaire n'en vienne pas à coloniser l'espace urbain nécessairement restreint, au détriment des initiatives citoyennes.

Les magasins de producteurs

Autre solution de vente directe relativement bien développée : le magasin de producteurs. Un annuaire disponible sur Internet en répertorie 353 sur toute la France[53]. Ici, nous ne sommes plus tout à fait « à la source », puisqu'on ne se rend pas directement sur la

52 http://cultivate.fr/accueil
53 http://www.magasin-de-producteurs.fr

ferme pour faire ses achats. Le principe est le suivant : les producteurs et les productrices se réunissent pour offrir une grande diversité de produits et s'engagent à être présents à tour de rôle sur le lieu de vente, pour permettre aux clientes et aux clients d'entrer en contact avec eux.

L'article L.611-8 du Code rural et de la pêche maritime encadre cette pratique en ces termes : « Dans une optique de valorisation de leur exploitation et de leur terroir, les producteurs agricoles locaux peuvent se réunir dans des magasins de producteurs afin de commercialiser leurs produits dans le cadre d'un circuit court organisé à l'attention des consommateurs. Ils ne peuvent y proposer que des produits de leur propre production, qu'elle soit brute ou transformée. Ces produits doivent représenter en valeur au moins 70 % du chiffre d'affaires total de ce point de vente. Pour les produits transformés ou non, non issus du groupement, les producteurs peuvent uniquement s'approvisionner directement auprès d'autres agriculteurs, y compris organisés en coopératives, ou auprès d'artisans de l'alimentation, et doivent afficher clairement l'identité de ceux-ci et l'origine du produit. »

Certains de ces magasins de producteurs sont indépendants, d'autres sont rassemblés en réseau, comme celui des Boutiques paysannes, qui regroupe une cinquantaine de points de vente en Occitanie et Auvergne-Rhône-Alpes. Les Boutiques paysannes partagent une charte commune, elle aussi consultable sur Internet[54].

Pour ma part, j'ai testé non loin de chez moi Saveurs d'Yssi, magasin de producteurs situé à Yssingeaux (43). La boutique se trouve juste en face du supermarché de cette petite ville de campagne. L'avantage, par rapport à la vente à la ferme ou à la cueillette, c'est qu'on trouve en un seul lieu tous les produits frais nécessaires

54 https://www.boutiquespaysannes.fr/IMG/pdf/charte_d_engagement_-_boutiques_paysannes.pdf

pour préparer les repas de la semaine : fruits, légumes, viande, charcuterie, fromages frais et secs, miel, confiture, pain, farines, jus de fruits, vins, sirops et conserves préparés localement. L'idée de se placer en face du supermarché est peut-être de permettre aux Yssingelais de faire toutes leurs courses au même endroit : les produits frais à Saveurs d'Yssi, et le reste au supermarché ? Les prix des légumes (non bio) sont réellement intéressants : ils sont l'équivalent de ceux du marché de plein air pour des produits qui ne seraient pas nécessairement locaux. En revanche, ceux des conserves et sirops sont trop élevés à mon goût, mais de toute façon, ce sont des produits transformés qui sont toujours chers dans les épiceries bio ou locales, et que je n'achète plus. Quant aux jus de fruits, ils sont au prix où on a l'habitude de les acheter, dès lors qu'on sort des briques de la grande distribution, à savoir aux environs de 3 € le litre. Sur ce plan, l'AMAP reste plus compétitive... Mais je sais que ma belle-mère trouve les prix des légumes réellement intéressants car, bien qu'elle habite à trente kilomètres, elle s'arrête systématiquement au magasin lorsqu'elle passe sur la route.

Enfin, parmi les solutions les plus proches du terroir, on peut noter aussi la possibilité de créer sa propre association de consommateurs, du sur-mesure en quelque sorte !

TÉMOIGNAGE

Faire partie d'une association de consommateurs : témoignage de Marie-Christine Tanchoux de « Par ici la bonne soupe », Saint-Christophe (16) :

Marie-Christine Tanchoux est éleveuse d'ovins en Haute-Vienne. Elle a 64 ans et ses changements d'habitudes de consommation ont été très progressifs.

« Ma prise de conscience s'est faite au moment de la crise de la vache folle. Petit à petit, j'ai changé mes habitudes alimentaires, mais aussi ma façon de nourrir mes moutons, car j'ai réalisé que je n'avais pas vraiment de garantie sur les produits que leur donnais à l'époque. J'ai aussi lu *Les Coulisses de la grande distribution* et j'ai voulu cesser de cautionner le système. Mais cela s'est fait très progressivement. Pendant un temps, j'ai continué à fréquenter le supermarché pour certains produits, et ces produits sont devenus de moins en moins nombreux. Aujourd'hui, je n'y mets plus les pieds.

J'ai d'abord fait partie d'un groupe qui faisait des commandes de bio à un grossiste, puis nous avons monté il y a 10 ans une association qui permettait de s'approvisionner localement. L'avantage, c'est que c'est plus frais ! L'huile de colza que j'achète, fabriquée dans la Creuse, commandée directement à l'agriculteur, est tout bonnement délicieuse. De manière générale, si on diminue le sucre, les papilles se réadaptent. Notre goût change. Pour les produits d'entretien, nous faisons travailler une petite entreprise de fabrication de lessive à Limoges, et on a deux savonnières dans l'association. Pour les produits qui ne sont pas locaux, on achète par l'intermédiaire d'une association de producteurs d'Andalousie : avocats, oranges, citrons, huile d'olive, mangues. Le café vient du Chiapas. Nous passons deux commandes par an à un producteur de légumes secs et farines, haricots blancs, rouges, noirs…

Quand on se penche sur la question, on découvre qu'il existe beaucoup de choses tout près de chez soi : il y a des gens qui ont envie de produire et de vivre de leur production. Quand on achète ses poulets chez son voisin, on lui permet de rester sur place : c'est un soutien important, si on veut que notre région vive. En plus de l'aspect "sécurité alimentaire", il y a dans cette démarche une autre dimension : le maintien d'un minimum de vie dans une région en voie de désertification. Il y a des jeunes qui essaient de s'installer et ne sont pas aidés. La population a un rôle important à jouer. Une paysanne boulangère met en place une livraison une fois par semaine, avec l'idée de pouvoir livrer d'autres choses en même temps que son pain.

Le plus important, c'est tout ce qui touche au lien social. La grande distribution ne permet pas ça, on est seul derrière son chariot au milieu de toute cette abondance. Quand on en perd l'habitude, on se sent opprimé dès qu'on y remet les pieds. On se retrouve en face de cette énormité, cette quantité qui ne donne pas envie. En quittant le supermarché et la télé, on retrouve son esprit critique ! Il faut que ceux qui vont dans le même sens n'hésitent pas à partager. »

Combien ça coûte ?

De manière générale, la vente directe est meilleur marché, à qualité égale, que tout système faisant entrer en jeu des intermédiaires. Il est toutefois souvent difficile de connaître les prix avant de se déplacer. Fraisochamp a ainsi refusé de me communiquer des tarifs par mail, et ils sont pourtant, on l'a vu, extrêmement avantageux. La cueillette apparaît nettement – sauf en cas d'abus – comme la solution la moins chère.

Je me souviens aussi avoir acheté des fromages de chèvre appelés « chèvretons » à la ferme de Lapra, en Ardèche, pour 70 centimes la pièce (je parlerai de cet élevage plus loin). Même en 2015, cela était imbattable pour un fromage bio !

La vente directe peut en outre s'avérer particulièrement intéressante pour des produits de luxe.

Sympas, les escargots d'Yssi (Yssingeaux, 43) !

Lorsqu'on prépare les fêtes, on cherche à se faire plaisir avec la meilleure qualité… mais on fait aussi en fonction de son budget. C'est un moment de « *rush* » dans les grandes surfaces, qui restent ouvertes le plus longtemps possible pour les étourdis ou les débordés qui n'ont pas préparé à l'avance leurs achats. Mais les personnes les plus prévoyantes (comme ma belle-mère) repèrent les bonnes affaires à l'avance et s'organisent… En l'occurrence, c'est elle qui m'a fait découvrir à Yssingeaux la ferme hélicicole « L'escargot d'Yssi ». Les escargots produits sur place, préparés « à la bourguignonne » avec leur beurre persillé et surgelés, sont au prix de 6,50 € la douzaine… Ils sont réellement délicieux. On ne peut pas comparer avec Picard qui propose à moins de 4 € la douzaine d'escargots de calibre moyen… originaires de Roumanie, de Lituanie ou de Hongrie. Mais si on regarde les prix d'un traiteur, on sera plutôt autour de 13 € la douzaine… Ils ne seront sans doute pas surgelés, mais ô combien plus chers !

Pour revenir à nos « Escargots d'Yssi », le tarif est dégressif : 12 € les deux douzaines et 28 € les 5 douzaines… De plus, acheter à la ferme permet aussi d'acheter des escargots non préparés (simplement court-bouillonnés) au prix de 11 € les trois douzaines (toujours pour le calibre moyen), jusqu'à 13,50 € les trois douzaines pour les très gros… Et là encore, c'est moins cher si vous en prenez plus. Si vous êtes prêt à cuisiner vos escargots vous-même (et on peut les faire autrement qu'à la bourguignonne, d'ailleurs !), vous êtes vraiment gagnant.

Combien de temps ça prend ? Est-ce cohérent de faire des kilomètres en voiture ?

Reconnaissons que ces systèmes de vente directe sont pratiques si vous habitez à côté. Mais si l'on veut être cohérent dans une démarche d'attention à l'environnement, il ne paraît pas forcément pertinent de faire de longs trajets pour aller s'approvisionner dans une ferme ou pour faire une cueillette en plein champ. Sans compter que vous ne trouverez que quelques produits à un endroit donné : la cueillette ne vous donnera peut-être pas de fruits, l'élevage de vaches pas de légumes… Le magasin de producteurs, vu sous cet angle, coûte moins cher en essence, et en temps : il rassemble un large choix de produits et on en trouve en ville comme à la campagne. C'est plutôt lui qui peut devenir votre lieu de courses hebdomadaire.

Pour autant, il paraîtrait dommage de laisser totalement de côté la cueillette et la vente à la ferme, qui ne répondent pas exactement aux mêmes motivations. On ne s'y rend pas seulement pour acquérir des produits : on y va aussi pour passer un moment agréable, respirer le bon air, être au contact de la nature, expérimenter, apprendre. Si on profite de la balade du week-end pour faire un tour à la ferme ou à la cueillette, c'est « tout bénéfice ».

On peut aussi éventuellement rentabiliser le déplacement en achetant de grosses quantités – à condition d'avoir un endroit où stocker. J'ai vu sur un site le témoignage d'une personne qui achetait à la ferme 30 kilos de pommes de terre en une seule fois : sa réserve pour l'année !

Des fermes et des gîtes : lieux de vacances et de transmission

Nous l'avons vu, les fermes qui pratiquent la vente sur place, qu'elles soient rurales ou urbaines, ont généralement une ambition pédagogique. Et elles savent très bien toucher leur public !

Cette ambition pédagogique est un des aspects qui est mis en avant par le site www.bienvenue-a-la-ferme.com, lequel répertorie aussi bien les lieux de vente directe que les possibilités d'y séjourner. Un autre site, www.accueil-paysan.com, vous permet de

L'AVIS DES ENFANTS : DES COLLÉGIENS EN VISITE À LA FERME DE L'ABBÉ ROZIER...

En novembre 2017, j'ai accompagné des collégiens lors de la visite de cette ferme lyonnaise. Cela a été d'une richesse inattendue. L'intervenante a d'abord montré qu'il n'y avait pas de «légumes» à proprement parler, mais que l'on mange tantôt le fruit de la plante (comme la tomate), la feuille (comme les épinards), le bourgeon (comme le chou de Bruxelles)... Tout le long du parcours, les enfants ont goûté les plantes crues (c'est l'avantage du bio) et parfois joué aux devinettes : quelle est cette feuille dont le goût est assez fort ? Pas facile... La moutarde ! Ils ont pu voir les personnes qui travaillent la terre et se rendre compte que c'est une tâche pénible : désherbage à la main oblige, il faut parfois rester accroupi de longs moments, en se déplaçant sur les étroites planches prévues à cet effet... Ils ont aussi découvert les moyens très simples qui permettent de produire en bio : les serres bioclimatiques (chauffées sans énergie autre que celle du soleil qui s'emmagasine dans des tonneaux noirs pleins d'eau), le compost (à base de feuilles ou de déchets végétaux), l'aquaponie et l'hydroponie. L'intervenante, pour sa part, les a trouvés calmes et très curieux : en effet, les questions ne manquaient pas !

trouver des gîtes à la ferme en France et dans de nombreux pays, ainsi que des activités liées à leurs productions : stage d'apiculture, découverte des vertus des plantes, initiation des enfants aux soins des animaux…

Or, s'il est une façon bien réelle de vivre une expérience à travers un produit, loin des « sensations pures » promises par la publicité, c'est sans doute de venir voir le travail de celles et ceux qui le fabriquent, voire de séjourner quelque temps dans le fameux « terroir » dont se réclament tant de gammes de la grande distribution. Certes, nous sortons ici de la seule question des courses, pour entrer plutôt dans celle des vacances. Mais, justement, les vacances peuvent être un excellent moment pour prendre de nouvelles habitudes de consommation. Pour s'informer d'une autre manière aussi, et devenir plus conscients des enjeux de nos modes de vie…

Pour ma part, moi qui ai vu toute mon enfance mon grand-oncle traire ses vaches à la main et rentrer son foin, je n'ai plus à présent de lieu à offrir à mes enfants où ils puissent être témoins des savoir-faire qui les nourrissent. Mais j'aimerais qu'ils ne grandissent pas dans l'ignorance totale quant à ces questions-là. Si des reportages comme *Notre pain quotidien*, du réalisateur autrichien Nikolaus Geyrhalter, peuvent être une source d'information nécessaire, il me semble qu'il est important de montrer qu'il reste encore des endroits où l'on fait autrement – et quels plaisirs cela procure !

En visitant la ferme de Jean-Luc Margerit, j'ai aussi parlé avec le père de famille qui y résidait en cette semaine de vacances de printemps. Je voulais savoir ce qui avait motivé le choix de sa destination. « La tranquillité, d'abord, et aussi le désir de bien manger. Quand je pars en vacances, j'achète la production locale, les choses qu'on ne trouve pas chez nous. »

VACANCES À LA FERME DE LAPRA, INTRES (07), CHEZ VALÉRIE MOKRY...

Il y a trois ans nous avons séjourné à la ferme de Lapra avec les enfants. Valérie Mokry y sauvegarde une race de chèvres rustiques du Massif central et fabrique ses fromages. Elle loue aux vacanciers deux yourtes en haut d'un pré en pente, d'où la vue sur les montagnes est magnifique. On se croirait au bout du monde. La nuit, les étoiles y sont visibles comme dans peu d'endroits : absence totale de pollution lumineuse. On n'est d'ailleurs pas loin du village de Mars, de son télescope et de ses animations autour de l'astronomie.

À Lapra, les enfants sont les bienvenus dans toutes les activités qui concernent les chèvres. Valérie trait à la main et réserve sa chèvre la plus «facile» aux petits novices. On peut l'accompagner lorsqu'elle mène les bêtes au pré, revenir les chercher le soir... Mes enfants ont adoré ! Valérie n'impose pas d'horaires fixes à son troupeau : on la guette, et hop, on la suit au passage pour aller chercher les biquettes. Ou bien les enfants sortent des yourtes au joli concert de cloches. Pour nous, les adultes, c'est l'occasion de mesurer à la fois la liberté et la rudesse de cette vie. Pour les enfants, c'est avant tout une joie d'être dans ce cadre et de voir les animaux.

Mais discuter avec Valérie nous a aussi fait toucher du doigt une conséquence, une de plus, du réchauffement du climat. Elle nous a expliqué en effet qu'elle avait encore l'année précédente un troupeau de moutons. D'ordinaire, à l'altitude où elle vit, les hivers sont froids et les gelées tuent un certain nombre d'insectes nuisibles pour l'élevage. Cela n'avait pas été le cas cette année-là : des mouches avaient pondu leurs œufs à la racine de la laine, et les larves (provoquant une parasitose cutanée appelée myiase) avaient mangé ses moutons de l'intérieur.

Lorsqu'on cesse de fréquenter les grandes surfaces, on tâtonne d'abord, puis on trouve une organisation pratique : par exemple, le mardi, AMAP, le samedi, épicerie bio ou coopérative…

Il a nécessairement fallu quelque temps pour repérer les bonnes adresses. Et voilà que les vacances arrivent et qu'on se retrouve sans repères… Dans un lieu inconnu, le seul point de vente qu'on ne peut pas louper, c'est le supermarché. Pour ne pas être pris de court, avant de partir, demandez à celles et ceux qui vous accueillent de préparer les bonnes adresses du circuit court ! Les hôtes du gîte Le Bocal, à Seigné, en Charente-Maritime, ont pensé à tout : ils mettent à votre disposition (en plus de tout le matériel pour faire vos courses « zéro déchet ») la liste des marchés, magasins de producteurs et autres *drives* fermiers des environs. Et si cette pratique devenait la norme dans les gîtes de vacances ?

ET SI ON CULTIVAIT ?

Une des solutions pour avoir des légumes voire des fruits frais reste bien sûr de les cultiver soi-même. Et pourquoi ne pas élever des poules, si l'on a la place nécessaire ? Lorsque j'étais adolescente, le jardinage m'apparaissait comme une pratique ringarde, mais il semblerait qu'aujourd'hui, ce soit très à la mode ! Dans le film *Demain*, Cyril Dion montre le succès des initiatives telles que les Incroyables Comestibles. Pour ma part, c'est quelque chose qui m'attire depuis que j'ai commencé à me préoccuper des questions d'environnement, et mon récent changement de cadre de vie a aussi été l'occasion de rechercher un moyen de me mettre à jardiner. J'ai donc fait le tour des possibilités qui s'offraient à moi…

Avoir son propre jardin

Nous sommes sans doute nombreux à rêver d'avoir notre petit terrain attenant à la maison, avec une terrasse pour manger dehors, une pelouse pour laisser les enfants se rouler dans l'herbe, et un coin de potager. (On évitera la piscine pour préserver l'eau !) Ce sont certainement les meilleures conditions pour jardiner. Mais tout le monde ne peut pas avoir une maison avec jardin, et cela signifie quelques contraintes, comme celle de se loger loin du centre-ville ou de son lieu de travail, de faire de nombreux trajets en voiture (même pour les plus petites courses), d'avoir deux voitures, parfois, ou encore d'imposer aux enfants un plus long trajet en bus pour aller

Un peu de recul

Dans la société proto-industrielle, la plupart des ouvriers vivaient à la campagne et répondaient à des commandes de marchands. C'était une forme de travail à domicile précaire. Il pouvait y avoir, par exemple, un métier à tisser à ou un tour à bois dans la ferme... mais c'est le travail de la terre qui avait la priorité. «[Dans] bien des régions, l'employeur traita longtemps avec le paysan. Il lui fournissait la matière première et collectait le produit transformé. La concentration dans les mines et les manufactures ne mit pas tout de suite fin au mode de vie de ces ouvriers-paysans : même réunis dans les grands établissements verticaux, ils partageaient leur temps de travail annualisé entre l'usine et la terre[55].»

Au XIXe siècle, la généralisation du travail en fabrique permet d'exercer un contrôle plus strict des salariés, de la qualité, et surtout d'imposer un temps de travail... pour que le travail de la terre ne lui fasse plus concurrence.

Historiquement, les jardins ouvriers font leur apparition en Allemagne au milieu du XIXe siècle, et en France au milieu des années 1890. Ils sont pensés comme un moyen d'améliorer l'alimentation et la santé des travailleurs, et de leur procurer un équilibre social. On pourrait dire que c'est un peu de terre rendue à ceux qui en ont été privés par le cours de l'évolution économique... Pendant les deux conflits mondiaux, la Ligue française du Coin de Terre et du Foyer est même chargée par le ministère de l'Agriculture de développer les jardins pour répondre à la pénurie[56]...

55 Jean Lebrun, édito de l'émission « La marche de l'histoire » sur le travail précaire. https://www.franceinter.fr/emissions/la-marche-de-l-histoire/la-marche-de-l-histoire-06-juin-2018

56 http://www.jardins-familiaux.asso.fr/histoire.html

à l'école... De plus, les grands lotissements de maisons individuelles ne sont pas très bons pour l'environnement, car ils impliquent de goudronner davantage de surface, avec les conséquences que l'on sait sur les inondations... Personnellement, lorsque nous avons déménagé, nous avons privilégié le fait de pouvoir aller au travail et à l'école à pied. Et nous n'avions pas le budget nécessaire pour une maison avec jardin.

Comment faire, alors, pour cultiver des légumes si on habite en ville ? Il existe les traditionnels «jardins familiaux», que l'on continue souvent d'appeler par leur premier nom, «jardins ouvriers».

L'appellation «jardins ouvriers» est remplacée officiellement par celle de «jardins familiaux» depuis 1952, mais la notion de service offert à des foyers modestes subsiste dans les esprits, comme le montre l'introduction de l'article de Wikipedia : «Ils répondent aussi aux préoccupations actuelles de faire produire localement des légumes par des catégories de population à faibles revenus et ils participent à créer du "lien social" dans les zones urbanisées[57].»

Je me suis renseignée dans ma nouvelle petite ville : il existe bien des jardins familiaux, une douzaine de parcelles mises à disposition par la municipalité. En plus, c'est à deux pas de chez moi ! Mais on m'avait prévenue : ce type de jardin a tant de succès que les listes d'attente peuvent être très longues (jusqu'à plusieurs années). Je me rends en mairie pour demander les conditions d'attribution : il suffit d'être résident de la commune. L'employée m'explique qu'il n'y a plus de place, mais qu'il existe aussi des parcelles privées que l'on peut louer (dans ce cas, on ne parle pas de «jardins familiaux», car ceux-ci doivent être gérés par une commune ou une association type loi 1901). Elle ne m'inscrit pas tout de suite sur la liste

57 https://fr.wikipedia.org/wiki/Jardins_familiaux#cite_note-1

d'attente : elle me demande (sans doute pour tester ma motivation) de lui écrire un mail… Test efficace : je n'ai jamais écrit. Entre-temps, le doute m'a gagnée : moi qui ne sais pas jardiner, est-ce que je vais vraiment m'aventurer à demander une grande parcelle que je vais devoir gérer seule ou avec mon mari qui n'a pas plus d'expérience que moi ? Aurai-je vraiment le temps de bien l'entretenir ? Combien va me coûter l'équipement nécessaire pour cultiver correctement ?

Combien ça coûte ?

Puisque je n'y connais rien, je demande à ma mère – qui, elle, jardine, mais se trouve à présent trop loin pour m'apprendre – de me donner la liste et le prix des outils dont elle se sert. Elle me précise que l'on peut trouver moins cher, mais qu'il faut acheter de bons outils qui dureront dans le temps. Quand je vois le coût total, je me dis que c'est déjà une belle mise de départ, et

Pour le potager :
- une grelinette : 45 à 70 €
- une bêche plate : 20 à 30 €
- une fourche bêche : 30 à 40 €
- une pelle ronde : 14 à 18 €
- un râteau : 20 €
- une houe à long manche : 20 à 30 €
- une griffe à long manche : 20 €

Pour les outils à main :
- un transplantoir : 12 à 14 €
- une serfouette (assez grande) panne et fourche : 15 €
- une serfouette (plus petite) panne et langue : 15 €

Autres équipements :
- un sécateur : de 12 à 30 €
- un coupe-branches : 30 à 50 €
- une brouette en résine : 40 €
- un arrosoir : 5 €
- un seau : 2 €

Pour le jardinier :
- sabots de jardin : 10 €
- bottes : de 20 à 50 €
- gants : 5 à 15 €
- coussins en mousse pour les genoux

Total :
entre 335 et 474 €

qu'en attendant que mes légumes poussent (s'ils poussent !), il faudra bien que je continue à me rendre au marché... D'un autre côté, si ces outils durent des années, ils seront en fait vite rentabilisés : il suffirait qu'ils me dispensent de faire le marché une douzaine de fois, et je serais rentrée dans mes frais. Reste la question du temps...

Combien de temps ça prend ?

Les manuels de jardinage le disent: à certaines périodes de l'année, il est bon de pouvoir se rendre au jardin tous les jours. Cela peut d'ailleurs être une excellente façon de se détendre et de « couper » avec la journée de travail. Mais pour ma part, cela m'effraie : nous sommes deux parents qui travaillons, et techniquement, je serais en fait la seule à pouvoir m'en occuper avant huit heures du soir... Je sais bien qu'on ne voit pas passer le temps de la même façon dans un jardin, mais je crains la surcharge... Je lis aussi que, dans le pire des cas, on peut se contenter d'une session de jardinage une fois par semaine, mais qu'il faut pouvoir veiller tout de même à arroser quand c'est nécessaire en été... Il ne faut pas s'attendre alors à obtenir les mêmes résultats que par un soin quotidien. En tout cas, l'avantage du potager individuel, que ce soit votre propre jardin ou votre parcelle personnelle dans un jardin familial, c'est que vous serez *a priori* récompensé à la mesure de vos efforts et du temps passé. Chacun est libre d'y passer le temps qu'il veut (ou peut) et la question du partage de la récolte ne se pose pas.

Dans mon cas, il faudrait y ajouter le temps passé à me former et à tâtonner. Il paraît qu'il y a de plus en plus de cours de jardinage, et cela se comprend ! Mon rêve serait de m'offrir des stages de formation à la permaculture. En attendant, il faudrait que je trouve une solution accessible pour apprendre.

Mais, si le temps passé au jardin est un temps de travail assez physique, il faut ajouter qu'il a aussi une autre dimension très importante : par la connexion à la terre (et la déconnexion du téléphone portable), l'observation de la nature, la possibilité d'expérimenter et de développer son savoir-faire, la satisfaction d'avoir fait «par soi-même», il est un plaisir en lui-même. Nul doute qu'aucun jardinier amateur ne considérerait que ce temps est «perdu», comme celui d'une corvée, mais plutôt qu'il fait partie de ses loisirs. Petit clin d'œil à Victor Hugo et à son évêque de Digne : «Tantôt il bêchait la terre dans son jardin, tantôt il lisait et il écrivait : il n'avait qu'un mot pour ces deux sortes de travail : il appelait cela jardiner. "L'esprit est un jardin", disait-il[58].» Mais en attendant de pouvoir faire comme le bon évêque, il faut bien que je trouve une solution pour accéder à une parcelle et apprendre à jardiner à la mesure de mes possibilités…

Les jardins partagés

Une amie parisienne me parle des jardins partagés qui se développent dans son quartier. On trouve en fait toutes sortes d'appellations : jardins collectifs, participatifs, communautaires, ou encore associatifs… Qu'est-ce que c'est ? Voici la définition qu'en donne le site du Réseau des jardins partagés :

> «Un jardin partagé est un jardin conçu, construit et cultivé collectivement par les habitants d'un quartier ou d'un village. Un jardin partagé ne se décrète pas, il prend tout son sens parce qu'il répond aux attentes et aux besoins des habitants d'un lieu. Réunis en association, les habitants gèrent le jardin au quotidien et prennent les décisions importantes collectivement. En ce sens

58 Victor Hugo, *Les Misérables*, première partie, livre premier, chapitre V.

chaque projet est unique par son aménagement et son fonctionnement. Ces jardins se fondent sur des valeurs de solidarité, de convivialité, de lien et de partage entre les générations et les cultures, qui figurent dans la Charte des jardins en partage. Produire ensemble légumes, fleurs, fruits, aromatiques, médicinales… leur donne une saveur particulière et c'est une ressource bien utile en ces temps de crise[59].»

On trouvera aussi sur ce site les adresses des associations régionales.

Dans un tel système, la question de l'apprentissage est résolue : ceux qui ne savent pas se forment au contact des jardiniers expérimentés. C'est une bonne solution pour les personnes qui n'ont pas de terrain ou pas le temps de cultiver une parcelle conséquente. La mise en commun des outils résout aussi le problème de l'investissement initial. Mais la prise de décision et la gestion réellement collective apparaissent tout de même comme un défi à relever : culturellement, nous ne sommes pas habitués à faire ainsi. Dans nos associations, nos clubs sportifs, etc., il y a souvent un ou une chef, quelques personnes autour qui prennent des initiatives, et puis le reste des adhérents, qui trouvent des raisons de se plaindre et sont accusés de passivité par les premiers… Et de fait, parmi les jardins dont je trouve le fonctionnement détaillé sur Internet, et parmi les témoignages que j'ai pu recevoir, je n'ai trouvé aucun exemple de jardin vraiment géré et cultivé collectivement. Cela ne veut pas dire qu'il n'en existe pas, mais plutôt qu'il y a en parallèle un autre modèle de jardins, qu'à mon avis on devrait plutôt appeler «jardins associatifs ouverts», parce qu'ils sont gérés par une association et ouverts à d'autres personnes.

59 http://jardins-partages.org : la charte est consultable sur le site.

Lorsque ces jardins prennent la forme d'une vaste parcelle collective se pose la question du partage des récoltes. J'ai vu l'exemple d'un jardin urbain, dans un quartier dit «défavorisé», qui avait pour objectif de créer un espace de vraie mixité sociale. Le souci était que les personnes en difficulté n'étaient pas régulièrement présentes au jardin, tandis que quelques familles motivées, qui

UN JARDIN PARTAGÉ... AVEC DES RÉFUGIÉS

Concilier la production d'une récolte significative, la création du lien social et l'intégration de populations en difficulté, voilà une gageure relevée par un jardin pas comme les autres...
À Yssingeaux (43), dans la ferme de Treslemont dont j'ai déjà parlé, Jean-Luc Margerit a aidé l'association Citoyens solidaires à créer un jardin partagé.
«Il nous a prêté une parcelle de terrain en affichant ses objectifs», explique une des bénévoles. «Il voulait, comme nous, lutter contre l'étiquette d'"assistés" que certains collent aux demandeurs d'asile. Ici, tout le monde cultive ses légumes, personne n'est assisté. Il voulait aussi qu'il y ait de la mixité sociale dans ce jardin. Nous avons douze parcelles en tout. Une des grandes parcelles est réservée aux pensionnaires du CADA (Centre d'accueil des demandeurs d'asile), et neuf petites parcelles sont attribuées à des familles de notre association par tirage au sort. Enfin, il y a un carré de pommes de terre commun à tous, et une autre parcelle collective pour les carottes, les oignons, les aromates. Nous y travaillons ensemble une après-midi par semaine, davantage au printemps.
Au CADA, il y a beaucoup de *turn-over* : celui qui sème accepte qu'un autre récolte. Parmi les réfugiés, il y a aussi des gens qui avaient l'habitude de cultiver. On fait des goûters ensemble. L'idéal, ce serait qu'on ait un lieu pour cuisiner ensemble les produits récoltés, pour montrer des recettes aux personnes qui ne connaissent pas les légumes d'ici.»
Le jardin partagé, outre qu'il nourrit les estomacs, est donc aussi un espace de convivialité, qui favorise l'apprentissage du français.

désiraient se nourrir avec leur production, assumaient toute la charge de travail. Au moment du partage égal des récoltes entre tous les «usagers» du jardin, ces familles étaient frustrées de n'emporter qu'une maigre part du fruit de leurs efforts... Pour éviter ce problème, certaines associations font le choix d'un mélange entre collectif et individuel : une ou deux parcelles collectives (par exemple pour les pommes de terre) et des parcelles individuelles, pour que l'effort personnel soit récompensé. Avis à celles et ceux qui voudraient se lancer dans la création d'un jardin de ce type !

Parfois, les jardins associatifs sont gérés par des professionnels qui ouvrent leurs portes aux bénévoles sur des créneaux précis. C'est le cas par exemple d'un jardin en permaculture baptisé Les Jardins du Loup, dans les Alpes-Maritimes. «Lors des "Jardins ouverts", en échange de leur aide, nous offrons aux adhérents qui participent des conseils de jardinage naturel, des semences et plants, ou tout simplement quelques-uns des fruits et légumes que notre jardin d'Eden produit en fonction de la disponibilité et de la saison[60]». Pas question, donc, de se ravitailler de manière significative, mais plutôt de venir acquérir des savoir-faire...

Certains jardins urbains font passer la création du lien social, les visées pédagogiques, la détente et le plaisir, loin devant l'objectif alimentaire. C'est le cas, par exemple, de l'association parisienne Veni Verdi, qui cible des publics très différents. (*Voir témoignage page suivante.*)

Pour conclure, l'avantage de ces jardins associatifs ou partagés, c'est qu'on n'a pas besoin d'un budget de départ pour les outils, et qu'on y consacre le temps qu'on veut. De plus, c'est une façon idéale d'apprendre à jardiner en pratiquant avec des personnes

---

60 http://www.lesjardinsduloup.fr/le-jardin-participatif-2. La charte est consultable sur le site http://jardins-partages.org

DES JARDINS À L'ÉCOLE ET SUR LES TOITS : L'ASSOCIATION VENI VERDI À PARIS [61]

Marion Journet, coordinatrice de l'un des sites de l'association, explique le fonctionnement de ces bulles de verdure :

« Nous avons quatre jardins, trois en établissements scolaires, un sur le toit d'un immeuble. Nos jardins sont faits pour accueillir des élèves, les salariés du site Enedis, mais aussi des bénévoles désireux de pratiquer le jardinage comme loisir. Mais il ne faut pas compter dessus pour se nourrir ! Nous n'avons pas d'objectifs en termes de quantité : quand il y a quelque chose à partager, nous partageons. Toutefois, le site du collège Pierre Mendès-France donne en été des volumes intéressants de courgettes et de haricots, par exemple... En saison, nous tenons un stand de vente une fois par semaine rue de Bagnolet. »

Marion me parle d'ailleurs en cueillant des fleurs pour la vente du soir : elle n'a pas le temps de s'arrêter !

« Nous sommes sept salariés, et ce sont essentiellement les animations qui font vivre l'association : contenu pédagogique pour les scolaires, accueil des salariés... Dans le cadre de la RSE (Responsabilité sociale et environnementale), certaines entreprises organisent chez nous des journées citoyennes, pour leur programme de cohésion d'équipe, au lieu d'envoyer leurs employés faire du *karting*... Elles nous apportent ainsi à la fois une présence de main-d'œuvre bienvenue et un financement, ce qui nous permet par ailleurs de proposer des temps d'accueil gratuits, comme celui du Club Jardin du collège. Nous cherchons à rendre notre activité viable économiquement tout en accueillant le public le plus large possible. »

Un bémol toutefois : bien que ces jardins n'utilisent aucun produit chimique, leur production n'est pas reconnue comme bio, parce qu'elle est hors-sol. Et en raison de la méfiance qui persiste à l'égard des légumes cultivés en ville, les écoles primaires ont fait le choix de ne pas autoriser les enfants à consommer ce qu'ils ont fait pousser... Dommage, non ? En revanche, au collège Pierre Mendès-France, les élèves peuvent manger des framboises dans la cour, et les membres du Club Jardin rapportent chez eux leur part de la récolte !

61 http://www.veniverdi.fr

plus expérimentées. Tout à fait le style de jardin qu'il me faudrait pour l'instant, surtout avec les enfants...

Jardiner avec les enfants

Par chance, en cherchant des renseignements sur les lieux qui existent dans mon agglomération, je fais la rencontre de bénévoles de l'association Les Petits Frères des Pauvres, qui sont justement en train de mettre en route un nouveau jardin partagé. Leur grande parcelle est située sur un terrain agricole. L'objectif est de permettre à des personnes âgées isolées de continuer à jardiner un peu, ou, lorsqu'elles ne sont plus aptes à le faire physiquement, de recevoir tout de même quelques légumes de « leur » jardin. Elles choisissent ce qu'elles veulent voir planter, et les bénévoles prennent soin de leur parcelle. Il y a aussi deux parcelles communes, une pour les pommes de terre et une de légumes variés « pour faire la fête », m'explique-t-on. En effet, les récoltes de cette parcelle sont destinées à être cuisinées et consommées en été lors d'une ou deux journées réunissant au jardin les bénévoles et les personnes accompagnées. Enfin, chaque membre a droit à une parcelle personnelle pour faire pousser ce qui lui fait envie.

Je viens découvrir le jardin avec les enfants, et Paul amène aussi sa fille qui a l'âge de mon fils aîné. Les enfants aident spontanément à désherber et à enlever les doryphores, puis, lorsqu'ils en ont assez, ils jouent tous les trois, tandis que les adultes se démènent avec la pompe qui doit permettre de prendre l'eau à la rivière. Eh oui, jardiner, c'est aussi bricoler un peu... Marie-Rose, une bénévole, apprend quelques mots de patois aux enfants : elle m'explique que pour elle, le lien à la terre est aussi un lien à la langue, et l'idée que ce jardin soit aussi un lieu de transmission linguistique me plaît beaucoup. Il n'y a pas que les légumes qui ont des racines ! Pour finir, Paul me montre comment il met des plants de tomates sur la parcelle d'une personne accompagnée.

Les enfants sont emballés et veulent revenir. Le jardin n'en est qu'à ses débuts, il reste de la place : on me propose de choisir la taille de parcelle qui me convient. Compte tenu de mon inexpérience et du peu de temps que j'ai, j'essaie d'être réaliste. J'opte pour deux rangées de 8,5 mètres de long... et la semaine suivante, je fais les achats nécessaires pour me lancer. La saison est un peu avancée pour semer des graines : il me faudra donc des plants. Paul me conseille un maraîcher, qui n'est certes pas bio mais travaille avec le moins d'intrants chimiques possible.

Mes achats pour le jardin :

- Une paire de bottes adulte : 35 €
- Deux paires de bottes enfant : 60 €
- Une paire de gants adulte : 6 €
- Deux paires de gants enfant : 18 €
- Trois plants d'aromates : 7,50 €
- Douze plants divers : 8,40 €
  (0,70 cts le plant)

Total : 134,90 €

Jardiner avec les enfants oblige à prendre des dispositions particulières : s'ils sont actifs et heureux les trois premiers quarts d'heure, ils finissent par s'ennuyer lors d'une longue session... Mais désherber notre parcelle prend du temps, et il faut bien le faire ; on ne peut pas attendre la semaine prochaine pour planter tout ce que j'ai acheté ! De plus, le temps n'est pas avec nous ce jour-là : il se met à pleuvoir. Les enfants ronchonnent et se disputent dans la cabane à outils tandis que Marie-Rose et moi finissons notre travail sous la pluie, dans nos vestes imperméables... Nous rentrons

DES BÉNÉFICES DU JARDINAGE POUR LES ADOS : EXPÉRIENCES À PARIS ET À SAINT-PRIEST (69)

J'ai demandé aux élèves du Club Jardin du collège Colette à Saint-Priest, et à leur professeur, de me faire part de ce qu'ils retirent de leur activité. Voici leur réponse :

« Le Club Jardin attire chaque année une quinzaine d'élèves qui souhaitent apprendre à cultiver. Au cours de l'année scolaire, nous apprenons diverses techniques, comme biner les pieds de fèves, semer des radis, planter des arbres... Grâce à la connaissance de ces gestes, nous pourrons peut-être nous lancer dans la réalisation d'un potager quand nous serons adultes ! La grande majorité des élèves passe beaucoup de temps devant les écrans. Le Club Jardin offre une autre activité. Jardiner est un travail physique qu'on pourrait rapprocher du sport, mais avec un enjeu différent. Il ne s'agit pas de se surpasser physiquement ou de gagner une compétition. L'enjeu est de réussir son potager et surtout de comprendre comment on y est arrivé. »

Le professeur y voit aussi un moyen de sensibiliser les élèves au respect de la nature. En goûtant des produits 100 % naturels cultivés de leurs propres mains, ils se rendent compte que les fruits et légumes bio n'ont pas toujours très bel aspect, mais qu'en revanche, leur goût est bien meilleur et plus intense que celui des produits du commerce. Cela en vaut la peine.

Même son de cloche du côté de Marion Journet de l'association Veni Verdi à Paris :

« Les collégiens sont assez demandeurs. On travaille avec des ULIS, des SEGPA (élèves en difficultés d'apprentissage), avec des mesures de responsabilisation (alternatives à l'exclusion scolaire). Cela intéresse beaucoup le rectorat. Quand les jeunes ados commencent à jardiner, ils découvrent tout à coup qu'ils savent faire des choses ! Cela valorise ceux qui sont en difficultés en lecture, en écriture. Ils se rendent compte qu'ils sont compétents. Actuellement, un ou deux élèves songent à devenir paysagiste ou maraîcher...

La grande majorité d'entre eux n'a aucune connaissance du cycle végétal à l'origine de l'alimentation. Le jardin est un formidable outil. C'est un support pour les maths, les arts plastiques... Il faut que les professeurs s'en emparent. »

boueux et de mauvaise humeur. Les enfants me font promettre qu'on n'ira plus jardiner par un temps pareil, et j'ajoute qu'ils devront penser à emporter de quoi s'occuper pour les moments où ils ne veulent plus jardiner.

Marché conclu : la semaine suivante, nous reportons de quelques jours notre séance de jardinage pour cause d'averses. Nous attendons une belle journée pour nous rendre au jardin. Les enfants sont calmes, ils restent tantôt avec moi, tantôt avec Marie-Rose, ils alternent les périodes de jardinage, la lecture et le dessin. Finalement, nous passons trois heures sur place (on avait pensé au goûter) sans la moindre lassitude. La suite nous dira si nous avons la main verte (si Dame Nature veut bien) !

Jardiner, c'est donc bien plus que produire à manger : c'est «relier», à différents niveaux. Par ailleurs, les jardins individuels ou partagés jouent un rôle intéressant en termes de diversité des semences, car, puisqu'on ne commercialise pas ce qu'on y cultive, on est libre d'y planter les graines de courge népalaise de sa cousine ou les fèves ramenées d'Algérie par la voisine. Et il serait bien dommage de s'en tenir aux semences du catalogue officiel et de se priver des vertus de l'acclimatation des graines. En effet, les plantes s'adaptent naturellement à leur milieu, et au bout de quelques années, les graines que vous aurez obtenues vous-mêmes seront les meilleures pour votre jardin !

Les moyens de s'approvisionner en produits frais hors du supermarché sont donc à la fois nombreux et variés, agréables et créateurs de liens. Pour Philippe Marguery, directeur des cueillettes Chapeau de Paille, cette diversité est la clé de leur succès : «Nous pensons que les circuits courts ont un grand avenir, à condition qu'ils restent pluriels, car chaque personne n'attend pas le même service : la cueillette à la ferme, des magasins de terroirs diversifiés, des marchés de plein vent, de la livraison à domicile, la fourniture des écoles, restaurateurs et maisons de retraite, des commandes sur Internet (des *drives*), parfois de la découverte (paniers AMAP ou en gare)... On n'a pas toujours le temps ni la volonté de rechercher la rencontre avec l'agriculteur et son outil de travail ! »

Je reviendrai plus loin sur toutes les solutions que propose Internet pour ceux qui n'ont « pas le temps », mais pour l'heure, il nous faut compléter notre panier : où allons-nous acheter tout ce qui relève de l'épicerie sèche ?

Chapitre 4

L'ÉPICERIE

Même si l'on trouve parfois à l'AMAP ou sur le marché des farines locales et du pain, il faut admettre que l'ensemble de l'épicerie sèche nécessite un approvisionnement spécial. Là encore, les solutions pour éviter le supermarché existent, se développent et prennent des formes très différentes, pour convenir à tous les budgets et répondre aux diverses préoccupations des consommateurs et consommatrices.

LES ÉPICERIES BIO INDÉPENDANTES

J'appelle «épiceries indépendantes» celles qui ne portent pas d'enseigne connue sur le plan national, mais un nom bien à elles ! En effet, en dehors des chaînes nationales, sur lesquelles je reviendrai plus loin, il existe une multitude de petites boutiques qui s'appuient sur des réseaux locaux. Pour ma part, j'ai découvert celles que j'ai fréquentées en passant devant par hasard, ce qui est dans l'ordre des choses, puisque ce sont des commerces de proximité. On en trouve même dans les toutes petites villes rurales de quelques milliers d'habitants. Il est vrai toutefois que les différents quartiers d'une grande ville peuvent être inégalement pourvus, ces magasins se concentrant davantage dans le centre et les quartiers cossus[62].

Pour savoir s'il y en a une près de chez vous que vous n'auriez jamais repérée, il vous suffit d'entrer dans un moteur de recherche «épicerie bio» avec le nom de votre ville...

62 À Lyon, par exemple, bien que l'on compte en 2017 26 épiceries bio dont 12 indépendantes, elles se concentrent principalement en Presqu'île et à la Croix-Rousse. https://www.leprogres.fr/lyon/2017/02/25/enseignes-bio-lyon-riche-de-26-magasins-et-d-epiceries

Qu'est-ce qu'on y trouve ?

La réponse ne sera pas exactement la même partout, puisque chacun de ces magasins est unique ! Mais dans les grandes lignes, on y retrouve tous les produits d'une épicerie classique : fruits, légumes, farines, céréales, confitures, huile, vinaigre, fromages, café, thé, jus de fruits, conserves, pâtes, riz, viandes et charcuterie parfois, plus tous les produits d'hygiène et d'entretien. « Sur 65 m^2, nous totalisons 1 500 références », indique Juanita Digonnet, qui codirige l'épicerie Cœur d'Artichaut à Tence (43). Pour ma part, je préfère prendre les légumes et les fruits sur le marché ou à l'AMAP plutôt que dans les rayons d'une épicerie, où ils sont généralement moins frais. De plus, les légumes bio y sont plus chers, forcément, puisqu'il y a un intermédiaire. Toutefois, certaines épiceries, comme De l'Autre Côté de la Rue à Lyon, annoncent leurs différents jours de livraison. Vous savez que si vous venez tel jour, vous aurez des salades fraîches, et que les fruits arrivent le lendemain, par exemple... La provenance des produits est bien indiquée, et le plus souvent très locale. Les épiciers et épicières dépensent une grande énergie pour trouver leurs fournisseurs.

UN APPROVISIONNEMENT AU PLUS PRÈS : L'EXEMPLE DE CŒUR D'ARTICHAUT À TENCE (43)

Juanita Digonnet explique : « Nous n'avons pas un seul grossiste : nous fonctionnons avec une trentaine de fournisseurs et une trentaine de producteurs. Ces derniers sont majoritairement locaux, mais quelques-uns sont dans d'autres régions de France, voire à l'étranger (par exemple notre huile d'olive vient de Sicile). Trouver les producteurs demande beaucoup de travail mais c'est aussi cela qui assure la grande qualité des produits et des tarifs intéressants. La première année, mon associée Elodie Grand et moi nous sommes lancées dans la prospection des producteurs locaux... Il a fallu vraiment aller les chercher ! Ils ne peuvent pas toujours répondre au téléphone, on doit aller les rencontrer chez eux. Et ils n'ont pas le temps de livrer. C'est nous qui faisons la tournée des fermes pour approvisionner le magasin. Nous en cherchons d'ailleurs encore, parce qu'ils nous offrent de la super qualité. Nous aimerions être toujours plus "local" : pour l'instant, c'est plutôt 50 % d'ici, 50 % du Nord Ardèche. Franchement, si un maraîcher bio voulait s'installer en Haute-Loire, on serait prêt à l'aider.»

Considérer le Nord Ardèche comme «pas assez local» quand on se trouve à Tence, il faut reconnaître que c'est être très exigeant !

Quand je demande à Juanita quelle est la différence entre une franchise et son magasin, elle répond : «Nous sommes davantage portés sur le très local. Les magasins franchisés peuvent tirer les prix vers le bas, en s'organisant. Pour nous, c'est plus dur. Mais on est plus proche des gens. On leur parle, ils nous apprennent des choses, ils nous connaissent, c'est un lien sympathique qui s'est tissé.»

À la question «Que trouve-t-on dans une épicerie bio indépendante ?», la réponse est donc nécessairement : «Bien plus que des bons produits !» Une épicerie indépendante est aussi un lieu de vie sociale. «Nous avons une tarterie-salon de thé, ajoute Juanita. Les tartes sont à emporter ou à consommer sur place. Nous proposons un menu complet à midi, et l'été, il y a souvent une alternative végane. Dans le salon de thé, on a une petite bibliothèque de livres donnés, à consulter sur place. Nous accueillons aussi en ce moment l'exposition d'un jeune céramiste de Tence qui vient de se lancer.»

Mon épicerie lyonnaise De l'Autre Côté de la Rue propose elle aussi de déguster «en terrasse» un café ou une bière locale, et vend des périodiques comme *Silence*. En outre, comme beaucoup de magasins indépendants, elle accepte la monnaie locale, la Gonette. C'est vraiment le commerce de *Demain*[63] !

---

63 Voir le documentaire *Demain* pour comprendre l'enjeu de la monnaie locale.

Combien ça coûte ?

Autant le dire tout de suite : certains des produits vendus dans ce type de magasin me semblent trop chers pour ma petite famille (et il en va de même dans les épiceries bio d'un réseau national ou par exemple dans une Ruche qui dit Oui...). Je pense notamment à tous les produits transformés (biscuits, conserves) – d'où la nécessité de cuisiner soi-même – et aux produits cosmétiques (auxquels je consacrerai un autre chapitre).

Mais pour ce qui concerne l'épicerie sèche, qui nous occupe ici, ils apparaissent comme des solutions tout à fait valables. En effet, farine, riz, pâtes, céréales, fruits secs, café... sont vendus en vrac, ce qui permet de réduire la production d'emballages et aussi la note ! Car si les produits bio restent objectivement chers, les produits bio en vrac le sont toujours moins. Un jour que je voulais prendre une grande quantité de farine, j'ai demandé à mon épicier s'il n'avait pas des sacs de 5 kilos. Il en avait effectivement, mais il m'a montré que le prix au kilo était dans ce cas moins avantageux que le prix de la même farine en vrac, qui avait été achetée par lui en quantité plus importante. Chez Cœur d'Artichaut, l'huile d'olive bio en vrac, par exemple, est vendue à 11 € le litre, ce qui apparaît comme parfaitement raisonnable (voire avantageux) quand on regarde les prix de l'huile d'olive bio sur Internet.

Pour ma part, je dois dire que je ne prends que les produits les plus abordables : les pâtes étant toujours des pâtes, quelle que soit leur forme, si les coquillettes sont moins chères que les spirales, j'achète les coquillettes ! Je fais la même chose avec les céréales : certes, mon épicerie lyonnaise proposait un mélange petit déjeuner à 12 € le kilo absolument délicieux (on a goûté), mais pour le quotidien, je choisissais le muesli aux fruits secs à 5 € le kilo... À titre de comparaison, le même type de muesli (aux trois céréales

Un peu de recul

En novembre 2012, l'ADEME a publié un rapport intéressant sur la vente en vrac, que l'on peut trouver en ligne[64]. Cette étude envisage tous les aspects de cette pratique, depuis le transport jusqu'au remplissage du contenant individuel, avec les questions que cela pose en termes économiques, écologiques, sanitaires. On y fait remarquer notamment que c'était l'unique mode de présentation des produits de consommation en France jusque dans les années 1960. L'étude ne met pas en doute son avantage économique : « Les produits en vrac sont effectivement moins chers pour les consommateurs – entre 10 % et 45 % de réduction constatée », peut-on lire à la page 7.

Les produits qui posent le moins de problèmes de conservation sont logiquement les produits secs. S'il est bien établi que le vrac réduit la production de déchets en limitant les emballages, en revanche, un débat existe quant à la question du gaspillage. Ce dernier surviendrait à deux niveaux : d'abord au moment où le produit est prélevé, à la suite de maladresses engendrant des pertes (avec les conséquences que l'on imagine sur la propreté du rayon !) et ensuite à la maison, où « l'absence d'emballage peut mener à une mauvaise conservation du produit, soit parce que l'information de conservation est absente, soit parce que le produit est moins protégé d'un point de vue sanitaire ». Mais ce second argument est à relativiser puisqu'il émane... du directeur prévention d'Éco-Emballages ! D'ailleurs, le rapport nuance immédiatement : « Le risque pour les produits d'épicerie sèche est limité : ils se conservent plusieurs mois à l'abri de la chaleur et de l'humidité... » Quant au premier argument, à savoir celui de la perte de produit au moment du service dans les rayons, mon expérience personnelle ne m'a jamais fait constater rien de tel. Les différentes présentations sont bien adaptées aux produits (bac avec pelle ou colonne à robinet) et si une maladresse peut arriver à tout le monde, en général, les personnes sont attentives à ce qu'elles font !

Un autre point soulevé par l'étude de l'ADEME est celui du

64 http://www.ademe.fr/sites/default/files/assets/documents/86337_etude-vrac-12-2012.pdf

marketing et de l'information (deux points qui sont étroitement associés sur les emballages) : « En effet, le producteur de vrac perd avec la disparition de l'emballage primaire un support de communication, voire de séduction » (p. 43). Du point de vue des consommatrices et consommateurs saturés de discours et d'images publicitaires, c'est plutôt une bonne chose. Même la multiplication des labels des produits du « développement durable » sur les emballages est jugée excessive par les Français (p. 40).

Mais le rapport souligne aussi que l'absence d'emballage peut être un frein à l'achat, du fait du manque d'informations, en particulier de tout ce qui relève du mode d'emploi, des conseils de préparation... Et il met en avant un problème de transmission de grande ampleur : selon le sociologue de l'alimentation Jean-Pierre Poulain, les jeunes ne savent plus cuisiner parce qu'il leur manque les bases fondamentales. 45 % des plus de 50 ans n'ont pas appris à cuisiner à leurs enfants. « Or, la plupart des produits vendus en vrac étant des produits bruts non transformés, leur utilisation demande des compétences culinaires, et en l'absence d'emballage et d'étiquetage, [...] le consommateur doit savoir comment les utiliser ou bien chercher cette information. » Ceci dit, il me semble, là encore, qu'il faut beaucoup relativiser une telle objection : pour utiliser sucre, sel, café, riz, pâtes, semoule ou lentilles, il n'est guère besoin de compétences particulières, à part peut-être savoir faire bouillir de l'eau dans une casserole...

et aux raisins secs) d'une grande marque bio vendue en supermarché est proposé à 6,85 € le kilo, et 5,71 € si je me tourne vers une marque moins connue. Les céréales bio en vrac de mon épicerie de quartier sont donc effectivement moins chères que des produits équivalents en supermarché – et tout aussi bonnes.

J'ajouterai enfin que le vrac a, selon moi, un double avantage : esthétique et pratique. D'une part, les rangées de bocaux transparents où l'on voit les aliments, leur couleur, leur forme, sont très jolis ! Vous ne pouvez pas laisser à la vue vos paquets de pâtes entamés et les biscuits dans des emballages carton déchirés, alors que les bocaux deviennent un élément décoratif de la cuisine. D'autre part, vous voyez en permanence la quantité qui vous reste pour chaque produit, d'un seul coup d'œil, ce qui n'est pas le cas pour les aliments emballés.

Combien de temps ça prend ?

Changer ses habitudes prend toujours un peu de temps. Mais une fois que vous aurez repéré la place des produits dans votre épicerie, vous vous apercevrez que cela va beaucoup plus vite que de parcourir les longs rayons du supermarché. La petite surface vous fait gagner du temps et économiser des pas. 1 500 références en 65 m^2 : le choix est tout de même au rendez-vous, mais dans les bonnes proportions ! Au supermarché, c'est la fausse diversité qui fait perdre du temps : au rayon céréales, les mêmes recettes sont déclinées dans huit marques différentes, au rayon thé et infusion, les mêmes mélanges s'alignent sur des mètres et des mètres, alors qu'ils ont le même goût. Même sur les sites de commande en ligne, je pense qu'il me faudrait plus de temps pour faire le choix de mes produits, parmi la dizaine de marques proposée pour chaque aliment… Il faut ajouter à cela que vous n'avez le plus souvent pas à faire la queue à la caisse de votre petite épicerie.

Mais avec le vrac, je vais passer plus de temps à ranger mes courses dans mes placards, non ? Cela dépend. Dans certaines boutiques, on peut venir avec ses propres bocaux, qu'on pèse en entrant[65]. On les remplit directement, et on déduit le poids du contenant de celui de la marchandise. Ainsi, à la maison, aucune opération particulière n'est nécessaire pour le rangement. Mais vous

65 Pour éviter de les peser toutes les semaines, on peut écrire dessus leur poids au feutre indélébile…

L'HEURE DU CAFÉ, OU GOÛTER... SANS EMBALLAGE !

Lorsque nous avons cessé de fréquenter le supermarché, les premiers produits qui nous ont fait défaut et que nous n'avons pas réussi à remplacer, ce sont les biscuits. Ils manquaient tout autant à nous les parents (pour accompagner notre café) qu'à nos enfants. Je me suis donc décidée à fabriquer mes biscuits «maison». J'ai trouvé dans un vieux livre de cuisine des recettes très simples, inratables. Les premiers temps, je les faisais chaque semaine. Puis je me suis aperçue qu'il ne fallait guère plus de temps, en doublant les quantités, pour fabriquer un stock pour 15 jours. Je compte un peu plus d'une heure pour les confectionner avec les enfants. C'est une activité manuelle à part entière : ils aiment pétrir la pâte, l'étaler au rouleau, couper des formes à l'emporte-pièce et ajouter des motifs... Il est possible de varier les parfums, d'ajouter des pépites de chocolat dans une recette basique, de faire des tests : et si j'ajoute du sirop d'érable, qu'est-ce que ça donne... ? Cela représente incontestablement du temps passé dans la cuisine, mais encore une fois, c'est un moment de plaisir et de transmission, et le temps, dans ce cas-là, ne compte pas de la même façon. Il faut avouer que les enfants sont davantage motivés par la confection des biscuits et des gâteaux que par l'épluchage des légumes ! Ils aiment choisir le parfum de ce qu'ils vont réaliser. Et puis c'est aussi une forme d'éducation au goût : ils sont habitués à manger des biscuits secs, peu sucrés, et ne réclament pas les goûters enrobés (et pleins d'huile) que produisent les pâtisseries industrielles.

pouvez aussi venir avec des poches en tissu que vous remplissez de tous les produits secs. Dans ce cas, au moment de ranger, il faudra transférer leur contenu dans vos bocaux. Cela prend quelques minutes, c'est vrai, mais pour ma part, je préfère cette solution. Pourquoi ? Parce que lorsqu'on veut remplir ses bocaux, il faut venir avec des bocaux vides... Or, je préfère ne pas attendre de ne plus avoir du tout de sel ou de farine pour refaire le plein ! Et je n'ai pas un si grand stock de bocaux...

David contre Goliath...

Monter une épicerie bio indépendante, quand il est devenu si difficile de survivre pour les commerces de proximité, cela pourrait apparaître comme une entreprise risquée. Pourtant, ce type de commerce mobilise réellement autour de lui des consommatrices et des consommateurs conscients, qui sont parfois même prêts à participer au financement du magasin.

C'est ce qui s'est passé pour Cœur d'Artichaut, qui était à l'origine une association de familles regroupées pour faire des achats en gros : « L'association a été transformée en coopérative, raconte Juanita. On avait gardé leur local, les familles adhérentes sont venues, ont consommé, ont fait de la publicité. Ça, c'était il y a 4 ans et demi. Au bout d'un an et demi, l'épicerie était devenue trop petite, il était nécessaire de changer de local. Je me suis associée avec Élodie Grand et nous avons ouvert une nouvelle boutique (ici, avec le salon de thé). Ça a "cartonné". Nous sommes dans un petit village, où beaucoup de boutiques ferment au bout de six mois... Mais nous, nous sommes passées de 100 000 € de chiffre d'affaires à 400 000 € cette année.» Cette réussite a bien évidemment des retombées positives en termes d'emploi : «Au bout d'un an, nous avons recruté une troisième personne. Un an plus tard, nous en avons embauché une quatrième plus un mi-temps. À l'automne, nous serons deux temps complets et deux mi-temps.»

Est-ce que le supermarché emploie autant de monde, une fois déduits les emplois détruits des petits commerces alentour ? L'INRA, rappelons-le, estime plutôt que les circuits courts créent deux fois plus d'emplois à chiffre d'affaire égal. Or, l'emploi est souvent l'argument mis en avant par les grandes enseignes qui cherchent à s'implanter sur une commune. Et il n'est pas toujours facile pour les équipes municipales de résister ! Pourtant, il y a des maires qui s'opposent à la création d'un supermarché ou d'un *fast-food* sur leur commune (on pense au combat de Grégory Gendre, maire de Dolus d'Oléron, qui dure depuis 2014...). Près de chez moi, à Saint-Genest-Malifaux, un autre maire et son équipe ont lutté pour maintenir la vie de leur cœur de village, leur « super marché à ciel ouvert ».

TÉMOIGNAGE

Quand un village refuse le supermarché : l'exemple de Saint-Genest-Malifaux (42) raconté par son maire, Vincent Ducreux...

« Nous sommes un petit village de campagne, et le lieu où les personnes se rencontrent, c'est le cœur du village. Il y a tous les commerces sur la place, toutes les générations s'y croisent, tout le monde se connaît. Le temps des courses est un moment de convivialité, et c'est justement ce qui fait la richesse d'une vie villageoise en milieu rural.

En juin 2015, des représentants d'une grande enseigne sont venus nous rencontrer, d'abord les adjoints puis moi-même, et nous avons refusé leur projet de supermarché. Cela arrive souvent. Mais cette fois-ci, ils sont passés par-dessus nos deux refus successifs. Comme ils envisageaient une surface de 999 m^2, ils n'avaient pas besoin de l'autorisation de la CDAC (Commission départementale des affaires commerciales) pour déposer un permis de construire : en dessous de 1 000 m^2, une simple déclaration suffit... Pour ma part, je ne pouvais que m'opposer à un tel projet, qui mettait en péril notre vie de village. Quand je regarde par exemple le modèle des Pays-Bas, je trouve qu'il est plein de bon sens : chez eux, tout l'alimentaire doit être vendu en centre-ville, on n'a pas le droit de construire des grandes surfaces en dehors de la ville. Ce qui préserve aussi une certaine qualité de vie, un certain vivre ensemble !

En juillet 2015, la grande enseigne dépose donc son permis de construire. Le choix de la période n'est pas anodin : pendant l'été, il est plus difficile de réunir les élus et la CDAC pour faire les démarches nécessaires et s'opposer à ce type de projet. Mais heureusement, le conseil municipal a été présent et très réactif. Il a voté à l'unanimité la demande de convocation de la CDAC. Pour avoir tous les élus, la Préfecture l'a donc réunie le plus tard possible, à la fin de l'été, à la dernière limite !
Pendant ce temps, nous nous sommes bien informés sur le droit, et nous avons communiqué avec les commerçants, les premiers concernés. Ils ont créé leur page Facebook, mobilisé les commerçants des villages voisins et fait circuler une pétition. La période estivale s'est finalement révélée être un atout pour nous : les habitants ont signé, mais aussi les touristes, les gens en résidence secondaire... La commune compte 3 000 habitants : à la fin de l'été, nous avions 3 000 signatures ! Cela a joué en notre faveur. La CDAC a entendu mes arguments et a rejeté le permis de construire du supermarché.

Nous avions gagné la bataille, mais la guerre n'était pas finie ! La grande enseigne a fait appel, devant la Commission nationale. Le 12 novembre 2015, je me suis donc rendu à Paris pour défendre notre dossier. J'ai expliqué que nous avions déjà notre super marché à ciel ouvert : notre place du village ! J'ai démontré que nos commerçants offraient toutes les références proposées par le supermarché, même la pompe à essence. Il ne nous manque rien ! Nous maintenons aussi plus d'emplois que la grande surface ne pourrait en créer, une fois qu'elle aura mis à terre tous les petits commerçants. Et si les gens veulent vraiment aller au supermarché, ils en trouvent de toutes les tailles tout autour de Saint-Genest-Malifaux : à Saint-Étienne, à Bourg-Argental, etc. Entre-temps, nous avions aussi réuni 6 000 signatures de la pétition. Les membres de la commission, députés, sénateurs, etc. étaient des experts, tous très compétents. Ils ont eux aussi entendu nos arguments et nous avons finalement eu gain de cause.»

Vincent Ducreux insiste sur le fait que cela a été une victoire collective, puis rappelle que les élus n'ont qu'un pouvoir limité dans le domaine du commerce, qui relève du droit privé : « La mairie peut seulement être facilitatrice pour certains projets. Nous soutenons ainsi l'ouverture d'une épicerie bio, dont le projet est en route, mais pour l'instant, il n'y a aucun local adapté. »

Enfin, pour contribuer au succès de ces épiceries indépendantes, il existe dans différentes régions de France des groupements qui leur apportent une aide comptable, informatique et juridique, mutualisent des outils, dispensent des formations. Les sites Internet de ces groupements permettent de retrouver l'ensemble des commerces (et pas seulement les épiceries) qui en font partie[66] !

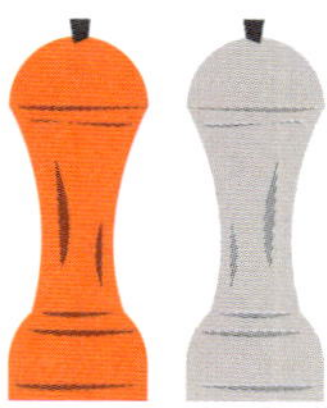

66 Pour toute la France, l'application Consovrac.com permet de localiser tous les commerces qui proposent du vrac. Sur la région lyonnaise, les épiceries indépendantes se trouvent dans l'annuaire de l'association GRAP, http://www.grap.coop/

LES ÉPICERIES BIO DES RÉSEAUX NATIONAUX

En dehors des épiceries indépendantes, il existe aussi ce que l'on pourrait appeler des «chaînes de magasins bio». Qu'est-ce qui les différencie des épiceries indépendantes ? Et si je les fréquente, est-ce que je ne fais pas une entorse à ma résolution de ne plus me rendre en supermarché ? Est-ce que je n'aurais pas meilleur compte d'acheter du bio de la grande distribution, dans ce cas ? Voici les questions que je me suis posées quand j'ai cessé de mettre les pieds dans les grandes surfaces, et les éléments de réponse que j'ai pu, personnellement, y apporter pour faire mes choix. Je dois bien préciser qu'il ne s'agit pas là d'un comparatif entre différentes enseignes, mais seulement de mon expérience et des renseignements que j'ai pu trouver.

Combien ça coûte ? Certains produits plus abordables

En pratique, lorsque j'habitais à Lyon, je «naviguais» entre ma petite épicerie indépendante et celle d'une chaîne de magasins bio, pour prendre dans chacune les produits les plus intéressants. Jus de fruit, café, chicorée, confiture, lait, lait de soja : voici un exemple des produits que je trouvais moins chers dans l'enseigne nationale... Le chocolat, de plus, y était proposé sous différentes formes en vrac (barres, pastilles, pépites) alors que mon épicerie indépendante n'avait que des tablettes, plus chères. Ceci dit, les chaînes de magasin bio ne sont avantageuses qu'à condition de choisir les produits les moins chers et d'ignorer la plupart des marques. Cela suppose aussi d'accepter une provenance moins locale, j'y reviendrai. Et puis, il faut rester vigilant, car les chaînes ne sont pas compétitives sur tous les produits. Par exemple, à Lyon, le fromage était nettement moins cher dans mon épicerie indépendante que dans celle qui avait une enseigne, où les prix étaient tout simplement abusifs ! En ville, si l'on habite un quartier bien achalandé, on peut jongler entre les boutiques. Pour ma part, je fractionnais mes courses de la semaine : le mercredi, ici, le samedi, là...

Mais cette flexibilité n'est pas évidente dans tous les quartiers, et elle relève de l'impossible pour moi, maintenant que j'habite une ville à la campagne. J'ai beaucoup moins de choix et je vais au plus près – ce qui m'oblige tout de même à prendre la voiture, moi qui ai eu l'habitude de faire toutes mes courses à pied. Dans ce contexte, il ne me paraîtrait pas cohérent de faire deux trajets en voiture au lieu d'un. À présent, je fais donc mes courses dans la Biocoop de ma ville. Mon panier hebdomadaire moyen, pour une famille de quatre personnes, est de 75 € par semaine. Vous trouverez ci-contre, à titre indicatif, les prix des produits (et les quantités) que j'achète le plus régulièrement.

Il faut noter que le café, la chicorée, les grands pots de confiture, le riz... durent plusieurs semaines. J'ajoute aussi parfois des oranges et des bananes, mais seulement quand on ne trouve plus de

- 400 g de céréales pétales chocolat vrac à 8,98 € / kilo	3,65 €
- 400 g de *corn flakes* [67] vrac à 4,95 € / kilo	2,02 €
- 400 g de muesli aux fruits vrac à 4,49 € / kilo	1,82 €
- 1 kilo de farine de seigle T130 vrac	1,85 €
- 2 kilos de farine bise T80 vrac à 1,90 € / kilo	3,80 €
- Jus de pommes, France, 3 l.	6,27 €
- Lait demi-écrémé, 6 l.	6, 24 €
- Lait de soja, 6 l.	7,80 €
- 300 g de palets de chocolat en vrac à 10,99 € / kilo	3,66 €
- 250 g de raisins secs vrac à 4,39 € / kilo	1,10 €
- 250 g de sel gros de Guérande, vrac à 1,56 € / kilo	0,39 €
- Café des Andes moulu, paquet de 500 g	5,50 €
- Chicorée à filtrer, paquet de 500 g	5,43 €
- Mélange seigle-chicorée instantané, 500 g [68]	8,46 €
- Confiture d'abricots, 800 g	4,48 €
- Confiture de framboises, 800 g	6,65 €
- 500 g de coquillettes à 1,90 € / kilo	0,95 €
- 500 g de riz thai demi-complet vrac à 3,90 € / kilo	1,95 €

pommes au marché et que les fruits d'été locaux et bio ne sont pas encore arrivés. Je choisis du jus de pommes en cubi de trois litres pour limiter les emballages, et pour le lait et le lait de soja, je n'ai pas de solution «zéro déchet». Le lait frais entier en vrac que je trouve sur le marché me sert uniquement pour la fabrication des yaourts. Je ne pourrais pas rentrer du marché avec 6 bouteilles en verre dans mon cabas ! Quant aux œufs, si je les achetais autrefois à l'épicerie (2,40 € la boîte de 6), je me suis aperçue que j'avais (logiquement) intérêt à les prendre directement chez le producteur sur le marché (où les 6 œufs bio sont vendus 1,90 €).

---

67 À titre de comparaison, la marque la plus connue de *corn flakes*, non bio, est vendue à 5,20 € le kilo sur le site de vente en ligne d'une enseigne de la grande distribution (plutôt autour de 4 € chez les concurrents). Les *corn flakes* bio, quant à eux, sont majoritairement plus chers en grande surface.

68 Mon péché mignon !

Un petit supermarché bio ?

Dans ma supérette bio (comme dans celles de la plupart des enseignes), je retrouve certains traits et certaines pratiques propres au supermarché. Par exemple, je peux faire mes courses avec un caddie, et je dois reconnaître que pour les packs de lait et la litière du chat, c'est assez commode. Je remarque toutefois que le caddie est de taille modeste (ce qui ne pousse pas au remplissage compulsif) et que c'est le vrac qui se trouve à l'entrée du magasin, de façon à inviter les clients à adopter cette nouvelle habitude. Mais il y a aussi de nombreux produits emballés. Au niveau du marketing, la carte de fidélité est en vigueur, permettant de gagner quelques euros de temps en temps sur la totalité de la note. Heureusement toutefois, les dérives agaçantes de ces fameuses cartes sont absentes : je ne reçois pas de messages publicitaires ni de bons de réduction pour me pousser à acheter des produits que je ne prends jamais.

Je retrouve aussi un ensemble de marques qui sont les mêmes dans toutes les enseignes : mes achats risquent d'être moins locaux, plus standardisés… moins transparents, aussi. Je m'en suis aperçue à travers l'exemple de la confiture de framboises. Dans un premier temps, j'achetais une marque de confiture, la moins chère, portant sur l'étiquette la mention : « fabriquée en France ». Bio et française, que demander de plus ? Puis est apparue dans le même rayon la confiture de la marque Biocoop, encore un peu moins chère. Biocoop soigne particulièrement l'information sur la provenance des ingrédients qu'il distribue sous sa marque. Et sur l'étiquette de cette fameuse confiture de framboises, je trouve les explications suivantes : la confiture est effectivement transformée en France, mais les framboises bio viennent d'autres pays de l'U.E., car notre production de framboises bio est insuffisante et réservée à la consommation de table. Je comprends donc que les fruits de ma précédente confiture ne pouvaient pas être français, mais contrairement à Biocoop, cette autre marque ne l'indiquait pas ! Me voilà revenue finalement dans la posture de la cliente du supermarché, face à de multiples produits dont les origines ne sont pas clairement indiquées. Comment savoir si les framboises achetées par cette marque sont produites de façon respectueuse de l'environnement ou dans des serres chauffées en toute saison ?

Une grande enseigne du bio, Satoriz, a bien perçu le discrédit que le bio de supermarché risquait de faire peser sur ses produits. Elle prend ainsi les devants sur son site Internet en expliquant que ses exigences sur le bio restent supérieures à celles de la grande distribution. « Le consommateur [est] souvent l'otage de décisions qu'il ne cautionnerait pas s'il pouvait les identifier. Ainsi pour les aliments à base de soja : lait, tofu, desserts, yaourts... Alors que les meilleures marques s'escriment à développer et valoriser les filières françaises ou italiennes, d'autres se fournissent au Brésil, Canada ou en Chine, pour de simples raisons de coûts. Nous nous les interdisons, bien sûr. Ainsi également pour la farine : moulue en France, elle peut être obtenue de blés issus des pays de l'Est, sans que le consommateur ait accès à cette information. Nous nous en tenons pour notre part à des minotiers qui connaissent chacun de leurs producteurs[69]. » Et de rappeler que le consommateur se doit d'être aussi vigilant que possible.

Biocoop, de son côté, pratique une forme de commerce équitable Nord/Nord, qui vise à rééquilibrer les relations en faveur des producteurs locaux[70], en s'investissant auprès des coopératives de producteurs, de façon à former des filières de A à Z. Cela signifie (entre autres et selon les principes de la charte du commerce équitable) des prix transparents et rémunérateurs pour les producteurs et des partenariats commerciaux sur la longue durée.

---

69 http://www.satoriz.fr/satoriz/le-bio-a-tout-prix/

70 Le commerce équitable Nord-Nord a été défini par la loi Hamon de 2014 selon les mêmes principes que le commerce équitable Nord-Sud.

De plus, son fonctionnement diffère de celui des réseaux de la grande distribution tant au niveau général qu'au niveau de chaque magasin, qui garde sa propre personnalité, comme le montre le cas très intéressant du Biocoop de Firminy.

TÉMOIGNAGE

« Les Artisons » à Firminy (42), un magasin en cogérance...

Frédéric Faure et Noémie Tostet, deux des six cogérants du Biocoop, m'expliquent le fonctionnement du réseau et de leur magasin.

« Globalement, au sein du réseau coopératif, les décisions sont prises conjointement par les membres sociétaires, répartis en trois collèges (magasins, producteurs, consommateurs). Le maître-mot est la diversité : le réseau est constitué de vieilles coopératives, d'anciennes associations qui étaient à la base du mouvement, mais il y a aussi des personnes qui visent à faire du chiffre. Ces différences sont une grande richesse. Certains militants engagés réfléchissent à de nouvelles façons de travailler.

C'est notre cas, aux Artisons : notre magasin est cogéré par six de nos dix salariés et par un septième, bénévole. Nous voulions qu'un maximum de membres puissent intégrer la cogérance et les seuls qui n'en font pas partie sont ceux qui ne le veulent ou ne le peuvent pas (personnes handicapées). Nous adoptons les choix qui emportent l'adhésion de tous, sans objection. Notre magasin continue à appartenir aux consommatrices et consommateurs, mais nous sommes passés en Scop [Société coopérative]. Il n'y a pas de présidente ou de directeur, mais six personnes juridiquement responsables de leur entreprise.

Chaque personne accomplit une partie de ses tâches en magasin (caisse, mise en rayon) et l'autre en administration. Nous avons tous la responsabilité

propre d'un rayon, de A à Z. La majorité d'entre nous venait du salariat "classique", où l'on exécute des ordres... Mais quand on occupe plusieurs postes aux différents niveaux de l'entreprise, on comprend mieux le travail des autres. Cette égale répartition du travail va de pair avec l'égalité salariale : chaque heure travaillée est comptée et il n'y a que trois taux horaires, eux-mêmes très proches (la différence est de l'ordre de 30 centimes). Les écarts de salaires sont donc très faibles.
En contrepartie, il faut reconnaître que cette organisation réclame beaucoup d'énergie, et que la prise de décision est plus lente, plus complexe. On fait parfois des groupes de travail à deux ou trois, puis on valide tous ensemble. C'est difficile à reproduire à grande échelle... »

En outre, les épiceries bio (et pas seulement celles du réseau Biocoop), lorsqu'elles disposent d'un local approprié, s'investissent souvent dans des actions pédagogiques, avec par exemple des ateliers *Do It Yourself* pour apprendre à fabriquer ses propres cosmétiques, ou des séances de yoga, de sophrologie... Dans celle où je me sers, il y a même une partie librairie qui organise régulièrement des conférences. À vous, donc, de faire votre choix parmi ces magasins, de poser des questions, et de juger si votre épicerie bio est «juste un commerce» ou si elle fait vivre en profondeur ses engagements !

Les supermarchés coopératifs participatifs

Nous avons l'habitude de voir des commerces gérés par leurs propriétaires ou par des salariés.

Mais il existe un autre type de magasins, où ce sont les personnes qui viennent se servir qui font aussi tourner la boutique. Ce type de commerce coopératif a été récemment médiatisé à travers un reportage, *Food Coop*, qui porte sur le supermarché coopératif de Park Slope à New York. Sur ce modèle, d'autres magasins de diverses tailles ont ouvert en France ces dernières années.

Personnellement, je n'ai pas eu l'occasion d'aller y faire mes courses, mais ce guide ne serait pas complet s'il faisait l'impasse sur cette nouvelle tendance qui semble promise à un certain succès. D'après le site Internet qui recense les supermarchés coopératifs, il en existe 28 en France[71] (et 4 en Belgique).

71 https://framacarte.org/en/map/supermarches-cooperatifs-participatifs_6392#6/46.860/9.514

Le supermarché « dont vous êtes le héros » : comment ça fonctionne ?

L'objectif est vraiment d'avoir les avantages de la grande surface (c'est-à-dire de trouver tous les produits, frais, secs, d'hygiène et d'entretien, réunis au même endroit, pour faire ses courses en une seule fois) sans les inconvénients. L'ambition de ces coopératives est de proposer des produits de qualité moins chers que dans la grande distribution, en s'appuyant sur le nombre d'adhérents et sur leur participation. Pour m'en faire une idée plus concrète, j'ai interrogé Céline Tran, mère de trois garçons et membre de La Louve, le premier supermarché coopératif parisien.

« UN VRAI SUPERMARCHÉ... QUI NE PRÉTEND PAS ÊTRE PARFAIT ! »

« Je peux faire absolument toutes mes courses à La Louve, affirme Céline. Du papier toilettes aux chaussettes, on y trouve tout ce dont une famille a besoin. Si je fréquente encore une grande surface classique et une AMAP, c'est seulement parce que La Louve n'est pas près de chez moi et que je fais mes courses pour une famille de cinq personnes... à vélo !
Les produits sont au mieux bio et locaux, et au moins, autant que possible, équitables, sachant qu'il est parfois difficile de concilier offre variée et approvisionnement local. Mais on y propose aussi des produits conventionnels, des grandes marques... La Louve a la volonté de fournir aux personnes adhérentes tout ce à quoi elles sont habituées. Le choix de l'offre se fait collectivement : nous avons un cahier où chaque personne peut noter les produits qu'elle aimerait trouver en rayon et les salariés nous répondent. Les membres peuvent aussi soumettre des points qui leur tiennent à cœur à l'Assemblée générale. Pour l'instant, personne ne demande de Nutella® ou de Coca-Cola, mais ce sera peut-être le cas un jour ! L'idée, c'est que si les produits se vendent, cela signifie qu'il y a des adhérents qui les approuvent, même s'ils ne sont

pas éthiques... Au début, La Louve ne proposait que du bio et de la qualité supérieure. Puis au fil du temps, des marques sont arrivées... et ça dérange certaines personnes. Mais tout le monde n'adhère pas pour les mêmes raisons, et il faut que chacun puisse faire ses courses en trouvant ce qu'il aime. On ne prétend pas être parfait !

Pour avoir le droit de faire ses courses ici, il faut être coopérateur, c'est-à-dire réaliser trois heures de travail par mois. Suivant les moments, on peut avoir à sortir les poubelles, décharger les livraisons, nettoyer les toilettes, faire le ménage, faire du réassort... Pour ma part, je suis coordinatrice : les informations m'arrivent et j'organise le travail de mon équipe. Pour la comptabilité, l'informatique, l'administration, il y a cinq salariés. En cas d'empêchement, on a une chance de se rattraper : si on n'honore pas son service, on doit faire deux services avant le prochain. Il est aussi tenu compte des congés maladie et des missions professionnelles...

Notre supermarché n'a pas vocation à faire de bénéfice : la marge est la même sur tous les produits (pas de promos, pas de spéculation, pas de tête de gondole) et elle sert à payer les emprunts et le loyer. Si La Louve finit de rembourser ses emprunts, la marge et donc les prix pourront baisser. C'est vrai que ce qui nous permet d'avoir des tarifs intéressants, c'est l'absence de masse salariale. Mais d'un autre côté, nous créons indirectement des emplois, et surtout, contrairement à la pratique la plus répandue des grandes enseignes, nous rémunérons correctement nos fournisseurs !»

Pour finir, je demande à Céline quel conseil elle donnerait à des personnes désireuses de monter pareil projet :

«Je leur dirais de prendre contact avec Tom Boothe, ou un autre des fondateurs. Il y a d'ailleurs un comité qui se consacre à cette question ! Nous sommes nous-mêmes une imitation de ce qui se fait aux États-Unis. Il est important notamment de bien se renseigner sur le plan juridique. Mais attention, il n'y a pas de projet "clé en main". Pour réussir, chaque supermarché coopératif doit s'adapter à son contexte, être unique. Et se baser sur sa propre expérience, même en tâtonnant, est le meilleur gage de solidité d'un projet.»

Combien ça coûte ?

Pour être coopérateur, il faut verser une mise de départ, autrement dit acheter une part de la coopérative, dont le montant varie selon les lieux. Chez Scopéli à Nantes, c'est 50 €. La Louve exige l'achat de dix parts à 10 € chacune, mais les étudiants et les bénéficiaires des *minima* sociaux ne sont redevables que d'une seule part. Ces parts sont remboursées si vous décidez de quitter la coopérative. Et c'est un investissement rentable car les prix sont en moyenne 20 % en dessous de ceux de la grande distribution. « Évidemment, on n'est pas compétitif par rapport au *discount* », reconnaît Céline Tran, « mais ce n'est pas la même qualité ! Et c'est moins cher que les magasins bio ! »

Combien de temps ça prend ?

À *Park Slope Food Coop*, il ne faut pas être trop pressé pour faire ses courses : un documentaire en ligne montre que les rayons sont tellement sur-fréquentés que l'on a inventé un mot pour décrire l'art de se contorsionner pour se faufiler dans le moindre passage : « faire la danse de la Coop »... Comme faire la queue aux caisses prend aussi beaucoup de temps, un journal a été créé pour permettre s'occuper pendant le temps d'attente : « La gazette des faiseurs de queue », en anglais *The Linewaiters' Gazette*... Il faut dire qu'avec ses 16 000 adhérents, la coopérative a atteint son maximum. Aucun supermarché coopératif n'en est à ce stade en France ! La Louve en compte 6 000 et organise toujours des réunions d'information pour les futurs adhérents et adhérentes. Mais le bon côté des choses, à *Park Slope*, c'est que le nombre de membres permet de créer des activités annexes, comme une crèche où l'on peut laisser ses enfants le temps des courses ou pour aller travailler. Il y a aussi des membres dont la participation consiste à vous raccompagner jusqu'au pied de votre immeuble ou à votre station de métro, pour ensuite ramener votre chariot au magasin à votre place… « On espère pouvoir faire pareil à La Louve un jour, c'est prévu ! », s'enthousiasme Céline.

Mais revenons en France. *A priori,* donc, vous passerez le même temps à faire vos courses au supermarché coopératif qu'au supermarché classique. La différence, c'est qu'il vous faudra prévoir une fois par mois de donner trois heures de votre temps pour travailler dans le supermarché. « Mais en réalité, on ne travaille pas du tout dans la même ambiance que celle d'une grande surface ! » précise Céline Tran. « J'ai été caissière pendant toutes mes études, je peux comparer. Ici, les personnes qui font leurs courses parlent avec celles qui tiennent la caisse, tout le monde se tutoie. On est loin du S.B.A.M. (Sourire, Bonjour, Au revoir, Merci) automatique. Les gens sont patients, ne râlent pas quand on se trompe. Et pour cause : tout le monde connaît les difficultés du « métier » puisque tout le monde participe à son tour. Et puis on se rend des services : s'il n'y a plus les yaourts que j'aime, je demande à la personne qui remplit les rayons si elle peut aller voir dans la réserve… »

En dehors de ces trois heures mensuelles, on peut s'investir dans les choix du supermarché en participant aux assemblées générales. Mais il n'y a aucune obligation ! « Il y a des gens qui sont de toutes les réunions. Mais personnellement, je n'y vais pas souvent, parce qu'elles sont le soir en semaine », explique Céline. Comme pour l'AMAP, le degré d'implication des membres peut être très variable, et cela ne pose pas de problème.

Le supermarché coopératif a besoin d'un certain nombre d'adhérents pour pouvoir « tourner » confortablement. Il semble donc peu adapté au milieu rural, où il est difficile de réunir le monde nécessaire. Cependant, tous les formats sont possibles, avec une bonne dose de volonté, d'investissement et de solidarité, même dans un village !

Un magasin citoyen à la campagne : L'Alternateur, à Sauxillanges (63)

Jacky Chabrol raconte dans le journal local *La Galipote* (n° 137) l'histoire d'une boutique pas comme les autres. Dans cette commune de 1 200 âmes, l'épicerie du village ferme ses portes durant l'été 2016, tandis qu'un supermarché ouvre en périphérie... Problème : il est devenu impossible de faire ses courses sans voiture ! Au printemps 2017, un groupe de femmes décide de prendre les choses en main et lance l'idée d'un magasin citoyen. Avec le soutien de 200 adhérents et un fonds de 5000 € avancé par quelques personnes, L'Alternateur ouvre en septembre. Le magasin propose un peu de tout, à l'exception des produits qui sont déjà en vente dans les autres commerces du bourg. Il ne fonctionne pas à proprement parler sur le modèle du supermarché coopératif, puisqu'il n'est pas nécessaire d'être bénévole pour s'y servir. C'est sans doute une contrainte qui serait trop importante pour une clientèle qui réside dans les hameaux et villages alentour, parfois à 10 ou 15 kilomètres... Néanmoins, son fonctionnement repose sur pas moins de soixante-dix bénévoles, qui assurent l'ouverture du magasin six heures par jour. « Il faudrait cent personnes pour que chacun n'assure qu'une permanence par mois », indique Jacky Chabrol. Au-delà du besoin matériel, bien réel, que cette épicerie vient combler, « cette initiative répond aussi à un besoin de rencontres et d'échanges entre habitants d'un même lieu. Il n'est pas rare de voir certaines personnes passer à L'Alternateur et dire : « Aujourd'hui, je n'ai besoin de rien mais je passe quand même vous voir. Ici, il y a toujours quelqu'un avec qui on peut échanger quelques mots. »

Et si c'était ça, le supermarché « nouvelle génération » ?

DES INITIATIVES SOCIALES ET SOLIDAIRES : QUELQUES EXEMPLES

En marge des magasins, il existe de nombreuses associations qui œuvrent pour mettre à la portée de tous, hors des grandes surfaces, des produits de qualité, ou qui luttent contre le gaspillage alimentaire. Je ne prétends pas toutes les recenser, mais seulement en montrer un aperçu, qui vous donnera peut-être envie de profiter de leurs services, de vous investir dans l'une d'elles, voire de créer la vôtre !

VRAC : Vers un réseau d'achat en commun

L'association VRAC propose aux habitants de certains quartiers prioritaires toute une gamme de produits en vrac, principalement d'épicerie sèche, mais aussi de compotes et de fromages. Créée à l'origine dans la banlieue lyonnaise, où elle repose sur cinq salariés et une cinquantaine de bénévoles, elle se développe à présent à Bordeaux et Strasbourg. En 2017, elle comptait 1 200 adhérents répartis sur 13 groupements. Des projets sont en cours à Toulouse et Paris, et à terme, l'association aimerait couvrir toute la France. «Pour que nous choisissions un fournisseur, explique Joachim Robert, il faut qu'il soit local, bio, ou acteur du commerce équitable, ou bien, à défaut, que le produit soit issu de l'agriculture raisonnée. Nous achetons en assez grande quantité pour avoir des réductions sur les frais de transport et d'emballage. Nous revendons à prix coûtant. Mais depuis 2018, nous avons mis un tarif spécial pour les gens qui viennent de l'extérieur des quartiers : nous leur facturons un supplément de 10 % sur leur commande. Cela nous permet de nous y retrouver au niveau financier. Nous le faisons aussi pour limiter l'expansion des commandes, car fin 2017, nous avons été victimes de notre succès... Nous voulons nous concentrer sur les personnes qui vivent dans les quartiers prioritaires, c'est notre cible.»

Des produits bio, locaux, ou équitables, à prix coûtant : bien sûr que ça attire du monde ! Concrètement, comment cela fonctionne-t-il ? Des groupements VRAC se sont constitués en se basant dans les MJC des quartiers. Les personnes qui le souhaitent adhèrent à l'association puis reçoivent chaque mois par mail un bon de commande, à remplir et retourner deux semaines avant le jour de la livraison. «Ce délai est nécessaire pour que nous puissions traiter les commandes, car ce sont les bénévoles qui s'en chargent, explique Joachim. C'est vrai que cela peut être un frein : quand on a un tout petit budget, ce n'est pas facile de savoir combien d'argent on aura dans quinze jours. Ce système demande de l'organisation.»

Les groupements font remonter les commandes à VRAC qui s'occupe alors d'assurer l'approvisionnement. Puis le jour de la livraison, les bénévoles gèrent la distribution au sein de la MJC : préparation des commandes individuelles (il faut peser les quantités commandées par chaque personne), vérification des produits emportés et des sommes versées. «Nous devons bien nous assurer que personne ne "profite", car, à prix coûtant, il suffit de quelques abus pour déséquilibrer le système», rappelle Odette Miralles, bénévole à la MJC Jean Cocteau à Saint-Priest.

Le bénévolat est le second pilier sur lequel reposent les tarifs si abordables. Silvana Medves participe à la saisie des commandes : «Je le fais depuis la maison, c'est compatible avec mes contraintes personnelles. Concrètement, c'est une tâche qui me mobilise 30 à 45 minutes par jour, une semaine par mois. Pendant les trois autres semaines, je n'ai rien à faire.» Le moment le plus intense est bien sûr celui de la distribution : depuis la préparation de la salle jusqu'à son rangement, il faut compter une journée entière. «Mais chacun donne ce qu'il peut, nuance Odette. Certaines personnes ne viennent que le matin, d'autres l'après-midi. Même des personnes qui travaillent arrivent à se dégager du temps.» Silvana complète : «Ce sont des moments sympas, on est là dans un même but : on est là pour les autres et cet état d'esprit me plaît énormément. Quand je fais la mise en place du vrac, je suis dans l'histoire du produit, c'est une étape avant que ça passe dans mon assiette. Il faut donner du prix à ce que l'on mange, au travers le temps que l'on passe à le préparer ! Si on valorise le contenu de notre assiette en réfléchissant à l'acte d'achat, et par une préparation en toute conscience, il a une autre valeur que sa valeur énergétique.» Des petits prix, donc, mais une grande valeur...

L'ambition de VRAC est de mettre à la portée d'un public défavorisé des habitudes de consommation habituellement perçues comme réservées aux classes moyennes supérieures. Pour cela, il a fallu persuader : «Au départ, Boris Tavernier organisait des dégustations de produits dans les MJC, sans dire de quoi il s'agissait. Puis quand les gens disaient que c'était bon, il répondait que c'était bio et que ce n'était pas cher.» «Pour les familles du quartier, c'est le prix qui prime, précise Odette. Sur le marché, elles ne regardent pas la provenance des fruits et des légumes, mais seulement combien ça coûte.» VRAC permet donc de faire évoluer les pratiques d'achat et de proposer une alternative aux supermarchés dans un milieu qui n'a pas accès aux autres solutions. «Et puis, pour les familles nombreuses, le vrac, c'est pratique ! Au supermarché, vous ne trouvez pas de bidon de 5 litres d'huile d'olive ! ajoute Silvana. On voit que les adhérents se tournent vers des aliments de qualité supérieure, qu'ils ne se seraient pas offerts autrement. Pour ma part, je n'ai jamais mangé autant de comté, d'amandes, de miel… » Selon Joachim, une des vertus de VRAC, c'est la mixité sociale qu'elle crée au moment de la distribution.

Au-delà du simple fait de remplir ses placards, l'association fait naître des liens et valorise ses adhérents, notamment à travers des concours de cuisine et un livre paru en 2017 chez Albin Michel, *Femmes d'ici, cuisine d'ailleurs*. Il s'agit de quinze portraits de femmes de La Duchère et Vaulx-en-Velin, qui se dessinent à travers une recette chère à leur cœur, dont elles racontent la transmission. Comme quoi, se passer du supermarché va encore une fois de pair avec l'art de cultiver son identité et celui du partage ! Mais à propos de femmes, renoncer aux grandes surfaces, n'est-ce pas pour elles un retour en arrière ? Ne risquent-elles pas d'être perdantes, elles qui continuent d'assumer deux fois plus de tâches ménagères et éducatives que les hommes ?

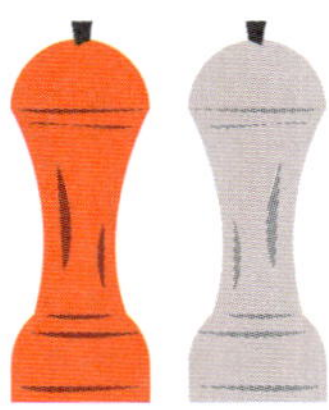

Un peu de recul

Hors du supermarché, les femmes sont-elles perdantes ?

Si le supermarché (le robot mixeur, le lave-linge ou le lave-vaisselle) avait résolu le problème de l'inégale répartition des tâches à la maison, cela se saurait. Mais malgré les facilités offertes par notre monde de technologie, les femmes continuent invariablement d'assumer le ménage (93 % d'entre elles le font, contre seulement 40 % des hommes), les courses quotidiennes (à 85 %), la vaisselle (à 83 %)... et elles passent deux fois et demie plus de temps à s'occuper des enfants, selon une étude du Crédoc parue en 2015[72]. Dans ces conditions, on peut craindre que reposent sur elles seules les changements d'habitude induits par le fait de ne plus aller au supermarché et le temps supplémentaire passé à cuisiner. D'ailleurs, vous qui lisez ce livre, il y a de fortes probabilités que vous soyez une femme, non seulement parce que vous vous sentez davantage concernée par la question des courses, mais aussi parce que, statistiquement, les femmes se montrent beaucoup plus éco-engagées à travers leurs achats que les hommes[73].

En fait, la consommation est historiquement un lieu d'engagement politique et citoyen pour les femmes, mais c'est une forme d'engagement qui est minimisé par rapport à d'autres, sans doute parce qu'il est moins voyant, et peut-être aussi... parce qu'il est le fait des femmes.

Pourtant... Et si se passer du supermarché était à la fois un moyen, pour les femmes, d'affirmer une forme d'indépendance et de liberté par rapport aux injonctions de notre société de consommation, tout en étant l'occasion d'ouvrir le dialogue au sujet de la gestion de la maison ? Jusqu'à présent, la réponse masculine à la double journée de travail des femmes a été de l'ordre de la technique : «Chérie, je t'ai acheté une centrale vapeur qui rend le repassage plus facile », ou « Si tu n'as pas le temps, tu n'as qu'à commander en ligne... ». Façons de contourner le problème. Pourtant, les couples n'y ont pas

72 *Vers une plus grande reconnaissance des inégalités femmes-hommes*, Lucie Brice, Emilie Daudey, Sandra Hoibian, Paris : Crédoc, collection des Rapports n° R329, mai 2015.

73 « Les femmes sont largement surreprésentées dans les groupes les plus engagés : les *exemplaires* et les *en quête de sens* », indique une infographie de GreenFlex en 2016. https://www.greenflex.com/wp-content/uploads/2016/09/GreenFlex_Typologie_Consommateurs_2016.pdf. Le Crédoc documente la question dans une intéressante étude de 2013 : http://www.credoc.fr/pdf/Rech/C309.pdf.

intérêt : c'est quand ces questions ne sont pas abordées que la séparation guette. Au contraire, les couples où les hommes font la vaisselle sont les plus heureux[74]. La vraie «libération», ce n'est pas de ne pas faire la cuisine, c'est de la faire à deux !

Par ailleurs, parmi les petites entreprises (épiceries, sites de vrac en ligne, *drive* fermier, etc.) qui fleurissent comme alternatives à la grande distribution, beaucoup sont dirigées ou codirigées par des femmes : Vrac'n Roll, Ô Bocal à Nantes, Cœur d'Artichaut, Mon *Drive* Local, Mes Courses en Vrac, etc. On ne peut qu'être frappé par le nombre d'entreprises paritaires ou à dominante féminine dans le secteur. Alors que le monde de la grande distribution reste géré par des «mâles blancs», celui qui naît et s'organise tout autour semble beaucoup plus mixte et égalitaire. Comme quoi, la façon de commercer est portée par (et porteuse de) certaines visions du monde...

Les épiceries sociales et solidaires

Éviter le supermarché n'est pas toujours un choix : il est des familles ou des personnes seules pour qui la note des prétendus «champions des prix bas» est de toute façon trop salée. Mais elles ne savent pas nécessairement qu'elles pourraient avoir droit à l'alternative des épiceries sociales et solidaires. «Parfois, les gens entrent, nous posent des questions, et s'aperçoivent qu'ils auraient pu venir se servir ici depuis longtemps, car ils sont en dessous du seuil de revenus», m'explique le gérant de l'Épicerie de Marie, à Nice. William Dussart, qui gère la Ruche qui dit Oui de l'Université de Brest, dont les bénéfices sont reversés à l'AGORAé, fait le même constat.

74 Les hommes qui font la vaisselle ont une vie sexuelle plus épanouie ! https://www.ladepeche.fr/article/2008/03/07/440335-hommes-font-vaisselle-ont-meilleure-vie-sexuelle.html

AGORAÉ : DES ÉPICERIES SOCIALES ET SOLIDAIRES POUR LES ÉTUDIANTS...

Les AGORAé (associations universitaires) sont des espaces d'échanges et de solidarité qui se composent d'un lieu de vie ouvert à tous et d'une épicerie solidaire accessible sur critères sociaux.
William Dussart explique : « Les étudiants et étudiantes qui le souhaitent déposent un dossier auprès de l'association. On calcule leur reste à vivre (le montant des revenus moins les dépenses, divisé par 30). Pour venir se servir à l'AGORAé, il faut que ce reste à vivre soit inférieur à 7,50 € par jour (ce qui correspond à un euro de petit déjeuner et deux repas au CROUS). Une année, nous avons fait une enquête anonyme sur un échantillon de cent personnes : quatre-vingt étaient éligibles à l'AGORAé – mais beaucoup considèrent cela comme dégradant et ne veulent pas venir. Elles adhèrent à l'idée d'une épicerie sociale et solidaire mais ne veulent pas en être bénéficiaires.
La plupart des gens qui font un dossier sont acceptés. Nous avons un partenariat avec un supermarché qui nous alimente en produits invendus, le lundi, et le mardi, nous recevons par l'ANDES les légumes de producteurs locaux. Trois personnes en service civique sont affectées sur cette mission. Elles assurent en outre des animations sur le campus, parce que l'AGORAé est aussi un lieu de vie et un lieu d'accueil. Il est important de permettre aux personnes de discuter de leurs problèmes, de faire des rencontres, car quand on est en difficulté financière, on a tendance à s'isoler socialement.
À l'épicerie, les produits sont proposés à 20 % du prix du marché. Nous n'avons que 120 bénéficiaires cette année, alors que nous en avions 200 l'an dernier. En réalité, compte tenu des critères à remplir, nous pourrions avoir largement plus de 2000 bénéficiaires, mais nous sommes limités par notre local... »

Récupérer les invendus, donner un débouché à des maraîchers locaux : l'épicerie, en plus de sa mission sociale, s'engage dans les circuits courts et dans la lutte « anti-gaspi ». C'est qu'elle fait partie des 350 épiceries du réseau de l'ANDES[75], qui promeut des actions comme « Les chantiers de Marianne » (récupération des invendus de grands marchés), « Le projet Uniterre » (soutien aux agriculteurs en difficulté), ou encore « La compagnie des gourmands » (valorisation du lien parents-enfants dans l'apprentissage de la cuisine)... De quoi lutter contre l'idée que les « pauvres » sont les « mauvais consommateurs », condamnés à être exclus des circuits de la « consommation vertueuse » et à faire tourner les enseignes *discount*.

Des bocaux pas idiots

Dans les commandes de VRAC et dans les épiceries sociales et solidaires de Lyon, on trouve des pots de confiture, de sauces et de *chutney* pas comme les autres : ceux qui sont fabriqués par les bons soins de Récup' et Gamelles. Depuis 2014, cette association transforme les invendus de différents partenaires (marchés de plein air, boulangerie bio, épiceries bio et même une jardinerie !). « Nous nous concentrons sur les fruits, les légumes et le pain, explique Lucas Bodet, parce que ce sont les aliments les plus gaspillés dans les foyers, et aussi parce que leurs conditions de conservation sont plus souples que celles des produits frais périssables comme la viande ou le poisson. Ce sont les aliments les plus faciles à transformer : on peut en faire quelque chose même quand ils sont un peu abîmés ». Récup' et Gamelles remet au goût du jour la pratique du glanage en fin de marché, pour combattre les idées préconçues. « Les gens pensent que c'est pour les pauvres, que si c'est par terre ce n'est plus bon... et comme les services de nettoyage ont tout

75 https://andes-france.com/

fait disparaître deux heures après, le grand public ne voit pas la quantité qui est gaspillée», ajoute Lucas.

Pour la transformation, l'association s'appuie sur une équipe de bénévoles toujours accompagnée d'un salarié. «Préparer nos bocaux solidaires nous prend entre trois et six heures par semaine en cuisine. Nous les distribuons ensuite à nos partenaires à prix coûtant (qui comprend le temps salarié et les ingrédients complémentaires).» Pour ma part, j'ai eu l'occasion de goûter à ces confitures grâce à une commande de VRAC : elles sont délicieuses et souvent originales, car elles associent parfois des fruits inattendus, rassemblés au hasard des glanages. Voilà qui met un peu de fantaisie au petit déjeuner !

Mais la bocalerie solidaire n'est qu'une petite partie de l'activité de Récup' et Gamelles, qui consacre 80 % de son temps à des animations «anti-gaspi»: buffets pédagogiques «zéro déchet», cuisine participative parents-enfants... «Nous assurons plus de 110 interventions par an, affirme Lucas, et nous touchons un public très divers, allant de gens déjà très sensibilisés à d'autres qui le sont peu ou pas du tout.» Ces animations se basent sur un catalogue de recettes faciles, rapides, reproductibles à la maison. La cuisine crée du lien, parce que tout le monde sait cuisiner à des échelles différentes et aime échanger à ce sujet. Des gens de tous les horizons se retrouvent ensemble pour confectionner une pâte à *pancakes* avec du pain sec... et surtout, pour les manger ensemble. «La dégustation est un grand moment de convivialité», se réjouit Lucas.

«On essaie de promouvoir une alimentation responsable, et de rendre les gens aussi plus conscients de leurs actes d'achat. Cuisiner soi-même permet de réduire le gaspillage : une grande partie de ce qui est jeté est en effet constituée de produits préemballés entamés puis oubliés, ou dont on a laissé passer la date de péremption et qu'on n'a même pas ouverts… Nous montrons enfin que moins gaspiller, c'est aussi faire des économies !»

D'autres associations œuvrent de façon similaire (comme J'aime Boc'oh, et les confitures ReBelle), ou complémentaire : les banques alimentaires, les disco-soupes, le Chaînon manquant, les Éco-Charlie…

Moralité ? Épiceries bio, supermarchés coopératifs, associations : hors du supermarché, il existe des solutions pour toutes les bourses ! Simple client, coopérateur ou bénévole, chacun et chacune peut choisir son degré d'implication dans l'alter-consommation.

Chapitre 5

LA RÉVOLUTION DIGITALE

Se passer du supermarché ne signifie pas renoncer aux outils modernes, bien au contraire ! Internet apparaît comme un formidable moyen de mettre en relation celles et ceux qui mangent avec celles et ceux qui font pousser et élaborent ce qui se mange. On trouvera sur la toile différentes formules pour s'approvisionner en circuit court (ou moins court) : avec abonnement ou au coup par coup, en se faisant livrer chez soi, au travail ou en point de distribution… Plusieurs variantes existent et on peut parier qu'il y en a de nouvelles qui s'inventent au moment où j'écris ces lignes. Il serait difficile de les répertorier de façon exhaustive : sachez que leur point commun est de privilégier le local. Tour d'horizon des modèles en pratique.

La Ruche qui dit Oui

C'est sans doute le système le plus connu et le plus répandu sur notre territoire, avec un millier de Ruches en activité d'après le site (httpa://laruchequiditoui.fr)[76]. Il existe aussi des Ruches en Allemagne, en Italie, en Espagne… Un succès qui montre que de plus en plus de personnes sont résolument à la recherche d'un autre modèle et veulent en finir avec une forme d'achat à l'aveugle. « Il y a un véritable engouement pour la consommation responsable », affirme William Dussart, qui gère une Ruche à Brest, comme nous venons de le voir. « Les gens veulent associer un produit à un producteur et pouvoir identifier ce qu'il y a derrière. »

Comment cela fonctionne-t-il ? Quelle est la différence entre une Ruche, une AMAP et les autres formes de paniers à commander en ligne ?

Le fonctionnement de la Ruche

Le site de la Ruche qui dit Oui vous permet de sélectionner un point de distribution (une Ruche) près de chez vous et de

76 Mathilde Golla, *op. cit.*, p. 145.

commander en ligne ce que vous voulez. L'Abeille, la personne qui gère la Ruche, propose une offre de produits variés, livrés par des producteurs situés à moins de 250 kilomètres. C'est elle qui a sélectionné ces producteurs, ces derniers s'étant au préalable inscrits sur la plateforme. Il arrive aussi que les Abeilles trouvent des fournisseurs par leurs propres moyens, par le bouche-à-oreille... Dans ces cas-là, elles doivent s'assurer qu'il s'agit bien de producteurs et de productrices, et non de grossistes.

Chaque semaine, une vente est ouverte sur la Ruche : on passe commande en ligne, au plus tard 48 heures avant la livraison. Le jour J, producteurs et productrices livrent et restent le plus souvent présents tout au long de la distribution, pour rencontrer les personnes qui achètent leurs produits. Ce sont les producteurs qui fixent leur tarif et qui prennent en charge les frais d'acheminement. Une commission d'un peu plus de 16 % est prélevée sur la facture : 8,30 % sont consacrés à la plateforme (qui rémunère plus d'une centaine de personnes) et 8,35 % reviennent au responsable de la Ruche, pour le travail nécessaire à son bon fonctionnement. En effet, l'Abeille doit communiquer avec les membres de la Ruche, avec les producteurs, réceptionner les colis et assurer les distributions...

D'après Mathilde Golla, la part qui revient à l'Abeille peut atteindre 400 € par mois, ce qui représente un véritable complément de revenus – correspondant effectivement à du temps et de l'énergie dépensée. Les détracteurs des Ruches parlent d'« ubérisation » car le responsable de la Ruche n'est pas salarié. Mais les personnes interrogées ne s'en plaignent pas. En réalité, il semblerait que les motivations des Abeilles ne soient pas seulement pécuniaires, mais relèvent bien d'une forme d'engagement en faveur de la consommation responsable, un peu comme dans les AMAP.

UNE RUCHE SOLIDAIRE : LA RUCHE DE L'U.B.O. (UNIVERSITÉ DE BRETAGNE OCCIDENTALE) À BREST...

Depuis 2017, les locaux de l'U.B.O. abritent une Ruche originale. William explique : «C'est l'association étudiante qui gère la Ruche. Nous avons un local qui nous permet de stocker les produits au frais et de les distribuer dans le hall de l'université. Le pourcentage qui nous est reversé est entièrement utilisé par l'association pour faire tourner l'épicerie sociale et solidaire destinée aux étudiants. Ainsi, les bénéfices de la Ruche servent à acheter du matériel, des aliments... Notre Ruche est ouverte à tous les budgets et tous les profils de consommateurs : il y a beaucoup d'étudiants, qui passent de toutes petites commandes (entre 10 et 20 €, et parfois seulement une semaine sur deux) et des personnels de l'université, qui dépensent entre 60 et 70 € par semaine. Nous avons aussi des gens du quartier, des mères de famille – bien que notre Ruche soit sans doute moins familiale que la moyenne. Certaines personnes viennent parce que c'est près de leur travail, mais je sais qu'il y a aussi des gens qui habitent loin et font un gros détour pour venir se servir ici.»

La Ruche de l'U.B.O., en plus de sa vocation solidaire, est donc aussi un lieu où se croisent des personnes d'horizons différents... rassemblées par la volonté de ne pas consommer n'importe quoi.

Stéphanie Nicolas, qui vit dans l'Aube avec son mari et ses trois adolescents, le perçoit ainsi : «C'est un couple qui tient la Ruche où je me sers. Ils ne font pas cela pour l'argent puisqu'ils travaillent tous les deux par ailleurs. Ils convertissent ce qu'ils gagnent en bons d'achat pour la Ruche». Même son de cloche de la part de William Dussart, qui est pour sa part totalement bénévole dans une Ruche un peu particulière dont je vous ai déjà parlé.

@

Les avantages de la Ruche

Alors que les contenus des paniers de l'AMAP sont « imposés » et limités à certains types d'aliments, la Ruche donne la possibilité de faire soi-même la composition de sa commande. Et bien sûr, de ne pas commander lorsqu'on part en vacances, par exemple.

De plus, le choix s'opère dans une gamme de produits beaucoup plus larges. Stéphanie Nicolas me donne la liste des produits qu'elle achète le plus souvent : farine bise, farine blanche, fromage de chèvre (une fois sur deux), confiture, pommes, viande, légumes secs (lentilles, pois chiches), pain (qui se garde longtemps), café (moulu sur place), savons, huiles pour le corps, huiles de cameline et de tournesol, vinaigre de cidre. Elle commande également un « panier-surprise » au maraîcher. Dans la Ruche de l'U.B.O., William Dussart propose une offre extrêmement complète : crêpes, conserves de légumes et soupes, thé, tisane, boucherie-charcuterie, fromages en provenance d'un élevage de chèvres, légumes, miel, pain, farine, produits à base d'algues, autres fromages, vin, œufs, canard, lapin, agneau, pâtes, bière d'un brasseur local, conserves de poisson, sel, gâteaux sans gluten, traiteur de la mer, chocolat, glaces... On peut même commander des vêtements pour bébé et enfants et des bijoux fantaisie ! La Ruche peut donc être utilisée comme un complément de l'AMAP.

L'autre intérêt majeur de la Ruche reste le contact direct avec les agriculteurs et les artisans. Pour Stéphanie Nicolas, cela joue un rôle déterminant dans la confiance qu'elle leur accorde : « On voit presque tous les producteurs à la distribution, ils nous connaissent. On a aussi la possibilité d'aller dans les fermes. J'ai visité l'élevage de porcs qui fournit la Ruche, j'ai pu constater que les animaux étaient parfaitement bien traités, et je me sens rassurée sur la viande que je mange. Nous sommes aussi allés sur le lieu de fabrication du pain, et là encore, je suis rassurée parce que j'ai vu des gens qui travaillent dans la sérénité. On favorise des emplois plus humains que dans la grande surface.»

William Dussart avoue de son côté que ce contact avec les productrices et les producteurs a changé son regard : «Les problématiques de ces métiers-là m'étaient totalement étrangères auparavant. J'ai beaucoup appris en discutant avec ces personnes, notamment sur les investissements qui leur sont nécessaires et sur leur quête permanente de la meilleure qualité. J'ai découvert aussi, à travers l'action de notre chocolatier Patrick Arzel, que la certification bio était coûteuse et difficile à obtenir. Dans le cadre du commerce équitable, il œuvre pour la reconnaissance officielle du mode de production de la tribu du Pérou – les Temashnun – qui fournit ses fèves de cacao. Et puis ce dialogue entre consommateurs et fabricants permet aussi parfois un ajustement quasi personnalisé. Par exemple, lors d'une dégustation à la Ruche, notre chocolatier a été sollicité par des personnes diabétiques : il élabore en ce moment un chocolat sans sucre, qu'il apportera à la prochaine distribution, pour que chacun puisse le goûter.»

Combien ça coûte ?

La Ruche est un système qui garantit *a priori* une rémunération juste des productrices et des producteurs, puisque ce sont eux qui fixent leurs tarifs. De l'avis de mes deux témoins, qui pratiquent ce mode d'achat depuis plus d'un an, les prix sont la plupart du temps intéressants. Dans la ruche de l'UBO, le panier de saison du maraîcher est à 10 €, et nous avons vu que les étudiants, au budget nécessairement restreint, constituent tout de même la plus grosse partie des «butineurs ».

Stéphanie, avec ses trois ados, confie pour sa part qu'elle ajoute à ses deux paniers de légumes de l'AMAP le « panier-surprise » de la Ruche à 11 €. Pour ce prix-là, elle a obtenu lors de sa dernière distribution 3 kilos de légumes bio (4 poireaux, une grosse botte de radis, des épinards, une botte de carottes de couleur, une salade mélangée). « Nous vivons avec un seul salaire. Sur un budget de courses alimentaires de 130 € par semaine, sans supermarché, je dépense entre 45 et 65 € à la Ruche. Au début, je commandais tous les 15 jours, puis je me suis aperçue que je pouvais me permettre d'y aller et j'ai décidé de dépenser ici plutôt qu'ailleurs. J'ai comparé : les œufs fermiers sont moins chers à la Ruche qu'au *discount* du coin. Les gens ne me croient pas... Même pour les farines spéciales, les prix sont plus intéressants. La viande à la Ruche est meilleure que dans la grande boucherie où je me servais avant, et surtout on sait sa provenance ! Chez nous, on mange de la viande deux fois par semaine. Bien sûr, elle a un coût : meilleure et plus locale... plus chère. »

Effectivement, certains produits peuvent être objectivement chers. William, à Brest, cite les plats du traiteur de la mer, qui ne sont pas accessibles aux étudiants. Stéphanie préfère acheter son miel directement à un producteur de sa connaissance, car celui de la Ruche est vendu nettement au-dessus du prix du marché. Si vous décidez de passer par ce système, à vous de comparer et de juger si le prix de certaines choses est compétitif, justifié par une qualité supérieure ou s'il est excessif.

Combien de temps ça prend ?

C'est une façon très rapide de faire ses courses. Pour retirer sa commande, il suffit de quelques minutes ! Mais la distribution, comme à l'AMAP, est aussi un moment où l'on se plaît à retrouver des personnes connues et à bavarder un peu quand une dégustation est proposée. Il ne s'agit plus seulement de faire ses courses, mais de partager un moment de vie. Contrairement à ce qui est attendu dans une AMAP, vous ne serez pas sollicités pour une assemblée générale ou pour donner un coup de main à la ferme. Attention toutefois à ne pas oublier de passer votre commande : comme ce n'est pas un système d'abonnement ou de contrat, il faut penser à commander quarante-huit heures avant le jour de livraison, ce qui demande un peu d'organisation et d'anticipation. Pour éviter les oublis, tous les adhérents et adhérentes de la Ruche reçoivent un mail lorsque la vente s'ouvre, et un rappel avant qu'elle ne se clôture.

Les limites de la Ruche

Comme les producteurs fixent eux-mêmes leurs prix et qu'ils ne livrent que la quantité commandée, on peut raisonnablement penser que le système leur est favorable. Reste qu'ils n'y trouvent pas la même sécurité que dans une AMAP – où une partie de leur récolte est achetée à l'avance par des adhérents engagés sur six mois ou un an. Dans le système de la Ruche, c'est plutôt une forme de flexibilité qu'on leur demande. Cela peut apparaître comme une de ses limites. Stéphanie Nicolas le reconnaît : « On reçoit des bons d'achat pour *booster* les ventes pendant les vacances, parce que ce sont des périodes où les gens commandent moins. » Mais cette variabilité dans le temps semble assez bien acceptée et gérée par les producteurs (*voir encadré page suivante*).

Pour être sûr de ne pas se déplacer pour rien, chaque producteur indique un nombre minimal de commandes en deçà duquel il a le droit de ne pas livrer. Heureusement, selon Stéphanie, le cas se présente rarement : en deux ans, cela ne lui est arrivé que deux fois.

Une Ruche au rythme de l'année universitaire : comment ça marche ?

William Dussart explique : «Notre Ruche de l'U.B.O. fonctionne réellement huit mois sur douze. Et il faut savoir que même à partir de fin avril, début mai, le gros du public de la fac n'est plus présent : les étudiants rentrent chez eux après les examens. Il nous reste au printemps un noyau dur d'adhérents actifs. Et quand l'université est fermée, la Ruche l'est aussi.

Pour autant, cette irrégularité ne semble pas poser un vrai problème à nos productrices et producteurs, qui anticipent la fermeture estivale. Dans leur grande majorité, ils se servent de la Ruche comme d'un complément : ce n'est pas leur seul débouché, ni le principal. Ils nous livrent parce qu'ils sont impliqués dans le concept même, qui leur tient à cœur, même si les revenus dégagés ne sont pas les plus intéressants. Par exemple, notre producteur de miel peut participer à des salons où il va gagner 2 000 ou 3 000 € en une journée, mais il continue à venir à la Ruche, même si les ventes n'y sont pas aussi importantes qu'il le voudrait. Avoir des contacts avec les autres producteurs est aussi quelque chose qui les intéresse, tout comme le retour régulier des adhérents sur leurs produits, qui n'existe pas forcément ailleurs.

Faire durer une Ruche, ce n'est pas toujours évident. Il y en a qui ont fermé à Brest : l'une était trop près d'un marché qui se tenait en même temps, une autre n'a pas résisté parce que la personne qui la gérait n'avait pas assez de temps. Pour que la nôtre tienne, il faut que les commandes se maintiennent à un certain niveau. Alors il vaut mieux carrément faire une pause l'été, et que les fournisseurs se tournent vers leurs autres circuits, plutôt que de faire des distributions pas rentables pour eux, ou de devoir annuler des commandes parce qu'elles ne seraient pas assez importantes.»

Cependant, l'annulation d'une commande est assez désagréable : d'abord, il faut aller ailleurs pour trouver les produits sur lesquels on comptait, et ensuite, le temps de remboursement est assez long. Malgré ce petit risque, d'après les observations de Stéphanie, ce qui plaît aux gens dans la Ruche, c'est qu'ils ne sont pas tenus de s'engager sur une période et peuvent cesser leurs achats du jour au lendemain. Elle-même reste en parallèle dans son AMAP : «Oui, c'est une contrainte, mais je pense à la personne qui cultive, aux belles tomates que je vais avoir cet été... En tout cas, Ruche ou AMAP, je sens les bienfaits des aliments sains. Ou plutôt, c'est quand je me remets à manger la nourriture du supermarché que je vois les effets néfastes sur mon corps. Chaque fois que je pars en vacances loin de la Ruche et de l'AMAP, je m'inquiète à l'idée de ne plus manger aussi bien.»

L'avis des enfants

Qu'en pensent les trois adolescents de Stéphanie ? «Ils trouvent qu'on mange bien et qu'ils ont moins d'acné que leurs camarades ! Ils tombent moins souvent malades. Ils sont gourmands, alors ils aiment bien venir à la distribution de la Ruche pour les dégustations... Ma plus jeune fille, qui a treize ans, adhère à fond à l'idée de ne plus aller au supermarché, et elle me fait la morale si j'y mets les pieds pour un dépannage. Mine de rien, nos enfants surveillent nos engagements. Ils pensent à leur avenir et ils nous rappellent la voie ! »

Mon fils est comme la fille de Stéphanie. Tous les enfants sont attentifs à la parole de leurs parents : si on dit «plus de supermarché», on peut compter sur eux pour nous aider à tenir nos bonnes résolutions !

LE *DRIVE*, FERMIER OU LOCAL

L'idée du *drive* fermier est née en 2012 et le premier a vu le jour à Bordeaux. Depuis, cette solution du circuit court se développe grâce à Internet. « En 2017, 98 932 commandes ont été faites auprès des *drives* fermiers pour 974 981 produits vendus », d'après Marc-Alexandre Krier, chargé d'études pour « Bienvenue à la Ferme ».

D'après le site www.drive-fermiers.fr (avec un « s »), on peut estimer à 300 environ le nombre de points de retrait en France à l'heure actuelle, mais attention, tous ne respectent pas les mêmes exigences ! Il faut distinguer ceux qui sont affiliés à la marque « Bienvenue à la Ferme » et les autres, sans label, que l'on pourrait appeler plutôt *drives* locaux, et qui s'organisent selon leurs propres modalités. Comme c'est une formule très récente, il n'en existe pas pour le moment dans mon département.

Si le mot « *drive* » évoque la grande distribution, la réalité en reste bien éloignée. Et l'adjectif « fermier », qui m'avait laissé croire au début que les points de retrait se trouvaient dans les fermes, se rapporte en fait aux produits et pas à la localisation…
Voyons donc plus précisément de quoi il s'agit.

Le fonctionnement du *drive* fermier

L'esprit du *drive* fermier, c'est un peu de faire ses courses à la ferme… sans aller jusqu'à la ferme. En effet, acheter des produits sur l'exploitation dont ils sont issus, ce serait l'idéal, mais pour remplir son réfrigérateur et ses placards, il faudrait se rendre dans plusieurs lieux différents et faire de gros déplacements ! Nous l'avons vu, la vente à la ferme est davantage une solution de voisinage ou de vacances qu'un véritable moyen de faire ses provisions de la semaine. Mais la magie d'Internet permet à la fois de rapprocher les fermes de la ville et de réunir plusieurs exploitations en une seule. « L'idée, à l'origine, ce n'est pas du tout de concurrencer le *drive* du supermarché », explique Laure Buthon, conseillère à la Chambre d'agriculture des Landes, « c'est plutôt de rendre service au consommateur ». Concrètement, comment cela marche-t-il ?

« COMME UN MAGASIN DE PRODUCTEURS » : LE *DRIVE* FERMIER DU GRAND DAX À YZOSSE (40) EXPLIQUÉ PAR LAURE BUTHON…

« À la Chambre d'agriculture, nous fournissons une aide administrative, mais c'est tout : nous ne sommes pas des intermédiaires. Le *drive* fermier fonctionne plutôt comme un magasin de producteurs. Ce sont eux qui fixent leurs prix. Ils doivent simplement prendre en charge le coût des frais de fonctionnement (l'électricité, la communication…).
Le site du point de retrait a été conçu en pin des Landes ; il comprend des étagères, et une chambre froide pour les produits frais. À la différence de ce qui se passe dans une Ruche, ce sont les agriculteurs et les agricultrices qui gèrent tout. Ils livrent leurs commandes le jeudi matin, et l'après-midi ils accueillent les clients. Ils le font à tour de rôle : vous pouvez les rencontrer, leur poser des questions, il y a un réel contact, des animations. C'est vraiment de la vente directe. Et vous serez toujours bien accueillis pour une visite de l'exploitation.

Le point de retrait est situé sur un axe très fréquenté, en bordure de la rocade. C'est facile d'accès et proche de l'hôpital. Beaucoup de nos clients trouvent ainsi pratique de s'y arrêter après leur travail. L'objectif, c'est vraiment de rapprocher la ville de la campagne, et ça marche. Le *drive* n'est certes pas un débouché suffisant pour un producteur, mais il lui donne de la visibilité et des clients urbains qu'il n'aurait pas eus autrement. Et il y a des citadines et des citadins qui, sans le *drive*, ne seraient pas venus à ces produits-là. Et puis certaines personnes âgées sont contentes de retrouver les "bons produits d'autrefois" : elles s'organisent parfois pour faire récupérer leur commande par quelqu'un d'autre quand elles ne peuvent pas se déplacer. C'est par définition un système qui est dépendant de la voiture ! Mais nous sommes en train de développer un partenariat avec un livreur à vélo, un service proposé par www.colisgreen.fr, qui livre sur Dax et les environs.
Une partie de notre clientèle est très fidèle, certains ne viennent que quand ils y pensent, ou quand ils veulent d'excellents produits pour une occasion, parce qu'ils reçoivent... Il faudrait que ce drive se développe encore un peu, car il n'atteint pas les cinquante paniers hebdomadaires nécessaires pour qu'il soit durable économiquement. Mais nous n'avons pas un gros budget communication : les nouveaux arrivent essentiellement par le bouche-à-oreille... »
Quand je demande à Laure Buthon si elle pense que le *drive* fermier change les habitudes, elle n'hésite pas : «Les gens reprennent conscience de la saisonnalité. Ils disent qu'ils se sont remis à cuisiner des produits bruts, qu'ils ont découvert des variétés de légumes qu'ils ne connaissaient pas.
Sur le site, on trouvera d'ailleurs des recettes simples, proposées par les agriculteurs.» Elle ajoute : «On essaie aussi de montrer que consommer des produits de l'agriculture locale permet de préserver les espaces ruraux. En outre, il est important d'éduquer les enfants, car ce sont les consommateurs de demain !»

Chaque *drive* possède son site Internet et propose une large gamme de produits issus de plusieurs fermes, dans un rayon relativement restreint (10 à 50 kilomètres le plus souvent). Attention, ce n'est pas forcément du bio : l'accent est mis ici avant tout sur le local. On peut passer commande jusqu'à 36 ou 48 heures avant le créneau de la livraison. Le paiement se fait en ligne. Le moment venu, on se rend au point de retrait (généralement situé en périphérie urbaine) et on récupère sa commande. Voilà, très simplement, le mode de fonctionnement commun à tous les *drives*. Au-delà, il existe des cas de figure très divers.

Sur le site www.drivefermier.fr (sans « s »), on trouvera les 121 points de retrait correspondant aux 48 *drives* affiliés à « Bienvenue à la Ferme », émanation de la Chambre d'agriculture. Ceux-ci s'engagent à ce que 25 % du volume de leur activité soit réalisé par des chefs d'exploitation adhérents à « Bienvenue à la ferme » ou aux « Marchés des Producteurs de Pays », qui garantissent la qualité fermière des produits.

Sans conteste, le *drive* labellisé « Bienvenue à la Ferme » est le seul qui fonctionne vraiment selon le modèle de la vente directe et mette en relation chaque semaine consommateurs et producteurs.

Les *drives* locaux

Mais le modèle du *drive* fermier a aussi ses limites. En privilégiant uniquement l'approvisionnement local, il ne permet pas toujours de faire la totalité de ses courses alimentaires : les fruits, notamment, peuvent poser difficulté. D'autre part, dans la version du *drive* « Bienvenue à la Ferme », on ne trouve effectivement que des produits alimentaires. On perd donc un peu de l'attrait du *drive*, car il faut se rendre ailleurs pour le reste. C'est pour cette raison, par exemple, que Gaëlle Gonon, Jacques Rodriguez et Eugénie Grimonet ont décidé de fonder à Saint-Étienne un *drive* un peu différent, «À deux pas de chez nous».

UN SEUL *DRIVE* POUR TOUTES LES COURSES : WWW.ADEUXPASDECHEZNOUS.FR, À SAINT-ÉTIENNE (42)

« Si nous nous sommes lancés dans cette aventure, m'explique Eugénie Grimonet, c'est avant tout parce que nous avons la conviction qu'il est urgent de changer nos modes de consommation, tout en utilisant des outils modernes. Notre objectif, c'est que nos clients puissent tout trouver chez nous : produits frais, épicerie, produits d'entretien, de soin du corps. La plupart de nos productrices et producteurs sont du département, mais pour les fruits, nous avons cherché une solution dans le Rhône. Pour les autres produits, nous travaillons avec des marques bio reconnues. Le bio reste notre premier critère, avant celui du local.

Nous travaillons avec 24 producteurs différents et nous sommes leurs intermédiaires. Pour eux, l'avantage, c'est qu'ils ne passent pas de temps sur le lieu de vente, c'est autant de temps gagné sur leur exploitation. Mais ce sont eux qui fixent les prix : nous faisons une marge de 15 %, et ils sont libres de déduire cette marge de leurs bénéfices ou de la répercuter sur le prix final. Le contact entre les consommateurs et eux reste possible par le moyen de visites à la ferme, organisées une fois par mois. Ce sont les chèvres qui ont le plus de succès ! »

Il faut noter aussi que « À deux pas de chez nous » présente l'intérêt de disposer de cinq points de retraits différents sur l'agglomération stéphanoise, desservis les jeudis et les vendredis.

Une autre faiblesse du *drive* local, ou fermier, peut être le délai entre le moment de la commande et celui du retrait. Précisons qu'un délai de deux jours est aussi la norme dans les Ruches et les autres formes de commandes Internet, donc le *drive* n'a pas à en rougir !

Mais comme le rappelle Laure Buthon : « Au *drive* du supermarché, vous pouvez récupérer votre commande deux heures seulement après l'avoir passée, et tous les jours à toutes les heures. Chez nous, il faut se rendre disponible sur le créneau du retrait. Cela demande d'anticiper et c'est parfois un problème ». Mais là encore, il se pourrait que l'inventivité et le dynamisme des « alter-commerçants » apportent déjà des réponses intéressantes. Ainsi, à Clermont-Ferrand, existe un *drive* aux modalités de retrait beaucoup plus souples, appelé « Mon *drive* local ».

COMME AU SUPERMARCHÉ… AVEC DES PRODUITS FERMIERS : WWW.MONDRIVELOCAL.FR (63)

Mes pérégrinations sur Internet à la recherche des différentes formes de *drives* m'amènent sur le site d'Amélie et Jean-Sébastien, à Clermont-Ferrand. Je suis très intriguée, car les points de retrait sont situés dans les cinq *drives* Intermarchés de Clermont et ses environs et on peut retirer sa commande seulement 24 heures après l'avoir passée. L'entreprise semble fidèle à l'esprit du *drive* local : le site montre précisément la localisation des exploitations et donne des détails sur chacune d'entre elles (ces informations s'affichent notamment quand on clique sur un produit, c'est pratique et c'est clair !), et Jean-Sébastien me confirme que ce sont les producteurs qui fixent leurs prix : « Nous ajoutons ensuite notre marge et les frais de fonctionnement ». Quand je l'interroge sur le choix des points de retrait en supermarché, il me raconte l'histoire de la naissance de son entreprise : « Nous sommes là grâce à un financement participatif, et ce sont nos clients qui ont fait ce choix : ils voulaient pouvoir faire toutes leurs courses au même endroit. Cela leur permet de retirer dans un même drive les commandes que nous avons préparées et celles qu'ils ont passées au supermarché pour les autres produits. » Et pour la commande prête en 24 heures, comment font-ils ? « Nous avons du stock, nécessairement. Mais pas en trop grande quantité : il peut arriver qu'un

produit ne soit pas disponible à la commande parce qu'il n'est plus en stock. »
« Mon *drive* local » offre en outre une certaine souplesse pour le retrait : non seulement on peut retirer 5 jours par semaine et choisir son heure, mais en plus, en cas d'empêchement, la commande est tenue à disposition jusqu'au lendemain. C'est l'avantage du partenariat avec la structure de l'Intermarché. Vous pouvez même cumuler des points fidélité qui se transforment en réduction... Une version du *drive* qui séduira sans doute les plus pragmatiques.
Pour ma part – mais il ne s'agit que de ma sensibilité propre – j'ai l'impression que le corollaire de cette grande efficacité « commerciale » est la perte du contact direct. Pour poser une question à un producteur, il faut remplir un formulaire en ligne, et au *drive*, c'est le personnel d'Intermarché (et non Amélie ou Jean-Sébastien) qui vous donne votre colis. Mais qui sait ? Cette formule peut être un pont permettant à des clients du supermarché de se tourner vers les produits locaux ?

Les avantages d'un modèle... à consolider

L'immense avantage du *drive* est le gain de temps par rapport aux courses ordinaires : votre commande est toute prête à être chargée dans le coffre de la voiture. C'est pour cette raison, d'ailleurs, qu'il est bien plus adapté à des zones de circulation avec facilité de parking qu'au centre-ville. Le consommateur y retrouve la fraîcheur des produits (très) locaux, et les producteurs ont la garantie d'avoir vendu tout ce qu'ils transportent.

De plus, comme toutes les autres formules du net, le *drive* fermier ou local est sans engagement, ce qui apparaît comme un avantage pour beaucoup de consommatrices et consommateurs. Toutefois, il faut garder à l'esprit que cela fragilise aussi un peu ces *drives* qui peinent encore, pour le moment, à se constituer une clientèle solide. Sur le réseau «Bienvenue à la Ferme», on compte une moyenne de 5,4 commandes par client et par an, note Marc-Alexandre Krier. Eugénie Grimonet l'admet aussi : «Trente à quarante commandes par semaine, ce n'est pas assez». Pourtant, la formule paraît pertinente et ne se confond pas avec les autres formes de vente par Internet. Espérons qu'elle saura se développer sans *flirter* de trop près avec les logiques de la grande distribution.

LES PANIERS D'INTERNET

Nous avons été adhérents d'une première puis d'une seconde AMAP... Entre les deux, au début des années 2010, nous avions testé une autre solution, plus flexible parce que sans engagement, celle des paniers commandés sur Internet. À cette époque, nous habitions Lyon et Les Paniers de Martin, 100 % bio et locaux, connaissaient un certain succès. Pendant quelques mois, nous avons retiré nos colis chez un caviste... Après quoi nous avons abandonné un temps nos bonnes résolutions, puis sommes revenus au marché du samedi matin, puis à notre deuxième AMAP. À présent, nous habitons un département très rural et ce type d'offre «digitale» n'existe pas chez nous – non par manque de connexion Internet, mais parce que nous sommes tellement près des petits producteurs que cela n'aurait guère de sens. Ce type d'offre s'adresse avant tout aux urbains et les *start-up* les plus importantes axent leur distribution sur les grandes villes françaises, voire européennes.

Pour rendre compte du mode d'emploi de ces paniers par Internet, je dois donc faire appel à mon expérience lyonnaise – mais, surprise ! en cherchant les coordonnées des Paniers de Martin sur le web, je découvre qu'ils ont cessé leur activité en février 2015, après dix ans d'existence. Pourtant, le secteur des paniers paraît en pleine expansion partout en France, et Lyon compte plusieurs entreprises d'e-commerce de fruits et légumes en circuit court qui se portent très bien. Au niveau national, on connaît des sites comme ceux de Poiscaille (https://poiscaille.fr/) pour le poisson, Okadran (https://www.okadran.fr/) pour la viande, ou Foodette (https://www.foodette.fr/) pour les paniers recettes, et d'autres encore, qui ont su séduire un certain public. Comment se fait-il alors que les Paniers de Martin, pionniers en la matière, n'aient pas réussi leur pari ? C'est ce que j'aimerais comprendre tout en décortiquant le fonctionnement de ces paniers de l'ère numérique.

Comment ça marche ? Un principe, des variantes

Le principe est simple : l'internaute passe sa commande sur Internet et choisit son jour et son lieu de livraison (souvent en point relais, parfois à domicile). Il s'agit de formules sans engagement, car elles s'adressent à des consommateurs exigeants mais avant tout à la recherche de solutions pratiques. On vous propose souvent des paniers (petits, moyens ou grands), dont le contenu est préétabli, avec la possibilité d'y ajouter des produits de façon ponctuelle. Certains sites favorisent l'abonnement, comme Poiscaille ou Potager City, mais toujours avec une certaine flexibilité. Ainsi, chez Poiscaille, vous pouvez reporter votre casier en cas d'absence et cesser votre abonnement à tout moment. Potager City (https://www.potagercity.fr/) donne la possibilité d'annuler son panier 48 heures avant la livraison et a remis dernièrement en avant sur son site la possibilité de commander « au coup par coup ».

L'abonnement peut être perçu comme un gain de temps : votre formule favorite se renouvelle automatiquement d'une semaine sur l'autre, pas besoin d'y penser. Mais attention aussi à ne pas vous trouver abonné sans l'avoir souhaité ! Pour ma part, ce n'est qu'à la réception de ma première commande Foodette que j'ai compris que la suivante allait se déclencher toute seule. Il m'avait semblé pourtant n'avoir commandé qu'un seul panier en cliquant sur «Je teste une première semaine». Après vérification, il est bien expliqué sur le site que, sans manifestation de ma part, les livraisons vont continuer en se basant sur les préférences que j'ai inscrites (famille de quatre personnes, sans viande, trois repas). Mais cela, je ne m'en étais pas aperçue, en passant ma première commande un peu vite...

La deuxième étape se joue chez le producteur, qui reçoit votre commande transmise par le site et la prépare. Comme dans le *drive* fermier ou dans la Ruche, le délai moyen est de 48 heures entre la dernière limite pour passer la commande et le moment de la livraison. Le producteur ne cueille que ce qui est commandé ; ainsi, il n'y a pas de gaspillage. Le site Maréchal Fraîcheur, à Lyon (https://www.marechal-fraicheur.fr), propose même un délai ultra-court de 24 heures : vous pouvez commander jusqu'à 14 heures la veille de votre jour de livraison. Comment est-ce possible ? «Nous avons notre propre exploitation», précise Agathe Béraud, étudiante en marketing et chargée de communication dans l'entreprise familiale. «Tout ce que nous produisons nous-mêmes n'a pas à voyager : les salades distribuées l'après-midi sont cueillies le matin même. Notre producteur d'œufs est à un kilomètre de la ferme... Cela nous permet des ajustements de dernière minute.»

Certains produits sont acheminés *via* le carreau des producteurs du marché de gros, ainsi que me l'explique Laurent Chomel, agriculteur ardéchois qui fournit à Maréchal Fraîcheur une partie des produits ne pouvant être cultivés sur place, comme les cerises et les abricots. «Je reçois le lundi la commande de Maréchal Fraîcheur, que je prélève sur la récolte du jour. Le mardi matin, je la lui livre au Marché Gare. Le mardi après-midi, elle est déposée dans les points de retrait.» Au carreau des producteurs, Laurent Chomel ne livre pas qu'un seul client : il fournit aussi des épiceries, des grossistes. «Mais j'ai arrêté de vendre aux supermarchés, ça ne m'intéresse pas», précise le cultivateur. Enfin, ajoutons que certains produits nécessitent forcément d'être stockés un minimum : sur Okadran, un onglet vous permet de faire la différence entre les colis de viande en stock et ceux pour lesquels le délai d'attente sera plus long... Débiter un steak, ce n'est pas la même chose que cueillir une botte de radis ! Et bien sûr, le système de la cueillette sur commande a ses limites avec tous les fruits qui viennent de plus loin en hiver (agrumes, ananas...). Nous y reviendrons.

La dernière étape est donc celle de la livraison, qui se fait généralement en point relais. Les points relais de Potager City sont, par exemple, sélectionnés parce qu'ils partagent les mêmes valeurs que la *start-up* et peuvent donc bien mettre en avant les produits. Lorsque nous commandions les Paniers de Martin, le caviste qui nous rendait ce service était effectivement un commerçant indépendant qui vendait des vins de petits vignerons. Mais je dois avouer que cela avait pour moi moins de charme que la distribution de l'AMAP car il n'y avait aucun lien entre ce caviste et les personnes qui avaient fait pousser mes légumes... Les sites les plus développés, comme Potager City, livrent aussi en entreprise : ainsi les salariés n'ont-ils aucun trajet spécial à faire pour récupérer leur panier, ce qui est fort appréciable. Enfin, certaines plateformes ont développé des solutions pour livrer à domicile, voire se sont spécialisées dans cette formule. C'est le cas de Foodette, à l'échelle nationale, ou de Deligreens, pour Lyon et sa périphérie. Néanmoins, la livraison à domicile a un coût. Chez Deligreens (https://deligreens.com/), elle est soumise à un montant d'achats minimum, et ce montant est défini par votre secteur : plus vous êtes loin du centre et plus il est élevé. Ce n'est qu'au-delà d'un certain montant que la livraison sera gratuite.

Les avantages des paniers par Internet

Comme toutes les solutions proposées par le Net, les paniers font gagner du temps et correspondent à un public urbain qui souhaite que les courses soient vite expédiées. L'autre critère mis en avant par les sites, mais aussi par les consommatrices et les consommateurs, est la fraîcheur des aliments. Je dois reconnaître que j'ai été moi aussi favorablement impressionnée par la qualité de ma commande chez Foodette : les épinards étaient aussi pimpants que

AMAP OU PANIER INTERNET ? LES DEUX, MON GÉNÉRAL !

Denis Scarenzi, qui cuisine pour sa famille de quatre personnes, a fait le choix de combiner les e-légumes avec d'autres produits de l'AMAP. Il explique : « Il ne m'est pas possible de faire le marché : la journée, je travaille, le week-end, je m'évade. Je suis à l'heure actuelle adhérent d'une AMAP qui me fournit en fruits, fromages, œufs, volaille, poisson, viande, miel, farine, etc. Mais n'étant pas satisfait de la qualité de ses légumes, souvent abîmés, infestés de vermine, trop chers… j'ai opté il y a trois ans pour les paniers de Maréchal Fraîcheur. J'apprécie de pouvoir choisir les fruits et légumes et leur quantité. Le lieu et le créneau du retrait me conviennent, et la qualité est vraiment excellente. Pour moi, c'est important que les producteurs se trouvent dans la région. En principe, je commande chaque semaine, mais je peux laisser passer deux ou trois semaines sans rien acheter. Je dépense en moyenne 20 € par commande chez Maréchal Fraîcheur, et 30 à 40 € par semaine à l'AMAP. Pour les fruits exotiques, je vais chez Grand Frais. Seule réserve, pour ma part : l'appellation "agriculture raisonnée" ne me semble correspondre à rien de bien précis… »

si j'étais allée les chercher sur le marché, les salades avaient vraiment une jolie « tête ». Il faut dire que le livreur de Chronopost était équipé d'une malle isotherme et qu'une poche de froid maintenait mes fromages à la bonne température. Je dois saluer les moyens techniques permettant de livrer dans d'aussi excellentes conditions. Seul bémol, concernant la livraison à domicile : le créneau étant assez large (9 h - 13 h, pour cette commande-là, que j'ai reçue à 13 h 15), il a fallu que je m'astreigne à rester à la maison pour ne pas manquer le livreur. Si c'était à faire chaque semaine, j'opterais plutôt pour un panier déposé en point de retrait, qui me laisse ma liberté de mouvement.

Combien ça coûte ?

Une vingtaine d'euros par semaine en fruits et légumes pour la famille de Denis Scarenzi, voilà qui semble très raisonnable. Sur les sites où l'on peut commander au détail, on voit le prix des produits au kilo. Chez Rue des Producteurs (https://ruedesproducteurs.fr/) ou chez Maréchal Fraîcheur, par exemple, on trouve sensiblement les mêmes prix (à qualité égale) que sur le marché de plein air. Il est plus difficile de comparer les paniers « tout faits », car chaque site propose des contenus différents, sans donner le prix au kilo de chaque aliment. Mais, par exemple, une « box » de 2,5 kilos de tomates (avec un peu de basilic) à 15,50 €, cela me paraît abusif. Soyez donc vigilants, ayez en tête les prix du marché, et profitez de la facilité de naviguer sur Internet pour comparer !

Le système paraît en tout cas favorable aux producteurs, puisque partout où j'ai posé la question, on m'a répondu que c'étaient eux qui fixaient leurs prix, auxquels s'ajoutaient les frais de fonctionnement des sites, les frais de livraison et la marge de l'entreprise d'e-commerce. Chez Foodette, nous l'avons vu, la livraison nationale nécessite d'importants moyens, qui se répercutent nécessairement sur le prix. Le choix de fournir les fiches recettes avec photos et tous les ingrédients prépesés et emballés a aussi un coût : 70 € les trois plats principaux pour quatre personnes ! C'était objectivement simple à faire et tout à fait délicieux, aucune critique là-dessus. Mais 70 €, c'est deux fois mon budget « marché » hebdomadaire d'hiver pour six repas à base de produits frais. Même si les quantités de Foodette m'ont permis de garder des restes et de faire plus de trois repas, je ne peux tout simplement pas me le permettre.

Une fois que vous aurez trouvé la formule qui vous convient, avant de passer votre commande, allez faire un tour sur le site pour essayer d'en savoir plus sur la provenance des produits...

Local, jusqu'à quel point ?

Les sites de vente en ligne ne manquent pas de belles images de fruits et de légumes rutilants, de mains tendues pour la cueillette et de champs ondoyants sous le soleil d'été... L'argumentaire aussi est bien rodé : consommation responsable, logique « anti-gaspi », maintien de l'emploi local, diminution de l'impact environnemental par la réduction des transports, goût et fraîcheur préservés... Que c'est beau ! Un simple clic va faire de moi une « consomm'actrice », une citoyenne écoresponsable, une gourmande vertueuse.

Mais au-delà du discours militant un peu général, quelles sont les informations concrètes dont je dispose pour connaître la provenance des produits ? La réponse est très variable en fonction des sites.

Pour les fruits et les légumes, on trouve tous les cas de figure, du plus transparent au plus nébuleux. Sur le site de Rue des

Producteurs, on trouvera la liste des trente-quatre agricultrices, agriculteurs et artisans partenaires, avec le nom de leur commune. Le site propose de commander des paniers ou des produits au détail par Internet, mais il est aussi couplé à un vrai magasin de producteurs, où l'on peut venir les rencontrer chaque semaine. Chez Maréchal Fraîcheur, le site met l'accent sur l'histoire familiale, avec des photos en noir et blanc des grands-parents de l'actuel exploitant. Mais cette petite concession au «*storytelling*» du marketing moderne n'empêche pas l'entreprise de faire apparaître clairement que tout n'est pas produit sur la ferme familiale. Une carte permet de localiser précisément les autres fournisseurs, avec leur nom et celui de leur exploitation. Si j'ai réussi à joindre Laurent Chomel par téléphone, c'est bien qu'il est possible de «tracer» effectivement les produits proposés. Chez Maréchal Fraîcheur, on considère comme local ce qui est produit dans un rayon de 200 kilomètres.

L'exigence quant au «local» devient plus souple lorsqu'on s'aventure sur les sites de plus grosses entreprises de vente en ligne. Chez Potager City, par exemple, on assure que 70 à 80 % du contenu des paniers provient d'une zone de 150 kilomètres autour des villes desservies : «Les clients reçoivent chaque semaine *la Gazette du potager* avec des recettes, des astuces de conservation et des infos sur les producteurs qui ont cultivé et récolté les fruits et légumes qui sont dans la box. La composition des paniers change chaque semaine, dans chaque région, en fonction des saisons et des producteurs locaux. Les Parisiens n'ont pas les mêmes paniers que les Lyonnais ou les Marseillais», explique la *start-up*. Ensuite, il y a des fruits et des légumes qui viennent d'une autre région de France (par exemple, les fraises de Cavaillon). Enfin, en hiver, pour répondre aux attentes des clients qui se lasseraient sans doute des seules pommes, certains fruits viennent des DOM-TOM, les agrumes de Sicile, les ananas de La Réunion…

Évidemment, si vous commandez des fruits exotiques, vous savez pertinemment qu'ils ne sont pas produits à moins de 150 kilomètres de chez vous. C'est que vous êtes prêts à faire des concessions sur le «tout local» pour privilégier la variété dans votre assiette, et vous ne considérerez pas que Potager City vous a induits en erreur... Après tout, si ajouter des oranges dans le panier permet de séduire des clients qui vont, de ce fait, acheter des carottes locales, pourquoi pas ? Il faut simplement le garder à l'esprit.

Enfin, les sites qui livrent à domicile dans toute la France comme Poiscaille, Okadran, Foodette, ne sont pas plus précis. Mais ils s'adressent forcément à une clientèle pour qui le «très local» compte un peu moins que la qualité et l'aspect pratique de la livraison à domicile. Poiscaille propose huit portraits de pêcheurs et donne beaucoup de détails sur les techniques de pêche respectueuses. Okadran, pour sa part, met en avant (seulement) trois producteurs de viande bien identifiés, qui, je suppose, ne sauraient constituer la totalité de leurs fournisseurs. Quant à Foodette, le site ne vous donnera pas d'information sur les producteurs : vous recevrez toutefois, avec le contenu de votre commande, une liste d'ingrédients assortie de quelques indications. Voici des exemples de ce que j'ai reçu le 23 mai : «Œufs, les Œufs Genty, Aisne, bio – Épinards frais, France, bio – Feta, Mavrommatis, Grèce – Salade de saison, petite ferme, bio – Oignons nouveaux, Thibault Aubergé, Essonne – Graines de tournesol, France, bio – Ail, France, bio – Muscade, Indonésie». Le degré de précision est donc très variable : tantôt j'ai le nom du producteur, tantôt rien... Que signifie «petite ferme ? » Je réalise aussi que les asperges de mon panier, les asperges très réputées de Sylvain Erhardt, ont dû partir des Bouches-du-Rhône pour être incluses dans ma commande en région parisienne et ont refait ensuite 500 km vers le sud pour arriver chez moi... C'est toujours mieux que d'acheter des asperges du Pérou, mais si votre priorité est de ne pas faire voyager ce que vous mangez, choisissez donc un système de panier vraiment local.

« Tout bio or *not* tout bio ? », telle est la question…

Le plus souvent, les paniers du web privilégient le local par rapport au bio. Chez Potager City, on précise : « Quand c'est possible, on propose des produits bio, mais en France, la production bio n'est pas suffisante. Nous préférons donc un produit issu de l'agriculture raisonnée, avec peu de transports, plutôt qu'une tomate bio qui a pris l'avion. » Cela me paraît tout à fait cohérent, à l'opposé du bio de grandes surfaces qui a le plus souvent perdu tout son sens…

Mais ce renoncement au « tout bio » apparaît aussi comme une simple mesure de réalisme commercial. En effet, les paniers 100 % bio et 100 % locaux, après des débuts prometteurs, ont connu ces dernières années de grandes difficultés. Les Paniers de Martin à Lyon, mais aussi les Paniers de Mariette en Alsace, l'Arbre à Paniers à Montpellier[77]… Tous ont dû faire face à la prolifération d'une offre concurrente de plus en plus variée : part du bio plus importante en grandes surfaces, développement des autres solutions non bio (et également plus variées) sur Internet…

Pour Yoann Alarçon, cofondateur de Potager City, la réussite commerciale repose sur des compromis : « Et si ce n'était pas possible, le 100 % bio et local ? On est encore là aujourd'hui parce qu'on s'est posé cette question. On a freiné sur la courge. Les gens ne supportaient plus de manger la même chose tout l'hiver, ils se lassaient. On a diversifié le contenu en allant chercher ailleurs les produits et en adoptant des méthodes plus commerciales. Des

---

77 Voir l'article de *Rue89* : https://www.rue89lyon.fr/2015/05/18/la-fin-du-panier-100-bio-local-lyon/

choix payants, pour l'instant. On veut accompagner les gens dans les changements d'alimentation, en douceur, à petites doses[78].» Peut-être que le mariage tout bio/tout numérique ne fonctionne pas. Il y a une clientèle engagée sur le bio local à laquelle correspondent mieux les AMAP, et une autre clientèle, plus pragmatique, plus habituée à un certain confort de consommation... Certains continuent toutefois en restant 100 % bio sur les fruits et légumes mais en proposant en complément tous les produits (pas locaux) que vous trouveriez dans une épicerie bio, comme le fait par exemple Deligreens.

Ceux qui ne proposent pas que du bio affirment toutefois soutenir la conversion de leurs producteurs, mais je n'ai pas d'informations précises sur la forme que prend ce soutien.

Ils mettent en outre l'accent, en guise de «lot de consolation», sur l'agriculture raisonnée. J'essaie de savoir si les paniers d'Internet mettent bien les mêmes choses sous ce terme que Philippe Marguery, de Chapeau de paille, par exemple. Lorsque je pose la question, les chargées de communication me donnent une définition assez large et me promettent prudemment de se renseigner davantage.

AGRICULTURE RAISONNÉE : QUI FAIT QUOI ?

Le concept de l'agriculture raisonnée, tel qu'il est expliqué sur les sites de vente en ligne ou même sur Wikipédia, est simple : il s'agit d'optimiser le résultat économique en maîtrisant les quantités d'intrants utilisées, autrement dit, de n'introduire des substances chimiques que si c'est vraiment nécessaire. «Nous ne traitons que si la vie de la culture en dépend, par exemple si elle est mise en danger par une maladie», affirme

78 *Id.*

79 http://agriculture.gouv.fr/la-commission-nationale-de-la-certification-environnementale-cnce-de-lagriculture-raisonnee-la.

Agathe Béraud. Il n'est pas sûr toutefois que le respect de l'environnement et de la santé soit la motivation première à la limitation de ces traitements. «Au prix que coûtent les produits, on en met le minimum», me confie un agriculteur que j'interroge sur le sens de cette fameuse démarche «raisonnée». De plus, le système de certification, s'il existe, paraît flou. Depuis 2013, il n'y a plus de certification «agriculture raisonnée» émanant des ministères de l'Agriculture et de l'Écologie. Elle a été remplacée par une certification environnementale, dont le niveau le plus élevé est le label «Haute Valeur Environnementale[79]». Pourtant, tout le monde continue à employer le terme d'agriculture raisonnée et à s'en réclamer... Ses détracteurs lui reprochent de ne pas aller assez loin dans la remise en question de l'agriculture intensive (les OGM, par exemple, y sont autorisés, et aucune norme maximale n'est définie pour l'usage des intrants chimiques). Quand vous achetez vos légumes en agriculture raisonnée, comment pouvez-vous savoir si tout s'est bien passé ou s'il a fallu sauver la récolte que vous mangez et avec quelle dose de pesticide ? Pour autant, cette expression d'agriculture «raisonnée» semble révélatrice d'une large prise de conscience du monde agricole et d'une volonté répandue de faire évoluer les pratiques. Il y a, me semble-t-il, à ce sujet, deux manières de voir les choses. Soit on considère que l'appellation «agriculture raisonnée» employée sans contrôle (ou avec des exigences qui ne se démarquent pas assez de l'agriculture conventionnelle) est néfaste, parce qu'elle induit beaucoup de confusions dans l'esprit des consommateurs, et qu'il vaudrait mieux qu'il n'existe que la certification bio. Soit on estime que c'est un premier pas vers une meilleure agriculture, en ce qu'elle permet de remettre au goût du jour des pratiques vertueuses un temps délaissées. D'ailleurs, il n'y a pas d'opposition entre agriculture raisonnée et agriculture bio, la première empruntant certaines techniques à la seconde. Et il ne faut pas oublier que certaines pratiques «bio» peuvent prêter à discussion (désinfection des sols à très haute température, serres chauffées...).

79 http://agriculture.gouv.fr/la-commission-nationale-de-la-certification-environnementale-cnce-de-lagriculture-raisonnee-la.

Peut-être après tout que la bonne voie pour atteindre un maximum de bio local, c'est de renforcer d'abord la production de proximité en assurant aux agriculteurs de votre région des revenus stables et décents, pour leur permettre ensuite de se convertir en bio ! Si les sites de vente en ligne de paniers pouvaient induire massivement une telle évolution, ce serait assez formidable. Il ne faudrait pas que le système glisse au contraire vers trop de compromis pour satisfaire le « consommateur » flatté dans le sens de la consommation... Ce dernier doit donc rester très exigeant et vigilant.

Des paniers au super marketing

Il me semble qu'il existe une différence entre des sites de vente en ligne ancrés dans une localité bien précise (et affichant dès les premiers clics les exploitations partenaires), et d'autres sites de plus grande envergure, qui sont avant tout des outils « de communication ». Allez-vous commander sur un site qui fonctionne comme un simple groupement de producteurs ou chez une *start-up* dont la vocation est de croître le plus possible, y compris au-delà des frontières, dans les autres pays d'Europe ? Les informations du site sont-elles concrètes, vérifiables, ou sommes-nous plutôt dans une forme de « *storytelling* » à vocation publicitaire ? Les points de livraison permettent-ils une forme d'échange humain ou bien irez-vous récupérer vos paniers dans une gare, un hôtel, une station de métro, une salle de sport (si, ça se fait) ? C'est à chacun de trouver où il place le curseur entre le côté pratique et l'acte d'achat conscient, le gain de temps et la signification qu'il donne au fait de consommer local...

Une autre dimension des paniers en ligne est celle des emballages générés par la livraison individuelle. Si vous êtes dans une démarche «zéro déchet» très stricte, il y a peu de chance que cela vous convienne. Vous pouvez toujours réemployer les sacs en papier épais pour d'autres usages (Denis Scarenzi les utilise au travail pour transporter des séries de livres). Avec un panier recette où chaque ingrédient est fourni préalablement dosé, cela se complique. Certes, chez Foodette par exemple, tout est fait pour qu'un recyclage maximal soit possible : dominance de carton et de sachets papier, système de retour des poches isothermes... mais le plastique est tout de même présent à travers les sachets pour certains légumes et les doses prépesées d'épices. Le meilleur déchet reste celui qu'on ne produit pas...

LE VRAC EN LIGNE

S'il est un domaine où il est plus difficile de se passer des emballages, c'est celui de l'épicerie sèche. Commander des pâtes, du riz, du chocolat ou des céréales par Internet, d'accord, mais « zéro déchet », est-ce possible ? Oui !

Comment ça marche ?

Le principe est toujours le même : vous vous rendez sur un site de vente en ligne et vous passez votre commande. Même si le concept n'est pas encore très développé, il existe plusieurs sites qui livrent dans toute la France[80]. D'autres livrent uniquement dans la ville où ils sont basés. Ainsi de Vrac'n Roll, qui se limite pour l'instant à Lyon et Villeurbanne, et Green Shopper, sur Nantes[81]. Pour ces derniers, la particularité de la livraison est qu'elle est effectuée à vélo (ou parfois en voiture électrique à Lyon). Vous y trouverez un large de choix de produits : toute l'épicerie sèche, les produits d'entretien, d'hygiène et de cosmétique (où tout ne sera pas proposé en vrac tout de même !), l'huile et le vinaigre...

80 epicerie-vrac.fr; iletaitunenoix.com, www.mescoursesenvrac.com.

81 www.vracnroll.com, www.greenshopper.fr.

En ce qui me concerne, j'ai testé Vrac'n Roll : je parlerai donc de mon expérience, en gardant à l'esprit que d'autres sites peuvent procéder un peu différemment. J'ai trouvé la formule très pratique : on peut sélectionner la quantité désirée pour chaque produit, c'est-à-dire qu'on a le choix entre plusieurs tailles de contenant. Le livreur ou la livreuse dépose votre commande dans votre cuisine, et vous gardez les bocaux, bouteilles et sacs en tissu. Pas de transfert à faire ! Ces contenants – très jolis, du reste – sont consignés, mais la consigne n'est pas débitée dans l'immédiat. Si vous faites une nouvelle commande dans les deux mois, il vous suffit de rendre les bocaux et autres bouteilles ou sacs au moment de la livraison suivante. Et si vous avez laissé passer deux mois, votre compte sera débité du montant de la consigne, mais cela ne vous empêchera pas de ramener vos contenants à l'entrepôt et de vous faire rembourser quand vous voulez. Vous pouvez aussi les garder ! Pour notre part, nous avons déménagé en emportant des bocaux Vrac'n Roll. Puisque nous continuons nos achats de vrac en magasin, nous sommes très contents de les avoir. Comme ils sont en verre et non en plastique, je m'en sers aussi pour stocker les restes de repas et les passer directement au micro-ondes.

Pour des sites qui livrent dans toute la France, le système de consigne des contenants existe aussi, mais ce sera à vous de les renvoyer par l'intermédiaire de votre point relais – tout est prévu pour cela.

Combien de temps ça prend ?

Comme pour toutes les commandes sur Internet, le vrac en ligne vous fait logiquement gagner du temps par rapport à un déplacement en magasin. La question qui se pose est plutôt celle du délai entre votre commande et votre livraison, ainsi que l'horaire de cette

LE PLAT PRÉPARÉ « NOUVELLE GÉNÉRATION », BIO ET « ZÉRO DÉCHET » !

Par curiosité, j'ai testé ce que Vrac'nRoll appelle «*Cookit*», et que l'on trouve sur d'autres sites sous l'appellation «mélanges originaux et précuisinés». L'idée est simple : dans un bocal se trouvent mélangés les ingrédients secs nécessaires à la préparation d'une recette (riz, lentilles ou boulgour, avec les épices, les oignons et les tomates séchées, par exemple). Il vous suffit d'ajouter un œuf et/ou de faire cuire selon les consignes données sur le bocal. Pour ma part, j'ai fait des galettes à la tomate que j'ai trouvées délicieuses, et comme il n'y a pas besoin de peser les différents ingrédients, la réalisation est extrêmement rapide. Il en existe aussi pour les gâteaux sucrés.
On a là tous les avantages du plat préparé sans aucun inconvénient !

dernière. Comme c'est souvent le cas quand on se passe du supermarché, il vous faudra être prévoyant et vous y prendre environ 48 heures à l'avance, parfois plus.

Mais ce que j'ai beaucoup apprécié dans mon expérience avec Vrac'n Roll, c'est que l'on peut choisir son jour et son horaire de livraison, sur des créneaux en soirée jusqu'à 21 heures. C'est très pratique quand on travaille ou que les enfants ont des activités après l'école !

Autre point important : pas de temps perdu à faire vaisselle ! Si vous ne réutilisez pas les contenants pour votre usage personnel, vous n'êtes pas obligés de les laver. (Comme ils contiennent des produits secs ou de l'huile ou du vinaigre, aucun risque que ça moisisse).

Combien ça coûte ?

Nous l'avons vu dans le chapitre précédent : acheter en vrac coûte souvent moins cher. Mais ce n'est pas toujours le cas pour les achats en ligne et il faut être vigilant. De la farine de blé bio T65 à 2,70 € le kilo, des raisins secs à 7,90 € le kilo, des coquillettes à 2,30 € le kilo : avec ces trois exemples de produits courants, on est bien au-dessus des prix du vrac de mon épicerie. D'autres produits se trouvent au même prix sur les sites et en magasin. On trouve quand même parfois l'inverse : un muesli aux cinq céréales moins cher en ligne... Il faudra ajouter le prix de la livraison : sur certains sites, elle n'est jamais offerte, sur d'autres, il faut atteindre un certain montant d'achats pour qu'elle revienne moins cher ou soit gratuite. Le vrac en ligne ne me paraît pas vraiment une solution bon marché. Elle convient aux personnes qui peuvent se permettre un plus gros budget courses pour un gain de temps... bien réel !

L'avis des enfants : un goûter d'anniversaire avec du vrac livré à la maison

Pour les goûters d'anniversaire, en plus du beau gâteau, on propose souvent aux enfants des confiseries à sucer tout l'après-midi ou à remporter chez eux dans un petit sachet... Chamallows, bonbons qui piquent, fraises Tagada, réglisse : pour une fois dans l'année, on ferme les yeux sur les colorants, le sucre et l'acide... Le plus économique est sans conteste de les acheter au supermarché.

Mais voilà, pour mon fils, hors de question de faire une entorse à notre engagement, surtout pour son anniversaire ! Je ne m'imaginais pas non plus décevoir les enfants qui s'attendaient à leur lot de sucreries. Et puis je n'avais pas le temps de me déplacer... Alors j'ai eu l'idée de regarder ce que proposait mon site de vrac en ligne : noix de cajou, chips de banane, raisins secs, amandes truffées au chocolat, boules de maïs soufflé enrobées de chocolat au lait, et même des bonbons en forme de bouteille de Coca et des oursons gélifiés... Parfait ! Certes, c'était plus cher que les bonbons de grande distribution, mais c'était bio (même les oursons gélifiés), sans colorant pour la plupart, et surtout, ça me faisait gagner du temps ! Je les ai présentés sur la table du goûter, directement dans leur bocal, pour que les petites mains y piochent. Ce sont les boules de maïs enrobées de chocolat qui ont eu le plus grand succès, et aucun enfant n'a relevé que nos sucreries n'étaient pas « comme les autres »...

Pour conclure, on peut se réjouir de la grande facilité que nous apporte Internet. Il apparaît en effet comme un formidable outil pour mettre en lien consommateurs et producteurs, avec généralement un seul intermédiaire entre eux, à savoir la personne ou l'entreprise qui gère le site par lequel transite la commande. Internet permet de retrouver hors du supermarché tous les avantages de ce dernier : commande à distance, gain de temps par le *drive* ou la livraison à domicile. Ou bien, si l'on préfère, on peut cultiver plutôt le lien direct avec les producteurs, à travers des structures comme le *drive* fermier ou la Ruche qui dit Oui. Internet répond donc efficacement aux besoins, parfois différents, des personnes qui veulent privilégier les circuits courts.

Toutefois, à titre personnel, je ne suis pas enthousiasmée par les solutions numériques, parce qu'elles donnent lieu à trop de « publicités » et de mails inutiles à mon goût. Dès que vous passez une commande sur Internet, vous vous retrouvez abonnés à une *newsletter* (La Factrice qui dit Oui, la lettre de Vrac'nRoll, celle de votre panier de légumes...). Vous recevez des mails vous rappelant la date de la prochaine commande et parfois, on vous demande d'évaluer ce que vous avez reçu, comme chez Foodette.

ET POUR LES ANIMAUX DE COMPAGNIE ?

Il faut bien en parler quelque part, et comme je n'ai pas de solution idéale, c'est ici que j'aborderai l'épineuse question des croquettes. En réalité, on pourrait écrire un livre entier sur l'alimentation des animaux de compagnie, pour lesquels le passage à une nourriture industrielle n'est sans doute pas sans conséquence[82]. Je ne me demanderai pas ici si je dois ou non continuer à donner des croquettes à mon chat, même si la question mérite d'être posée et que je ne suis pas si sûre d'avoir raison de lui remplir sa gamelle avec les «granulés» d'une grande marque.

Mais pour l'instant, je ne me suis pas attaquée à la question de l'alimentation du chat, et je continue à aller au plus pratique. Or, mon chat n'aime pas les croquettes de Biocoop, et celles du vétérinaire sont trop chères. De plus, même si je sais que cela existe en vrac, par exemple dans les magasins Day by Day, je n'en trouve pas près de chez moi… Reste donc la solution de commander par Internet en grosse quantité les fameuses croquettes «de luxe» qu'il apprécie. Elles restent chères (surtout maintenant que je sais qu'elles contiennent trop de glucides et sans doute des déchets animaux en guise de source de protéines), mais les acheter en plus grande quantité les rend un peu plus abordables (autour de 8 € le kilo). Je viens de découvrir qu'on peut aussi faire des économies en achetant des croquettes locales : Auvergne Croquettes propose des aliments fabriqués près de chez moi et livrés dans toute la France pour seulement 4 € le kilo. D'ailleurs, où sont fabriquées mes croquettes de marque ? Impossible de le savoir !

Personnellement, je ne lis jamais ces *newsletters* que je considère comme commerciales, bien qu'elles mettent sans doute en avant des idées que je partage. Je n'en ai tout simplement pas le temps ! Quand je ne commande plus sur le site en question, je fais la démarche de me désabonner pour ne plus recevoir ces courriers indésirables. Mais s'il m'arrive de refaire une commande, ils refont leur apparition automatiquement.

82 https://comportements-chien.blogspot.com/2015/08/grand-dossier-tout-les-croquettes.html.

Si ces mails me dérangent, c'est moins au fond parce qu'ils encombrent ma boîte (un simple clic suffit à la désencombrer) que parce que j'ai conscience de la pollution qu'ils représentent. En effet, un e-mail génère entre 0,3 et 4 g de CO_2, jusqu'à 50 g avec de grosses pièces jointes et de multiples destinataires. En 2014, 192 milliards d'e-mails ont été envoyés, soit l'équivalent de l'empreinte environnementale de 3,1 millions d'automobilistes en un an[83]. Et cela ne fait qu'augmenter ! Un e-mail génère plus de pollution que son équivalent en lettre papier, même en tenant compte des ressources nécessaires pour produire la feuille de papier, l'enveloppe, et pour la transporter. Imaginez donc le nombre de lettres papiers que pourraient représenter tous les achats en ligne avec les mails qu'ils génèrent. Bien sûr, la même dérive «communicationnelle» se produit avec les commandes en ligne de la grande distribution. Alors à tout prendre, je préfère donc une commande auprès d'une Ruche ou d'un *drive* fermier, plutôt qu'une commande au supermarché du coin.

Même en imaginant que vous trouviez un site qui vous permette de passer vos commandes sans vous envoyer de mails de confirmation ni de rappels pour la semaine prochaine, il y aurait encore le coût de l'utilisation d'Internet en lui-même. On manque assurément d'études en la matière : qu'est-ce qui est le plus polluant ? Une commande en ligne de produits locaux livrés chez vous, ou prendre sa voiture pour aller acheter au supermarché des produits emballés qui ont traversé l'Europe ? On peut parier que la première solution reste certes moins coûteuse pour l'environnement. Mais quitte à consommer local et en circuit court, je pense pour ma part qu'il vaut mieux aller au marché, à l'épicerie bio, dans les petits commerces, à l'AMAP, plutôt que d'alimenter, à chaque commande, la masse de données qui restent stockées dans les serveurs du monde entier...

83 https://e-rse.net/empreinte-carbone-internet-green-it-infographie-12352/#gs.n8bOEW4. Ces chiffres sont donnés dans l'infographie en bas de page.

DENTIFRICE
CRÈME

Chapitre 6

SOINS DU CORPS, PRODUITS D'HYGIÈNE

Il est très difficile de changer toutes ses habitudes en même temps. Mais si vous ne mettez plus les pieds au supermarché pour votre alimentation, peut-être ne voudrez-vous pas y retourner exprès pour votre dentifrice, votre gel douche et votre shampoing. Acheter autrement ou fabriquer soi-même, à chacun sa solution !

LES PRODUITS D'HYGIÈNE ET DE BEAUTÉ

Niveau 1 : éviter les produits dangereux

Dans un premier temps, j'ai cherché à me procurer sensiblement les mêmes produits hors de la grande distribution, tout en évitant les substances peu recommandables qui s'y trouvent souvent.

Les produits que nous appliquons sur notre corps contiennent encore trop fréquemment des substances potentiellement nocives, surtout s'ils sont utilisés quotidiennement. Et le moins qu'on puisse dire est que la composition portée sur les emballages est tout sauf transparente, à part peut-être pour les chimistes de formation ! Comme ce n'est pas mon cas, je n'entrerai pas dans le détail de la liste des ingrédients à éviter. Certaines personnes aiment pouvoir décortiquer les étiquettes par elles-mêmes : si c'est votre choix, vous trouverez de précieuses informations sur le site « La révolution des tortues[84] » Mais peut-être voulez savoir si votre dentifrice et votre crème pour les mains représentent un risque pour votre santé, sans pour autant devenir expert des dénominations latines ? Dans ce cas, le site de l'UFC Que Choisir sera

84 www.larevolutiondestortues.fr/produits-toxiques-cosmetiques/

pour vous un allié précieux. Il permet de faire des recherches par marque ou par type de produit pour connaître leurs différents niveaux de toxicité[85]. Comme je me brosse encore les dents avec du dentifrice, j'ai fait une recherche sur celui que j'utilise… et j'ai été rassurée.

En ce qui me concerne, lorsque j'ai cessé d'aller au supermarché, j'ai continué à me procurer du shampoing liquide, du gel douche, de la lotion pour le visage. J'achetais déjà cette dernière en pharmacie, je n'ai donc pas changé cette habitude tout de suite. Pour le reste, je me suis mise à prendre des produits en épicerie bio et en grand format : les bidons de 1 litre représentent moins d'emballages que quatre petits flacons de 250 ml, et j'ai constaté que ceux qui avaient une pompe permettaient de mieux doser le produit et de faire beaucoup d'économies par rapport à ceux avec lesquels on verse (ça coule toujours trop vite). En outre, avec les shampoings conventionnels, j'avais régulièrement des démangeaisons intenses du cuir chevelu. Elles ont disparu quand je suis passée au bio. J'étais sans doute allergique à un composant. Pour le déodorant, *exit* la bombe aérosol : j'ai opté pour la pierre d'alun, que l'on frotte doucement sur la peau humide. C'est très efficace et la pierre dure très longtemps.

Cette stratégie a l'avantage de ne pas prendre de temps supplémentaire, mais présente un double inconvénient : d'une part, les cosmétiques bio peuvent sembler chers (tout dépend du type et de la diversité de produits que vous avez l'habitude d'employer), d'autre part, ils restent sous emballages non rechargeables, ce qui génère des déchets, souvent en plastique non recyclable… Mais on peut faire un pas de plus en changeant la forme sous laquelle on les achète.

85 La base de données est accessible à l'adresse suivante : https://www.quechoisir.org/comparatif-ingredients-indesirables-n941/

Niveau 2 : sauvons notre peau... avec le savon !

À bien y réfléchir, l'usage des gels douche est relativement récent : moi qui ne suis pas si vieille (j'espère !), je suis née à une époque où presque tout le monde utilisait une savonnette. Tahiti Douche faisait tout juste son apparition ! Aujourd'hui, on trouve facilement plusieurs gels douche dans une même salle de bains : un pour monsieur, un pour madame, un pour les enfants... Et il est vrai qu'ils sont difficilement interchangeables à cause de leur parfum typé et souvent entêtant.

Nous sommes donc revenus au bon vieux savon, qui a le mérite de ne pas générer d'emballage et (si on le choisit bien) de ne pas contenir de substances douteuses. Pour fabriquer un savon, il suffit en effet d'une base alcaline (soude pour un savon dur, potasse pour un savon liquide) mélangée à des corps gras. Par exemple, le savon de Marseille est obtenu avec seulement de la soude et de l'huile d'olive. Encore faut-il trouver du « vrai » savon de Marseille : attention à tous ceux qui contiennent de l'huile de palme ! Quand mon fils était bébé, une sage-femme m'avait recommandé le savon d'Alep : ce savon est dit « surgras » car on lui ajoute de l'huile de baie de laurier en fin de saponification. Nous nous en servions aussi pour lui laver les cheveux (et beaucoup plus tard, nous avons découvert pour nous-mêmes un shampoing liquide au savon d'Alep qui rendait vraiment les cheveux magnifiques). Si le savon de Marseille est sans odeur, le savon d'Alep a (selon mon goût) un parfum délicat et très agréable.

Dans un premier temps, nous avons utilisé le savon seulement pour le corps et les mains. Mais petit à petit, il a remplacé d'autres produits. Il existe en effet des dizaines de savons aux compositions et propriétés différentes, que vous pouvez trouver en épicerie bio et en boutiques spécialisées... ou en vente directe, bien sûr.

Ma mère m'a ainsi offert un petit savon au lait d'ânesse pour le visage qui vient d'une savonnerie artisanale. Il a, paraît-il, des propriétés antirides. Moi qui ne supportais pas de me laver le visage avec de l'eau à cause de la sensation de «peau qui tire», et qui répugnait aussi à utiliser des laits nettoyants (que je trouvais trop gras pour ma peau à tendance grasse), j'étais un peu sceptique au début. Mais à l'usage, ce savon semble équilibrer mon épiderme encore mieux que la lotion que j'achetais en pharmacie. Sans doute ai-je eu de la chance : je n'ai pas eu besoin de tâtonner, je suis tombée du premier coup sur le savon qui me va. En outre, c'est une solution très économique : en dix-huit mois, je n'ai même pas consommé la moitié de la quantité initiale, car il en faut très peu pour une surface aussi petite que le visage. Je mouille simplement un disque de coton lavable avant de l'imprégner de savon. Et contrairement aux produits pour la peau de l'industrie cosmétique, mon savon ne s'altère pas dans le temps et ne se périme pas...

Au hasard de mes courses, j'ai découvert récemment le shampoing «en barre» ou shampoing solide – que je range ici dans la catégorie des savons, car il se présente sous la même forme. «Il permet d'éviter de nombreux conservateurs, épaississants, dérivés de pétrole... », explique Amélie Borie qui le fabrique à Polignac. Elle propose un shampoing pour cheveux secs et un autre pour cheveux gras. C'est ce dernier que je choisis et le test est concluant. Il est certes un peu déroutant au début de se passer un savon sur la tête, mais la mousse vient très vite et en quantité suffisante. Il laisse les cheveux doux et brillants, sans parfum particulier. Je pense qu'il est moins «agressif» que le sont d'ordinaire les produits pour cheveux gras. Le seul *hic*, c'est que mon mari et mon fils n'ont pas sauté le pas avec moi : sur ce plan-là, je n'ai pas réussi à les convaincre d'abandonner le shampoing liquide ! Mais je lave les cheveux de ma fille au shampoing solide et elle ne s'en plaint pas. Au contraire, on maîtrise mieux la quantité de mousse qu'on produit, ce qui évite d'en faire couler dans les yeux... J'ai pu lire sur Internet des critiques sur certaines marques de shampoings solides dont les blocs s'effritaient avec le temps. Rien de tel avec le mien. Bio, local, efficace et de bonne tenue, ce shampoing en barre n'a que des avantages ! Et puisque Polignac est vraiment tout près de chez moi, je suis allée rencontrer Amélie Borie pour voir ses savons de plus près.

LA ROSE TRÉMIÈRE À POLIGNAC (43) : DES SAVONS UNIQUES ET ORIGINAUX...

Encore une fois, se passer du supermarché ne signifie pas sombrer dans la monotonie par manque de choix. C'est même tout le contraire ! Alors que vous allez trouver sensiblement le même gel douche avec les mêmes ingrédients sous quinze marques différentes dans votre grande surface, La Rose trémière ne décline pas moins de quinze variétés de savons, que vous ne retrouverez pas ailleurs puisque leurs formules ont été mises au point par Amélie Borie. Ils embaument la petite boutique, derrière laquelle se trouve le laboratoire, pas plus grand que ma cuisine. Les enfants sont enchantés et excités par ces odeurs délicieuses : ils choisissent pour eux des mini-savons en forme d'étoile, de locomotive, de cœur ou de coquillage. C'est dur de les arrêter, on dirait que ce sont des bonbons ! Il faut dire qu'il y a plus de plaisir à choisir ces savons (que l'on peut toucher et sentir) qu'un flacon de gel douche. Leurs couleurs marbrées, naturellement données par leurs ingrédients, les rendent encore plus attrayants.

Personnellement, je choisis un savon au lait de brebis enrichi aux huiles essentielles d'orange et de bergamote, mais je voudrais tous les essayer : savon à l'huile de rose musquée, savon à l'ortie, savon au lait de chèvre et aux huiles essentielles de lavandin, ou encore savon au lait de vache, farine de lentilles du Puy-en-Velay, argile verte et verveine... Je trouve aussi du savon à barbe pour Monsieur, un savon spécial «bricolage/

jardinage», et un pour le gommage.
Je demande à Amélie comment elle en est venue à monter seule sa propre savonnerie : «Je travaillais à l'origine dans un magasin qui vendait des savons, et comme les gens me posaient des questions, j'ai commencé à me documenter sur leur fabrication. J'ai trouvé le sujet tellement passionnant que j'ai eu envie de faire mes propres savons. Je n'utilise que des produits bio et locaux, je connais tous les producteurs qui me fournissent directement. Et je pratique uniquement la saponification à froid, qui conserve toutes les propriétés de mes précieux ingrédients.» Enfin, pas de gaspillage : quand les savons sont «ratés» (seulement d'un point de vue esthétique), ils ne sont pas jetés mais proposés un peu moins cher...
Y a-t-il une savonnerie artisanale près de chez vous ?

À la suite de cette belle découverte, j'ai aussi essayé le savon pour gommages que j'ai trouvé très efficace et pratique : finis les tubes d'exfoliants qui répandent des petits grains dans toute la baignoire !

Enfin, puisque nous sommes dans la rubrique «savons», je me dois de mentionner que certaines personnes, qui ne veulent plus utiliser de dentifrice, se lavent les dents avec du dentifrice solide... ou avec du savon de Marseille ! C'est Stéphanie Nicolas qui m'en a parlé la première, lorsqu'elle m'a apporté son témoignage sur la Ruche. Dans ma famille, le dentifrice, avec ses tubes plastiques, est l'un des bastions qui résiste à la révolution. Je n'entrerai donc pas dans le débat «avec ou sans fluor». Pour ma part, j'essaie de faire évoluer mon habitude en alternant l'usage de la pâte classique avec celui de la poudre mentholée que j'ai appris à fabriquer. Parce que, oui, fabriquer soi-même ses produits d'hygiène et de beauté, c'est encore la meilleure façon de savoir ce qu'il y a dedans !

Niveau 3 : faire soi-même

Il est devenu très facile de trouver des recettes pour élaborer ses cosmétiques – et aussi ses détergents, d'ailleurs ! Internet regorge de sites, de blogs et de tutoriels qui permettent de se lancer. Si cela vous rassure ou vous motive de vous initier avec une personne plus experte, vous trouverez des ateliers DIY (*Do It Yourself*) à des prix variables. L'association *Zero Waste France* en propose un peu partout en France, tout comme Aroma Zone, LoveMetique et les Ateliers de la Souris verte à Paris (à partir de 28 € pour une heure), Mademoiselle Biloba à Lille (entre 25 et 45 € par personne, pour des ateliers qui peuvent être plus longs)... Vous en trouverez aussi dans les savonneries artisanales, les boutiques bio, et même peut-être dans la MJC de votre quartier. On peut l'offrir en cadeau, se faire un atelier entre amies... Une fois de plus, consommer autrement rime avec plaisir et convivialité.

Mais il faut reconnaître que ce n'est pas facile de trouver le temps de s'y mettre. Personnellement, il m'a fallu plus d'un an avant de me lancer dans de très modestes réalisations. J'ai attendu que les occasions se présentent pour apprendre.

La première a été fournie par ma belle-sœur qui m'a offert un déodorant « maison » qu'elle avait préparé elle-même. Il se présentait sous la forme d'une cire blanche assez compacte à étaler du bout des doigts, il avait un parfum très discret, mais se révélait très efficace pour ne pas laisser apparaître les odeurs de transpiration. J'avoue que je ne pensais pas vraiment qu'un produit « maison » pouvait donner d'aussi bons résultats que celui d'un fabricant professionnel. (Et c'est peut-être ce préjugé qui retient certaines personnes de passer à l'action dans leur cuisine !) Toujours est-il qu'une fois mon « pot » de déodorant terminé, j'ai demandé à ma belle-sœur sa recette, que voici :

Recette de déodorant « maison »

Mélanger 5 cuillères à soupe d'huile de coco, 2 cuillères à soupe de bicarbonate (alimentaire), 3 cuillères à soupe de maïzena, 10 gouttes d'huile essentielle de Palmarosa (ou 5 de palmarosa et 5 de lavande).

Après mélange, mettre dans un petit pot au frigo.

(L'huile de coco se solidifie quand la température est en dessous de 25 °C.)

Je l'ai refaite chez moi et il faut vraiment moins de cinq minutes !

Une autre occasion d'apprendre m'a été donnée lors de mon séjour au gîte Le Bocal, en Charente-Maritime. Notre hôte, Camille, qui est engagée dans une démarche « zéro déchet », nous a montré comment réaliser une poudre dentifrice, que j'utilise donc pour l'instant en alternance avec mon dentifrice fluoré en tube :

Recette de poudre dentifrice « maison »

Mettre dans un pot 2 cuillères à soupe d'argile blanche, 3 gouttes d'huile essentielle de menthe poivrée, 1 cuillère à café de bicarbonate alimentaire, pour la blancheur (facultatif).

Secouer. Mouiller la brosse à dents et la tremper dans le mélange avant utilisation.

On trouve aussi des recettes pour faire une pâte dentifrice, mais celle-ci contient nécessairement de l'eau, ce qui limite à une semaine sa durée de conservation, tandis que la poudre peut se garder un mois (et même plus d'après mon expérience) sans problème. En tout cas, je me suis aperçue qu'il existait des recettes simples et rapides pour les produits de base… et les mamans pressées. Et pour les papas, qu'est-ce qu'on a ?

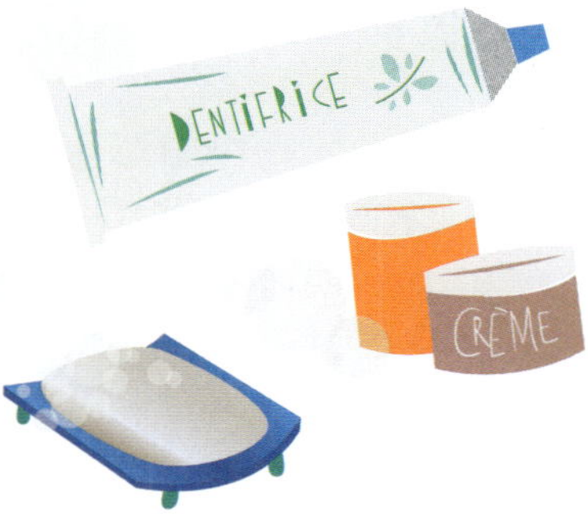

LE RASAGE

Même si les barbes sont revenues à la mode, les hommes ont tout de même encore besoin de se raser de temps en temps.

La question devient épineuse hors des rayons des supermarchés. Il est en effet difficile, voire impossible, de trouver ailleurs ce à quoi ces messieurs sont habitués, à savoir de la mousse à raser et des rasoirs jetables (ou rechargeables). À moins que vous ne soyez un adepte du rasoir électrique, quitter la grande distribution va vous obliger à modifier légèrement votre pratique du rasage… mais ce sera pour le mieux !

Rasoirs jetables et mousse à raser : la barbe !

Pour faire simple, un rasoir jetable, c'est un manche en plastique, une tête en plastique, une à cinq lames d'acier, et un capot protecteur. Puis, selon les modèles, on ajoutera une bande lubrifiante, des lamelles protectrices, une tête pivotante et des caoutchoucs antidérapants. Les produits d'entrée de gamme présenteront de fait une majorité de plastique pour une durée de vie moyenne de six rasages.

Souvenez-vous : le plastique ne se recycle qu'à hauteur de 20 %.

Les premiers rasoirs jetables ont été commercialisés en 1975 à une époque où la France ne comptait que 284 hypermarchés. Quatre décennies plus tard, cet objet est devenu un incontournable de la salle de bains… et de nos poubelles. Le *leader* du marché en volume a vendu en 2016 près de 2,6 milliards de rasoirs jetables dans le monde. Si l'on additionne dans ce secteur les volumes des ventes des principaux acteurs du marché et quelques marques de distributeurs, nous arrivons à un chiffre de 8,2 milliards d'unités vendues par an dans le monde, soit 22,5 millions de rasoirs jetables écoulés chaque jour sur la planète[86]. En considérant que le poids moyen d'un rasoir jetable est de 9 grammes, un petit calcul approximatif nous amène à une masse annuelle de rasoirs jetés de 73 800 tonnes, à savoir l'équivalent du poids d'un navire de croisière – rien que cela ! On peut encore alourdir ce chiffre en comptabilisant les sachets de plastique qui entourent les lots de rasoirs ou de lames rechargeables.

Et il y a pire : la bombe de mousse à raser qui l'accompagne, censée accélérer le geste et apaiser la peau. Vous y trouverez du butane et du propane dans la formule (pour propulser la mousse). Vous y noterez également de l'huile de palme et, si vous êtes « chanceux », des parabènes… Bombe que vous jetterez évidemment dans un mois quand il n'y aura plus de gaz. Alors, comment sortir de ce rasage où tout est bon pour la poubelle ?

86 Voir l'article correspondant sur notre blog : https://maviesanssupermarche.blogspot.com/2017/06/rasoir-jetable-ou-rasage-lancienne.html. Cela fait donc 8,2 milliards de rasoirs jetés chaque année ! Dans le meilleur des cas, on éjecte le jeu de lames pour les modèles rechargeables. A-t-on déjà pensé au recyclage ? Oui, mais en vain. BIC a notamment proposé deux tentatives écologiques en 2009 avant de les abandonner deux ans plus tard, faute d'adhésion du public (on suppose l'échec lié au circuit de retraitement trop complexe et au prix trop élevé).

La solution : le rasoir de sécurité

Éliminons tout de suite le coupe-chou, véritable rasoir « zéro déchet », mais qui nécessite tout de même une certaine dextérité pour éviter de se balafrer. Chez nous, Monsieur s'est tourné vers le rasoir de sécurité, que certains trouvent élégant, voire

UNE PEAU DOUCE… ET DE BONS SOUVENIRS !

Ce rasoir me rappelle de bons souvenirs : c'est le même que celui qu'utilisait mon grand-père. Il faut d'abord préparer le blaireau en le laissant tremper quelques minutes dans un bol d'eau chaude. On peut aussi s'humidifier la peau du visage à l'eau chaude pour faciliter la coupe du poil. Il faut ensuite faire mousser le savon, soit dans un bol, soit directement sur votre peau en accomplissant des mouvements circulaires avec le blaireau. Le rasage se fait toujours en deux passages : le premier dans le sens du poil, le second à rebrousse-poil ou en travers. Ne pas oublier d'appliquer de la mousse entre les deux passages. Je vous invite à commencer par les pattes, les joues, puis le cou et à terminer par les moustaches et le menton (partie la plus difficile avec la pomme d'Adam). Pour augmenter l'efficacité du rasage, il faut tendre la peau avec l'autre main ou en gonflant les joues. Ce rasoir est beaucoup plus lourd qu'un rasoir jetable ; on le « pose » sur la peau, on n'appuie pas, pour éviter les coupures. On l'incline de 30° environ et on réalise plusieurs mouvements de translation de 2 à 3 centimètres. On le laisse glisser sur la mousse. En fin de compte, le geste est différent, plus minutieux, plus précis… plus posé. Contrairement à un rasage moderne en jetable qui peut s'exécuter précipitamment, le rasage traditionnel prend quelques minutes mais j'y ai pris goût. Car si on respecte les étapes en toute sérénité, on ne se coupe pas. Au début, je me rasais le soir pour pouvoir prendre mon temps, mais à présent, je peux le faire le matin sans crainte. Je n'ai pas du tout envie de revenir en arrière : cette façon de se raser, c'est vraiment un art. Et cela donne un résultat bien plus lisse et plus doux !

« tendance ». L'équipement complet comprend également le blaireau (de préférence en crin de cheval), le porte-blaireau, le savon à barbe et les lames (qu'il faut changer de temps en temps, mais qui se recyclent, puisqu'elles sont en acier). Pour le mode d'emploi et le retour d'expérience, je lui laisse la parole ! (*Voir encadré page suivante.*)

Pour ceux qui souhaiteraient des démonstrations (et pour les filles curieuses), il existe de nombreux tutoriels très détaillés sur Internet. Il y a même des hommes qui se lancent des défis : se raser avec tel rasoir associé à telle lame… En effet, au royaume du rasoir de sûreté, comme pour tout ce qui se fait en dehors du supermarché, la variété est au rendez-vous : il existe différents modèles de rasoirs, différentes marques de lames, différents savons… Choisir le bon rasoir, celui qui va vous accompagner toute votre vie, c'est un peu comme choisir sa baguette de sorcier… Rassurez-vous, en boutique, vous pourrez tester avant d'acheter.

Combien ça coûte ?

Faisons un petit calcul du coût de revient du rasage sur 10 ans avec les deux méthodes.

Rasoirs jetables[87] :

De 10,40 € / an (pour le rasoir de marque de distributeur bas de gamme) à 62,50 €/an (pour le rasoir de marque le plus confortable). Soit pour 10 ans : entre 104 et 625 €.

Mousse à raser : de 1,46 € par bombe (pour l'entrée de gamme de la MDD), à 5,45 € (pour une mousse de marque pour peau sensible). Soit pour 10 ans : 175 € à 654 € (à raison d'une bombe par mois).

Total pour 10 ans de rasage : entre 279 et 1279 €.

Rasoir de sécurité :

Rasoir : de 14 à 50 €.

Blaireau : entre 20 et 40 €

Porte-blaireau : de 10 à 15 €

Savon : 6 € par savon pour six mois, soit pour 10 ans : 120 €

Lames : Entre 0,12 et 0,33 € par lame À raison de 5 lames par mois, compter pour 10 ans : 14,44 à 39,60 €

Total pour 10 ans de rasage : entre 178 et 265 €.

Moralité : même en achetant en supermarché les rasoirs jetables basiques et la mousse la moins chère, vous dépasserez le budget du rasoir de sûreté. Bien sûr, ce qui paraît cher pour ce dernier, c'est la mise de départ. Mon homme a dépensé 125 € le jour où il s'est équipé. Mais cela peut parfaitement faire l'objet d'un cadeau pour aider Monsieur à se raser plus doucement pour la planète… Enfin, ce n'est pas interdit aux filles, et certaines marques de rasoirs traditionnels comme Parker se sont mis à développer un modèle pour femmes !

87 Je me base sur les prix de revient à l'année des rasoirs jetables, calculés par l'UFC Que Choisir, que l'on trouve à cette adresse : https://www.quechoisir.org/comparatif-modeles-jetables-n401/

MOUCHOIRS, COTONS, PAPIER TOILETTE

Au rayon des produits de beauté et d'hygiène, nous nous procurons sans y penser tout un ensemble de papiers jetables, qui remplissent nos poubelles de salle de bains et nos toilettes. Or, sortis du supermarché, nous pouvons avoir des difficultés à les trouver, et ils seront souvent beaucoup plus chers. Que faire ? Aller en grande surface quatre fois par an pour faire un stock de mouchoirs, cotons, lingettes, papier toilette ? Ce ne serait qu'une toute petite entorse à notre résolution. Et pourquoi pas se l'autoriser, dans un premier temps ? Répétons-le : on ne peut pas changer toutes ses habitudes du jour au lendemain, au risque de se décourager devant l'ampleur de la tâche ! Mieux vaut procéder par étapes. Mais si vous êtes prêtes et prêts à vous lancer dans celle-ci, sachez-le, il y a des solutions pour tout !

Se passer des cotons... c'est pas si coton !

Pour ma part, c'est avec les cotons que je me suis initiée au « lavable ». À certaines périodes de ma vie, je jetais au minimum quatre disques de coton par jour à la poubelle. Mais en cherchant un peu sur Internet, je me suis aperçue qu'on trouvait des disques lavables et même des carrés plus grands, pratiques pour se démaquiller. Ils peuvent être en coton, mais les autres matières sont à l'honneur : chanvre, eucalyptus, bambou, lin... Personnellement, les premiers temps, j'humectais le coton avec de l'eau, pour l'assouplir et ensuite l'imbiber de lotion pour le visage. Mais à présent, je m'en sers avec mon savon et c'est tout aussi pratique. Si je pars un week-end, j'emporte deux cotons et je prévois une pochette pour les stocker avant de pouvoir les laver. En vacances, ils passent à la machine comme d'habitude. Le seul cas problématique qui me fait racheter des cotons jetables, c'est celui d'un séjour de plusieurs jours chez des amis, par exemple.

Quid du coût de revient ? Sachant qu'un coton jetable coûte entre 2 et 3 centimes l'unité et qu'un lot de 12 disques à démaquiller lavables en coton bio se trouve à 8,50 € sur Internet, au bout de combien de jours aurai-je rentabilisé mon achat ? Imaginons que je suis une personne économe qui ne jette qu'un coton jetable le matin et un le soir... L'achat des cotons lavables sera rentabilisé au bout de 141 à 212 jours... soit en quelques mois.

Et pour les Cotons-Tiges ? Ces derniers ont été récemment décriés, puisque, trop souvent jetés dans les toilettes, ils se retrouvent dans la mer. Depuis le 1er janvier 2018, les Cotons-Tiges en plastique sont interdits à la vente pour protéger l'environnement. En 2020, tous les types de Cotons-Tiges le seront. Si vous aimez vraiment utiliser cet objet, vous pouvez le remplacer par un oriculi. Mais il faut se souvenir qu'il n'est jamais sans risque d'introduire un objet, même spécialement conçu, dans le conduit auditif, tous les O.R.L. vous le diront. Cela peut causer de petites blessures et contribue souvent autant à tasser le cérumen au fond de l'oreille qu'à la nettoyer...

Les mouchoirs

Personnellement, je n'ai pas toujours eu des mouchoirs en papier dans ma poche ! Même si les mouchoirs jetables sont apparus en France dans les années 1960, il faut croire qu'il leur a fallu un certain temps pour être adoptés dans tous les foyers, car mes petits camarades et moi, au milieu des années 1980, nous avions encore des mouchoirs en tissu, à l'effigie des héros de nos dessins animés, comme Goldorak...

Certes, en cas de gros rhume, il était parfois un peu difficile de tenir toute la journée avec un seul mouchoir en poche. Mais cela évitait de détruire des hectares de forêt. Rien qu'en France, 26 milliards de mouchoirs sont jetés chaque année. Sur le site de la RTBF, qui s'appuie sur une enquête menée par Greenpeace, on peut lire : «Pour fabriquer des mouchoirs de la marque Lotus par exemple, des milliers d'hectares de forêts à haute valeur écologique sont abattus en Suède, en Finlande et en Russie.»[88] Si vous pensez ne pas pouvoir vous passer de mouchoirs en papier, il faut donc, au minimum, choisir uniquement ceux qui portent le label PEFC ou FSC, indiquant que le bois utilisé provient de forêts gérées durablement. Ou vous limiter aux mouchoirs en papier recyclé.

Mais la solution la plus écologique est bien de revenir au bon vieux mouchoir en tissu. Je vous entends déjà penser : «Quelle horreur ! Ce sont des nids à microbes, le jetable est tout de même plus hygiénique ! » En réalité, ce qui contribue le plus à limiter la contagion est l'hygiène des mains : que vous vous soyez mouché dans un jetable ou dans un tissu, le plus important est de vous laver les mains juste après. En outre, les mouchoirs en papier sont, selon moi, des vecteurs de contamination beaucoup plus importants, car dans les lieux publics, ils sont souvent jetés dans des

88 https://www.rtbf.be/info/societe/onpdp/detail_les-mouchoirs-en-tissus-sont-ils-vraiment-des-nids-a-microbes?id=9826602

poubelles sans couvercles ou laissés à l'abandon. Dans les classes, les élèves les laissent sur le coin de leur table en attendant de pouvoir aller les mettre à la poubelle à la fin du cours : c'est « tout bénef » pour l'élève du cours suivant qui s'assiéra à la même place ! Un mouchoir en tissu que l'on remet immédiatement dans sa poche après usage est bien moins dangereux… Petite précaution à ajouter, sans doute : mieux vaut prévoir une poche réservée au mouchoir en tissu, et une autre aux clés, badges, etc., afin de ne pas les mettre en contact. Mais là encore, si vous ne vous êtes pas lavé les mains après vous être mouché, vous allez de toute façon contaminer vos clés, votre badge, et la personne à qui vous serrerez la main… Si l'utilisation massive du mouchoir en papier avait enrayé les épidémies de grippe, cela se saurait ! Arrêtons donc d'avoir peur du mouchoir en tissu.

Pour ma part, je dois l'avouer, il m'a fallu un peu de temps pour me résoudre à acheter des mouchoirs en tissu, parce que je ne voulais pas imposer à mes enfants le fameux carré de toile usagé tout mouillé où l'on cherche en vain un dernier coin apte à faire son office… J'ai donc opté pour quelques aménagements. Ma petite famille n'est pas passée au 100 % tissu : c'est plutôt du moitié-moitié. À la maison, nous utilisons seulement les mouchoirs en tissu, et ils vont au panier à linge sale tout de suite après utilisation. À l'extérieur, je donne des mouchoirs jetables aux enfants, et nous, les parents, emportons un mouchoir en tissu… ce qui ne nous interdit pas d'avoir des mouchoirs en papier de secours en cas de « crise ». Je n'ai pas fait de calcul précis, mais nous avons dû diviser par deux – si ce n'est par trois – nos achats de mouchoirs jetables.

Pour le lavage, je les passe systématiquement à 60° avec le blanc. On ne peut pas dire qu'étendre quelques mouchoirs une ou deux fois par semaine prend véritablement du temps. En ce qui concerne le prix, on trouve des écarts importants : un mouchoir en coton bio fabriqué en France sera proposé à 3,40 € pièce, tandis qu'un lot de 12 mouchoirs (provenance inconnue) se vendra à moins de 11 €… Mais dans les deux cas, l'investissement sera rentabilisé au bout d'un temps, et vos mouchoirs seront là pour la vie. Attention toutefois aux mauvais tours que nous jouent nos habitudes : j'ai dû repêcher deux ou trois fois dans la poubelle des mouchoirs en tissu jetés par mégarde !

Le papier toilette, vaste question…

« J'ai, répondit Gargantua, par longue et curieuse expérience, inventé un moyen de me torcher le cul, le plus seigneurial, le plus excellent, le plus expédient qui jamais fut vu. »
(François Rabelais)

Quelle est la meilleure manière de s'essuyer le derrière ? La question, déjà posée par Grandgousier à son fils Gargantua, prête à sourire. Nous n'avons pas, hélas, autant de fantaisie – ni de possibilités – que le fameux géant, lequel, du reste, est davantage préoccupé de son confort que d'économie ou d'écologie. Mais la question n'en reste pas moins pour nous… irritante.

En effet, non contents d'utiliser de l'eau (potable !) dans nos toilettes, nous abattons des arbres pour parfaire l'affaire. WWF estimait en 2006 à 270 000 le nombre d'arbres utilisés chaque jour sur la planète pour la production de ces produits ménagers[89]. Sans compter que les papiers haut de gamme contiennent aussi des colorants, des parfums de synthèse…

---

89 Chiffre cité par la journaliste indépendante Isabelle Masson-Loodts, dans un article d'avril 2010 publié sur son site, « Madame Nature », qui fait le tour de la question : http://www.madamenature.be/themes/eco-consommation/la-planete-est-au-bout-du-rouleau-de-papier-wc

Et je préfère ne même pas penser aux lingettes humides supposées vous procurer une sensation de propreté et de fraîcheur insoupçonnée ! Point de Gargantua moderne pour dérouler devant nous la liste des alternatives... mais avec un peu de bon sens, on peut essayer de limiter les dégâts.

Pour notre part, nous achetons du papier recyclé, et même s'il est relativement cher dans notre magasin bio, nous refusons de repasser par le supermarché pour prendre du papier neuf qui serait meilleur marché. Et puis nous avons appris aux enfants à ne pas utiliser trop de feuilles à la fois et à passer par la salle de bains pour parfaire le nettoyage en cas de besoin. De plus, un lavage à l'eau tiède est moins irritant pour la peau que de multiples essuyages au papier. Nous ne sommes pas loin, en fait, de pouvoir nous en passer totalement, puisqu'il existe des lingettes lavables dédiées à cet usage. On trouve sur Internet quelques témoignages de familles (même des familles nombreuses !) qui s'y sont mises. Pour moi, cela fait partie (un peu comme les tubes de dentifrices) des pas que j'ai encore du mal à franchir... mais je n'exclus pas d'y venir un jour.

LES PROTECTIONS PÉRIODIQUES

Et voilà : j'ai gardé pour la fin le sujet qui fâche, le grand sujet tabou : comment fait-on pour les règles ? Sans supermarché, où trouver les protections périodiques auxquelles nous sommes habituées ? La pharmacie les propose à des tarifs prohibitifs, et les magasins et autres sites de consommation alternative ne vous vendront pas de produits jetables... Mais peut-on (ou doit-on) vraiment s'en passer ? Et par quoi les remplacer ?

Toxicité possible et impact sur l'environnement

Nous sommes sans doute nombreuses à avoir fait l'expérience de démangeaisons ou d'irritations au contact de certaines serviettes hygiéniques dont le fameux voile anti-humidité était fait en matière synthétique. Pendant longtemps, je n'ai pas cherché à connaître les composants de mes serviettes... De toute façon, je ne les aurais pas trouvés, puisqu'aucune réglementation n'imposait (à l'époque, pas plus qu'aujourd'hui) de les indiquer sur l'emballage.

En 2016, le magazine *60 Millions de consommateurs* lance une alerte sur les résidus de pesticides et autres produits toxiques, présents tant dans les serviettes que dans les tampons. Cette alerte est suivie en mai 2017 par une enquête menée par la Direction générale de la concurrence, de la consommation et de la répression des fraudes (DGCCRF) sur vingt-sept protections différentes[90]. Et ces tests confirment les résultats trouvés par *60 Millions de consommateurs* : « Des traces de dioxines, de furanes et de composés organiques halogénés extractibles (EOX) ont été retrouvées dans les six références de tampons testées. Des résidus d'hydrocarbures aromatiques polycycliques (HAP) ont aussi été détectés dans six références de serviettes hygiéniques sur neuf analysées et dans quatre marques de protège-slips sur sept analysées, et une référence bio présente des traces d'un dérivé du glyphosate. Un résidu de pesticide interdit en France, le lindane, a également été identifié dans une marque de protège-slip[91] ». Du glyphosate, du lindane ? Eh oui, on utilise des pesticides pour faire pousser le coton qui se retrouve dans nos vagins. La DGCCRF affirme que ces substances sont toutefois en très faibles quantités et ne présentent pas de risque pour la santé, mais l'association de consommateurs n'est guère convaincue : « À l'image des dioxines et des HAP, certaines de ces substances sont soupçonnées d'être des perturbateurs endocriniens potentiels et donc susceptibles d'agir à faibles doses ». De plus, les études manquent pour évaluer la toxicité potentielle à long terme de certaines molécules au contact de la muqueuse vaginale – car un tampon en coton et un vêtement porté sur la peau, ce n'est tout de même pas pareil…

En outre, les protections jetables ne sont pas sans impact sur l'environnement, d'autant qu'elles se présentent souvent sous enveloppe plastique individuelle. Elles se veulent toujours plus

90 https://www.economie.gouv.fr/dgccrf/securite-des-produits-dhygiene-feminine
91 https://www.60millions-mag.com/2017/05/18/tampons-la-presence-de-residus-toxiques-confirmee-11155

fines, toujours plus discrètes, « invisibles »... Elles entretiennent le fantasme de faire disparaître le sang des règles. Mais en réalité, elles le maintiennent dans notre environnement, car il va rester dans la poubelle de votre travail ou de votre salle de bains jusqu'à ce qu'elle soit vidée ! Les protections jetables sont en fait des modes de stockage « durable » du sang menstruel, qui finira incinéré. Et si vous jetez serviettes et tampons dans les toilettes (peut-être justement pour ne pas garder à portée de main les traces de votre sang), sachez que vous faites une grave faute : vous risquez de boucher vos canalisations et vous obligez les stations d'épuration à de lourdes opérations de dégrillage. Enfin, en cas de fortes pluies, si la station fait un « délestage », vos protections périodiques se retrouvent dans la nature. Et après ça, on nous parle de « discrétion »... Hum Hum !

Une femme jettera en moyenne 150 kilos de protections dans sa vie... mais il y a des solutions pour arrêter de remplir sa poubelle. D'autres pratiques existent !

La coupe menstruelle et les serviettes lavables

Pour ma part, j'y suis venue un peu par hasard. Un jour, je demande un dépannage à une copine. Mystère : elle me dit qu'elle ne peut rien me fournir parce qu'elle utilise une solution écologique. Mais je ne suis pas allée creuser plus loin. C'est seulement après la naissance de mon premier, à force de fréquenter un forum de jeunes mamans, que j'entends parler de la coupe menstruelle... Les filles ont l'air tellement contentes de l'utiliser que j'en commande une sur Internet. Et après quelque temps, je complète par des serviettes en coton lavables.

Et en pratique, comment ça marche ?

La coupe menstruelle est aussi commode d'utilisation qu'un tampon et présente les mêmes avantages (pas de sang qui coule à l'extérieur, donc on se sent plus « propre »). Personnellement, je la trouve même plus confortable. Elle nécessite les mêmes règles d'hygiène qu'un tampon. La seule contrainte supplémentaire est de stériliser l'objet régulièrement (à l'eau bouillante, voire au micro-ondes pour certaines marques). La fréquence est indiquée sur le mode d'emploi (en général, une fois en début de cycle) mais rien ne vous empêche de le faire plus souvent selon votre « sensibilité ». Elle présente aussi le même risque qu'un tampon : celui du syndrome du choc toxique[92]. Ce qui implique de respecter les mêmes règles (pas d'utilisation trop prolongée). Dernier point à signaler : elle doit être utilisée avec précaution si vous portez un stérilet.

Mais si vous restez fidèle à votre tampon en coton, rayonne ou viscose, préférez-le sans applicateur, cela réduira de beaucoup les déchets. Et surtout, surtout, ne le jetez pas dans les toilettes, sous aucun prétexte !

Il existe aussi des serviettes hygiéniques lavables. Les miennes sont en coton bio. Leur contact est plus agréable que celui du voile plastifié qui recouvre la plupart des serviettes. Elles se fixent par une pression et on peut adapter la largeur à la taille de sa petite culotte. J'en ai toujours une dans mon sac à main, pliée dans une petite pochette en tissu. Pour le lavage, à chacune de trouver sa solution optimale. Je vous livre tout de même la mienne ? Je prélave à la main avec du savon détachant au fiel, puis je laisse agir le savon jusqu'à la prochaine machine à 60°. Une fois par an, pour leur redonner toute leur blancheur, il suffit de les faire tremper dans de l'eau chaude où l'on aura dilué des cristaux de soude, de

92 À propos du syndrome du choc toxique, il faut bien noter qu'il se produit le plus souvent chez des jeunes filles qui choisissent des tampons trop absorbants pour pouvoir les garder toute la journée sans les changer.

les remettre en machine et de les faire sécher au soleil (le soleil, ce formidable agent de blanchiment naturel et gratuit !). Et elles sont comme neuves. Mais si on aime la fantaisie, on trouvera aussi de nombreux modèles de serviettes à motifs colorés.

Combien ça coûte ? Combien de temps ça prend ?

Bien sûr, changer ses habitudes en matière de protections périodiques demande quelques gestes supplémentaires cinq jours par mois, mais rien de véritablement chronophage. Quelques minutes en début de cycle pour stériliser la coupe, quelques minutes aussi pour le prélavage des serviettes qui ensuite se fondent dans ma machine de blanc ordinaire. Je suis sûre que je perds davantage de temps chaque mois avec mes allers-retours sur mon smartphone pour vérifier si je n'ai pas reçu de nouveau message...

Et bien évidemment, la bonne nouvelle, c'est que les solutions écologiques sont aussi économiques. Comparons les investissements pour 5 ans de règles (je choisis 5 ans car c'est la durée d'utilisation recommandée pour une coupe).

Protections jetables :	*Protections durables :*
Dépense mensuelle moyenne des Françaises : 5 €[93]	Coupe menstruelle : 20 à 30 €
	6 grandes serviettes : 35 €
Dépense annuelle pour 13 cycles : 65 €	3 protège-slips : 15 €
Total sur cinq ans : 325 €	**Total : 70 à 80 €**

93 D'après les estimations des associations relayées sur le site du magazine Capital, les Françaises consacreraient 5 à 7 € par mois en moyenne à leurs protections périodiques. Je me base donc sur la moyenne basse. https://www.capital.fr/economie-politique/tampons-et-serviettes-produits-de-luxe-quand-les-regles-coutent-trop-cher-1286413

Vous vous souvenez, en 2015 ? Nos députés et députées avaient débattu autour des protections hygiéniques et du taux de TVA qui leur était appliqué. Grâce à la mobilisation de collectifs féministes, il avait été ramené à 5,5 %. Pourtant, observe Tara Heuzé, fondatrice de l'association Règles élémentaires, « la baisse de la TVA n'a pas été répercutée sur les prix. Finalement, c'est un cadeau que l'on a fait aux marques », qui règnent sur un marché estimé à plusieurs milliards de dollars. Raison de plus pour ne plus les acheter, non ?

Un dernier avantage du « lavable » : plus de problème de stock épuisé dans le placard de la salle de bains. Fini le « Oups, Chérie, j'ai oublié de te reprendre des tampons… ». Votre coupe et vos serviettes du mois dernier sont toujours là pour reprendre du service !

Pour résumer, une salle de bains « équipée » sans supermarché, c'est possible, c'est simple, plus sain et moins cher. Et la bonne nouvelle, c'est que c'est pareil pour les produits ménagers !

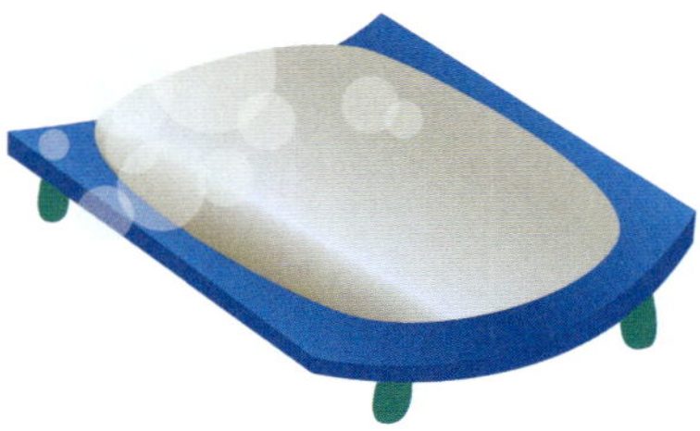

Chapitre 7

LES PRODUITS D'ENTRETIEN

Nous voici parvenus au seuil de la partie la moins plaisante, celle qui concerne le ménage... Que nous soyons Monsieur Propre et Fée du logis ou parents bordéliques tolérants à la poussière, nous sommes tous concernés (notez le masculin pluriel). « C'est déjà assez pénible comme ça, me direz-vous, mais sans supermarché, est-ce que ça ne va pas devenir carrément compliqué ? » Eh bien figurez-vous que non, et en plus, ça peut même être parfois amusant... à condition de modifier très légèrement nos habitudes.

ÉPONGES, LINGETTES ET COMPAGNIE...

N'en jetons plus !

Avant d'évoquer les produits d'entretien eux-mêmes, il faut rappeler qu'on ne peut pas les utiliser sans le truchement d'un morceau de textile quelconque, qui permettra de répandre, frotter, essuyer, sécher (je n'irai pas jusqu'à « faire briller » !). Et nous voilà de nouveau en face de la question du jetable, si profondément ancré dans nos habitudes.

Essuie-tout pour faire les vitres, éponges à récurer la vaisselle, carré en microfibres pour la salle de bains, lingettes désinfectantes pour les WC, lingettes humides attrape-poussière, lingettes à laver par terre, lingettes imprégnées de cire pour le parquet... Nos industriels ne manquent pas d'inventivité pour nous créer des besoins en misant sur notre paresse et en visant notre porte-monnaie. On se croirait dans une chanson de Boris Vian : le cire-godasses et l'efface-poussière sont bien au rendez-vous ! Et nous, les Français, sommes des champions de la lingette jetable : 4 foyers sur 10 en utilisent, à raison de 7 lingettes en moyenne par semaine[94].

94 https://www.lexpress.fr/actualite/societe/environnement/les-lingettes-jetables-un-torchon-pour-la-planete_1933875.html

Je dois bien avouer que moi aussi, à leurs débuts, je les ai trouvées très pratiques, pour entretenir le vieux parquet de mon premier studio de jeune travailleuse !

Et puis j'ai pris un peu de recul sur ces lingettes miracle… Leur composition complexe (fibres textiles imprégnées de produits chimiques) rend leur recyclage impossible. Et sous prétexte que certaines sont dites « biodégradables », elles sont jetées dans les toilettes… où elles ne se désagrègent pas du tout comme du papier WC et bouchent les canalisations, causant des dégâts et des dépenses importantes pour les collectivités. Les industriels disent pour leur défense que ces lingettes font faire des économies d'eau. Mais l'argument est battu en brèche par l'ADEME : « La fabrication des lingettes utilise beaucoup d'eau, rappelle Roland Marion. De plus, ce sont des produits qui sont souvent transportés sur de longues distances, donc il y a aussi une consommation de pétrole qui vient alourdir leur poids environnemental[95]. » Mieux vaut donc revenir aux serpillières, chiffons et gants de toilette. D'après un article de *Ouest-France*, le gouvernement britannique a annoncé qu'il allait retirer de la vente les lingettes jetables au Royaume-Uni… d'ici 2040[96]. Pourquoi dans si longtemps ? Et qu'attend-on pour faire de même ?

De toute façon, hors du supermarché, vous ne trouverez pas ces lingettes imprégnées : la question est réglée. Mais comment faire pour les éponges et les essuie-tout, qui constituent généralement les munitions de base et qui finissent eux aussi à la poubelle ?

95 *Ibid*.

96 https://www.ouest-france.fr/leditiondusoir/data/24654/reader/reader.html#!preferred/1/package/24654/pub/35488/page/7

Recycler ses vieux tissus : vieilles serviettes, vieilles chaussettes

Pour notre part, nous avons renoncé au rouleau d'essuie-tout dans la cuisine. Nous avons ressorti les serviettes en tissu pour les repas, et des carrés découpés dans une vieille serviette-éponge me servent de lingettes lavables pour essuyer par terre les petits accidents. La seule tâche pour laquelle l'essuie-tout me manque un peu, c'est pour faire les vitres. C'est pour cette raison que je les délègue entièrement à mon époux, qui a en outre l'inestimable avantage de pouvoir les nettoyer jusqu'en haut sans monter sur un tabouret.

Nous avons un peu plus de difficultés à nous passer des éponges. Pourtant, les alternatives existent, nous les avons sous la main ! Mais dans chaque foyer, il y a des habitudes plus faciles à bousculer que d'autres... et ce, de façon totalement irrationnelle. En effet, si mon mari peut faire les vitres avec des chiffons, il s'obstine à

L'AVIS DES ENFANTS : FAIRE DES *TAWASHIS* AVEC DES CHAUSSETTES, C'EST LE PIED !

Mes enfants de 5 et 9 ans ont appris à confectionner ces éponges recyclées et lavables en machine et ils se sont bien amusés. « D'abord, c'est maman qui a fabriqué le métier à tisser avec une planche et des clous. Nous, on a pris de vieilles chaussettes trouées et on a découpé aux ciseaux des bandes de 3 à 4 centimètres de large. On a choisi les couleurs qu'on voulait mettre ensemble : marron et noir, bleu et rose... Le tissage est très facile, sauf à la fin où le *tawashi* ne reste pas bien accroché aux clous. Il faut qu'une grande personne aide un peu. On a gardé les deux premiers pour décorer notre chambre : pas question de faire la vaisselle avec ! Les autres, on les a donnés à maman... »

racheter des éponges pour la vaisselle chaque fois qu'il fait les courses. Une fois l'éponge mise en service, ma foi, tout le monde l'utilise… Mais je ne désespère pas de les faire disparaître un jour de la maison, car nous avons aussi de magnifiques *tawashis* que nous avons fabriqués avec les enfants.

Pour avoir un mode d'emploi plus détaillé et en images, vous pouvez vous rendre sur notre blog « Ma vie sans supermarché[97] ». On peut choisir l'épaisseur que l'on veut donner à son *tawashi* en découpant dans les chaussettes des bandes plus ou moins larges. Personnellement, je les préfère un peu plus fins, car ils s'essorent mieux et sèchent plus vite, ce que je trouve plus hygiénique. Dans tous les cas, au bout d'une semaine d'utilisation, le *tawashi* passe en machine : au bout du compte, il est sans doute plus propre que mes éponges ! Et pour ce qui est de faire la vaisselle, il est très pratique car son tissage favorise la mousse. La seule chose qui lui manque, c'est qu'il n'a pas de côté abrasif (le fameux côté vert qui « gratte »). C'est peut-être pour cette raison que je ne parviens pas à le faire adopter à mon mari ? Toujours est-il qu'on peut le compléter avec une brosse à vaisselle.

97 https://maviesanssupermarche.blogspot.com/2018/05/fabriquer-un-tawashi.html

Utiliser des produits simples, bon marché, et respectueux de l'environnement

Ce titre est presque un pléonasme, car ce sont les produits les plus simples qui sont les moins polluants ! C'est important tant pour la nature que pour toutes les personnes qui vivent dans la maison au contact des substances utilisées pour le ménage… Avec un nombre réduit de produits de base, on peut absolument tout nettoyer.

Je préfère les produits tout prêts !

Si vous n'avez pas le temps ni l'envie de vous lancer dans la fabrication des détergents « maison », pas de panique.
Hors du supermarché, vous trouverez dans les magasins bio tout un panel de produits « certifiés verts », pour la vaisselle, le linge, la salle de bains. Avec un peu de chance, on vous les proposera même en vrac. Il existe à présent des systèmes très pratiques

pour remplir ses bidons ; il faut juste bien penser à les emporter avec soi !

L'inconvénient, c'est qu'ils peuvent être un peu plus chers que ceux que vous aviez l'habitude de prendre en grande surface, mais ce n'est pas toujours vrai. Voici le comparatif des prix pour deux produits que j'achète encore parfois en magasin bio :

Lessive liquide bio en vrac :
3,30 € le litre

Lessive liquide bio du supermarché :
3,28 € le litre.

Lessive conventionnelle :
entre 1,69 € et 6,76 € le litre (avec une majorité de références au-dessus de 3,90 €).

Liquide vaisselle en vrac :
3,54 € le litre

Liquide vaisselle bio du supermarché :
entre 2,37 € et 3,46 € le litre.

Liquide vaisselle conventionnel :
de 0,99 cts à 6,32 € (avec une majorité de références au-dessus de 3 €).

Toutefois, il faut savoir que certains produits se remplacent très facilement et ne nécessitent même pas forcément la réalisation d'une recette. Le liquide vaisselle, puisqu'il en est question, est tout à fait facultatif dans une cuisine. Enduisez un *tawashi* ou une éponge humide de savon de Marseille et vous avez tout ce qu'il faut pour dégraisser votre vaisselle. Un petit tour des autres solutions faciles et économiques, ça vous dit ?

C'est trop facile !

En réalité, savon noir et de Marseille, vinaigre blanc, bicarbonate de soude… suffisent pour tout. Ces produits ont en outre l'avantage d'être très bon marché et sans danger pour l'environnement.

MES ASTUCES ET RECETTES MAISON

Sols : *2 cuillères à soupe de savon noir dans 5 litres d'eau chaude.*

Vitres : *2 cl de vinaigre blanc dilué dans 75 cl d'eau chaude.*

Produit assainissant : *mélangez dans un pulvérisateur en quantité égale du vinaigre blanc et de l'eau, ajoutez quelques gouttes d'huile essentielle de citron. Agitez avant usage.*

Vaisselle : *savon de Marseille.*
Ou la recette de Camille, du gîte Le Bocal :
20 g de savon de Marseille en copeaux, 200 g d'eau bouillante, 1 cuillère à café de bicarbonate, 0,5 cuillère à café de cristaux de soude, 5 gouttes d'huile essentielle de lavande.
Mélangez bien le tout et secouez avant chaque utilisation.
(Le mélange peut épaissir et prendre la forme d'une crème : je m'en sers comme d'une crème à récurer pour l'évier !)

Salle de bains : *pour ôter le calcaire, mouillez toutes vos surfaces avec un tissu imbibé de vinaigre blanc préalablement chauffé. Laissez agir un moment avant d'essuyer.*

Four : *appliquez du savon noir directement sur les parties encrassées. Laissez agir une nuit. Le lendemain, nettoyez et rincez à l'eau chaude.*

WC à détartrer : *versez un demi-verre de vinaigre blanc au fond du WC, ajoutez-y un demi-verre de bicarbonate de soude. Une effervescence se produit. Laissez agir une heure (ou une nuit) avant de passer la brosse. Fonctionne aussi pour déboucher les éviers.*

NOTRE LESSIVE « MAISON »

Ingrédients pour 3 litres :
- *200 g de savon de Marseille*
- *100 g de cristaux de soude*
- *100 g de bicarbonate de soude*
- *1 verre de vinaigre blanc*
- *10 gouttes d'huile essentielle de citron*
- *10 gouttes d'huile essentielle d'eucalyptus radié*
- *10 gouttes d'huile essentielle de pin sylvestre.*

1. *Râpez le savon de Marseille en petits copeaux.*

2. *Portez 3 litres d'eau à ébullition puis mélangez à feu très doux les copeaux de savon jusqu'à complète dissolution.*

3. *Retirez la casserole du feu puis ajoutez successivement les cristaux et le bicarbonate de soude.*

4. *Continuez de mélanger lentement : une écume se forme, que vous pouvez enlever avec un chinois.*

5. *Attendez que le mélange refroidisse puis versez le vinaigre blanc délicatement et en plusieurs fois.*

En effet, le vinaigre blanc réagit violemment avec le bicarbonate de soude présent dans la mixture. La réaction est effervescente et si vous n'y prenez pas garde, vous aurez un beau geyser de mousse. N'ayez crainte, cette réaction chimique n'est pas dangereuse. Elle n'engendre que du gaz carbonique, de l'eau et de l'acétate de sodium qui n'est pas plus toxique que le bicarbonate de soude.

C'est le moment ludique de la préparation ; j'appelle mon fils pour lui montrer – les bulles effervescentes dans la bouillie verte lui font penser à la marmite du Grand Schtroumpf.

6 Laissez le tout reposer quelques heures (4 ou 5) puis ajoutez les huiles essentielles.
Propriété des huiles essentielles (HE) :

- *HE de citron : parfume, détruit les bactéries,*
- *HE d'eucalyptus radié : détruit les bactéries*
- *HE de pin sylvestre : parfume.*

7 Mélangez avant de transvaser avec un entonnoir dans un bidon de lessive.

8 Agitez avant usage.

Pour la lessive, certaines personnes se contentent de savon noir (mais je n'ai pas testé !). Quand les enfants étaient plus petits, j'achetais du savon en copeaux. Juste avant la lessive, je mettais dans un saladier une cuillère à soupe de copeaux de savon que je diluais dans un demi-litre d'eau chaude, puis je versais le tout sur le linge préalablement introduit dans la machine.

À présent, c'est mon époux qui se charge de fabriquer une lessive un peu plus élaborée. C'est plus long mais ça sent bon !

En général, mon homme prépare 6 litres de lessive à la fois (dans la grande Cocotte-Minute !). D'après ses calculs, le coût de revient de cette lessive est de 1,70 € le litre, soit la moitié du prix de celle que j'achète en vrac… car, oui, parfois, quand il n'y a plus de lessive « maison » et qu'il n'a pas le temps d'en faire, j'en rachète un peu pour me dépanner.

Pour détacher le linge, j'utilise un savon détachant au fiel en guise de prélavage. Il faut mouiller la partie du vêtement qui est tachée, la frotter avec le savon, avant de la passer en machine. On peut laisser agir plusieurs heures avant le lavage. Par prudence, sur un tissu fragile, mieux vaut tester sur une partie invisible du vêtement. Pour ma part, je n'ai jamais eu de problème et très rares sont les taches sur lesquelles cela ne fonctionne pas.

Bien sûr, vous trouverez sur de nombreux sites Internet d'autres recettes qui peut-être vous conviendront mieux que celles-ci. Vivre sans les produits du supermarché, c'est essayer, tester, tâtonner... et transformer les choses banales du quotidien en expériences de chimie avec les enfants !

Pour finir, et même si cela ne touche pas directement au ménage, il reste la question des insectes... Je pense qu'on pourrait également faire un guide pratique sur l'art de les repousser avec des moyens naturels, aussi ne vais-je pas m'étendre... Je témoignerai simplement de l'invasion de poissons d'argent qui nous a fort incommodés quelques mois après la naissance de notre premier. Nous ne voulions pas utiliser d'insecticide nocif pour nous et le bébé, mais comment faire ? L'huile de neem dans la maison et la terre de diatomée dans le garage (et de nombreux passages d'aspirateur) nous ont permis de « rétablir la situation ». Et puisque ces bestioles n'étaient pas dangereuses, nous avons accepté d'en croiser encore parfois une ou deux... Mieux vaut ça que d'inhaler des substances toxiques, non ?

Chapitre 8

POUR BÉBÉ

L’arrivée d’un bébé génère forcément beaucoup de dépenses, en particulier dans notre société où l’on estime qu’un certain nombre d’accessoires sont in-dis-pen-sables pour l’accueillir dignement. Je sais de quoi je parle, je suis passée par là – ou plutôt mon mari, qui, à défaut d’avoir la joie de porter notre premier enfant, s’est fait un plaisir de l’équiper ! Notre société a si bien « organisé » les besoins des jeunes mamans que les supermarchés leur dédient spécifiquement un ou plusieurs de leurs rayons : laits infantiles, Blédines, petits pots, biscuits spéciaux, jus de fruits pour bébé, couches, lingettes, lotions nettoyantes, tétines, biberons… Comment survivre hors des grandes surfaces quand on a un bébé ?

Nourrir bébé sans supermarché

Les recommandations de l'INPES et de l'OMS

De nos jours, le biberon est perçu comme un accessoire tellement indissociable du bébé qu'il apparaît bien souvent sur les faire-part de naissance. Pourtant, si l'on en croit les recommandations officielles, on ne fait aucun tort à son enfant en ne lui donnant pas le biberon, et on lui fait en revanche beaucoup de bien en lui donnant le sein !

L'Institut national de prévention et d'éducation pour la santé l'affirme : « L'allaitement maternel est l'un des premiers facteurs de protection durable de la santé de l'enfant. Le Programme national nutrition santé (PNNS) recommande un allaitement maternel exclusif pendant six mois révolus (l'allaitement peut être poursuivi ensuite, avec des aliments complémentaires, jusqu'à deux ans voire davantage). Mais même de plus courte durée, l'allaitement reste toujours recommandé. En effet, le lait maternel est un aliment unique, de qualité irremplaçable, et ses caractéristiques ne se retrouvent pas toutes dans les "laits infantiles" du commerce. »[98] L'OMS va dans le même sens.

98 Dans le guide de l'allaitement maternel de l'INPES : http://inpes.santepubliquefrance.fr/CFESBases/catalogue/pdf/1265.pdf

RECOMMANDATIONS DE L'OMS [99]

«Les nourrissons devraient être allaités exclusivement au sein pendant les six premiers mois pour une croissance, un développement et un état de santé optimaux.
Après six mois, compte tenu de l'évolution de leurs besoins nutritionnels, les nourrissons doivent consommer des aliments de complément sûrs et adaptés du point de vue nutritionnel, tout en continuant à être allaités au sein jusqu'à deux ans, voire plus.»

Le guide de l'INPES rappelle en outre que l'allaitement maternel permet de nouer une relation privilégiée avec l'enfant. Sur la santé de la mère et de l'enfant, des études ont été menées pour démontrer les bienfaits de l'allaitement, et ce n'est pas l'objet de ce livre que de les reprendre. Je dirai seulement à titre personnel que, ayant allaité ma fille jusqu'à l'âge de 3 ans, j'ai pu constater qu'elle avait été moins souvent malade, qu'elle n'avait eu qu'une seule otite, alors que son frère aîné, non allaité, a souffert d'otites à répétition depuis l'âge de 3 mois et d'allergie. Ce n'est peut-être pas un hasard, car on sait que l'allaitement diminue les risques d'allergie et que l'action mécanique de succion particulière à la tétée joue un rôle dans la prévention des otites. Quant à moi, l'allaitement m'a permis de retrouver la ligne sans faire le moindre régime…

Allaiter, c'est dépassé ?

Certaines femmes ont peur de ne pas avoir assez de lait ou de se heurter à l'incompréhension de leur entourage. Et puis, le biberon a un côté rassurant : on peut mesurer la quantité de lait ingurgitée, choisir un lait «digestion facile» ou «formule épaissie». Bref,

99 http://www.who.int/topics/breastfeeding/fr/

on peut rationner, contrôler, maîtriser. (Je ne peux pas m'empêcher de voir dans cette rationalisation un signe de « domination masculine » sur le nourrissage infantile, alors que l'allaitement « féminin » se fait de manière totalement anarchique à la seule demande du bébé – ce qui est la meilleure méthode pour combler ses besoins !).

Pour d'autres femmes, l'allaitement contrevient à l'idée qu'elles se font de l'image et de l'usage de leur corps : trop « animal », trop « asservissant »... Pourtant beaucoup de femmes qui étaient sûres, avant la naissance, de ne pas vouloir allaiter, perçoivent les choses différemment une fois que le bébé est là et se mettent à nourrir leur enfant avec bonheur.

Pour ma part, comme beaucoup de mamans, je ne m'étais pas préparée à allaiter mon premier enfant : je pensais que ce serait une évidence. Or, l'allaitement maternel est un art, certes simple, mais qui doit être transmis... Il existe des livres très bien faits pour aider les mères à surmonter les difficultés des premiers temps et des associations qui apportent des réponses fiables et efficaces à toutes les questions qui peuvent se poser au long d'un allaitement[100]. J'y ai fait appel pour ma part et j'ai beaucoup de gratitude pour l'aide qui m'a été apportée dans ces circonstances-là.

De plus en plus de femmes désirent allaiter pour pratiquer une forme de « maternage proximal », le plus souvent avec le souci de vivre leur maternité « naturellement ». Leurs motivations ne sont pas toujours bien comprises. Devant ma détermination à allaiter, un ami de mes parents m'a confié : « À l'époque où mes enfants sont nés, il n'y avait que les femmes pauvres qui allaitaient, celles qui n'avaient pas les moyens d'acheter du lait industriel ». Mais les scandales qui ont touché les laits artificiels, en Chine en 2008

100 Une bible en la matière est *L'Art de l'allaitement maternel*, de la Leche League (qui est aussi une association d'aide à l'allaitement). Dans la région lyonnaise, l'association Galactée fait un travail merveilleux.

avec la mélamine, en France en 2017, avec la salmonelle, sont de nature à faire percevoir autrement la question. D'ailleurs, en Chine, l'affaire du lait frelaté a entraîné un *boom* de l'allaitement – et même le retour des nourrices[101] ! Ainsi, il est bien davantage admis aujourd'hui qu'une femme allaite – au moins jusqu'à la reprise du travail, après quoi les choses se compliquent, car elle est priée de remettre son corps au service de la productivité ! On (les collègues, la belle-mère, le médecin) accusera l'allaitement – mais pas le travail ! – de lui causer trop de fatigue…

Le regard des gens sur l'allaitement a toutefois commencé à changer, et il est bon qu'il évolue encore pour que toutes les mères se sentent libres de nourrir leurs enfants aussi longtemps qu'elles le souhaitent. Pour ma part, moi qui ai allaité en public (quotidiennement et discrètement), j'ai eu une seule fois affaire à une réaction de recul, alors que je commençais à mettre ma fille au sein dans un parc. Un papa de trois enfants – dont la femme n'avait jamais allaité – a soudain interrompu sa conversation avec moi pour changer de place ! Je peux pourtant garantir qu'on « ne voyait rien ». Après une brève explication, le monsieur gêné est revenu s'asseoir.

La diversification

À partir de six mois (âge qui varie en fonction des modes et des pédiatres), il faut introduire d'autres aliments au menu de Bébé. Disons encore une fois que cela ne signifie nullement l'abandon du sein ou du biberon, le lait restant l'aliment principal pour plusieurs mois encore. Bien sûr, le supermarché propose tout ce qu'il faut pour la diversification et nous « mâche » le travail : les petits pots indiquent à partir de quel âge on peut donner les légumes qu'ils contiennent, puis la viande, les textures sont adaptées au

101 Source France Info, https://www.francetvinfo.fr/replay-radio/c-est-comment-ailleurs/c-est-comment-ailleurs-le-scandale-du-lait-frelate-en-chine_2502125.html

nombre de quenottes supposées être apparues... Comment ne pas se sentir rassurée par leur calibre idéal et les indications nutritionnelles détaillées sur l'emballage ? On retrouve en fait la même problématique qu'avec l'allaitement : on a « scientificisé » l'alimentation du tout-petit, et les parents sont tentés de faire davantage confiance aux préparations industrielles, à leurs vitamines ajoutées et à leur « garantie qualité » plutôt qu'à leur intuition... et à des produits frais.

En réalité, l'alimentation d'un tout-petit n'a rien de bien spécifique. On évite de mettre du sucre et du sel, d'introduire certaines

Un peu de recul

Les préparations industrielles sont-elles dangereuses pour les enfants ?

J'ai trouvé dans *Votre enfant de 0 à 5 ans* de Penelope Leach une intéressante réflexion sur la façon la plus sûre de diversifier l'alimentation des bébés. « Quelquefois, le contenu des pots – un mélange de légumes par exemple – est dilué puis épaissi à nouveau avec de l'amidon ou un autre agent gélifiant ; quelquefois, le goût naturel est modifié par des arômes artificiels ou des colorants. [...] Toutefois, le plus grand risque pour la santé des bébés n'est pas de leur donner une nourriture inadaptée ou un éventuel surplus d'additifs. Beaucoup de spécialistes sont d'accord pour dire que le danger vient surtout des résidus de pesticides. La meilleure façon d'éviter ces derniers est d'acheter uniquement des produits biologiques – fruits et légumes si vous cuisinez vous-mêmes, ou petits pots produits à base d'aliments issus de la culture bio »[102]. Penelope Leach ajoute que si l'on ne peut pas offrir uniquement du bio à son enfant, le plus important est de varier beaucoup son alimentation : « Plus les jus de fruits, les légumes ou les fruits qu'il ingurgite sont variés, moins il est exposé aux produits nocifs ajoutés à l'un d'eux en particulier[103] ».

102 Penelope Leach, *Votre enfant de 0 à 5 ans*, Paris : Pearson Pratique, 2005, p. 167.
103 Id., p. 246.

choses avant un an : les recommandations du carnet de santé et du pédiatre ne sont pas très compliquées à suivre. Nul besoin, donc, de faire des courses spécialement pour bébé au rayon bébé ! Les bonnes carottes de l'AMAP, les pommes bio de l'épicerie ou les épinards frais du marché ont davantage de chances de lui apprendre le vrai (et bon) goût des choses. Bien sûr, le plus gros problème, c'est que cuisiner pour Bébé est coûteux en temps, surtout si on veut faire un plat différent pour le reste de la famille – et on peut comprendre que tout le monde n'ait pas envie de manger des carottes bouillies et de la purée de courge pendant plusieurs mois.

Pour autant, miser sur les petits pots et autres plats en barquette pour bébé n'est pas un bon calcul. Lorsque ma cadette est née, j'ai eu moins de patience que pour mon aîné, à qui j'avais donné un maximum de repas faits « maison ». Comme j'allais encore au supermarché, j'achetais chaque semaine pour elle quatre ou cinq petits pots censés représenter son repas du soir – et dans le même temps, nous consommions, son frère, son père et moi, beaucoup de conserves et de plats « tout prêts ». C'était un cercle vicieux : comme nous mangions de la nourriture industrielle, trop salée, trop sucrée, trop grasse pour un bébé, il était hors de question d'en donner une part à ma fille. Il lui fallait absolument son petit pot. Mais voilà : le goût desdits petits pots ne lui plaisait pas et je finissais par en jeter les trois quarts. J'avais beau varier les « parfums », rien n'y faisait. Au bout de quelque temps, j'ai réalisé que j'achetais machinalement des produits dont je savais qu'ils allaient terminer dans la poubelle ! La seule solution pour que ma fille mange le soir, c'était de cuisiner des vrais légumes pour toute la famille et d'en garder une part peu ou pas assaisonnée pour elle. En plus, comme tous les bébés, elle préférait avoir dans son assiette ce qu'elle voyait dans l'assiette des autres. Bilan : les préparations industrielles infantiles ont été pour moi une grande source de gaspillage.

Combien ça coûte ?

Les sites dédiés aux jeunes parents proposent de vous dire combien va vous coûter la première année de votre nourrisson si vous consommez du lait industriel et des petits pots. Certains d'entre eux, moins nombreux, essaient d'estimer à combien va vous revenir votre allaitement. Il est vrai que c'est plus délicat à chiffrer. Faut-il considérer que les soutiens-gorge d'allaitement sont des dépenses alimentaires (ou que vous vous seriez de toute façon acheté trois soutiens-gorge de grande taille pour la grossesse ?) Et pour les purées «maison», comment compter précisément la part d'un bébé «diversifié» sur votre dernier kilo de pommes de terre ? Quel poids de haricots achetez-vous en plus pour votre choupette de 10 mois ? Tentons tout de même de comparer le coût d'un bébé avec et sans supermarché.

Bébé avec supermarché :

Lait infantile :
entre 60 et 100 €/mois selon les sites (allobebe.fr, parents.fr, materneo.com [104]).

Petits pots
(en supposant que le bébé en consomme à chaque repas) :
115 €/mois pour allobebe.fr et la MACIF
75 à 130 €/mois pour materneo.com (qui ajoute 15 à 30 € de farines et biscuits).

Bébé sans supermarché :

Allaitement : 0 €

Location d'un tire-lait :
prise en charge par la sécurité sociale sans limite de temps sur prescription du médecin (seules les téterelles doivent être achetées à la pharmacie – compter environ 25 € pour toute la durée de l'allaitement).

Purées et compotes «maison» :
une petite part des achats de fruits, légumes, riz, pâtes et viande de la semaine.

104 Une boîte de lait infantile «premier âge» de 900 g « de marque » coûte entre 17 et 22 € au supermarché. La quantité de lait consommée varie en fonction de l'âge du nourrisson.

Pour une consommation « classique », le site de Maternéo estime que le montant des courses alimentaires du bébé peut s'élever jusqu'à un maximum de 2 800 € la première année[105]. Bien sûr, c'est un cas extrême, car dans la plupart des familles, le bébé ne mange pas des petits pots midi et soir... Quoi qu'il en soit, et même s'il est difficile à chiffrer, le bébé « zéro supermarché » semble absolument imbattable sur les prix ! Qu'en est-il donc du temps nécessaire à la préparation de ses repas ?

Combien de temps ça prend ?

La réponse est très variable selon les circonstances. Prenons le cas où le bébé est exclusivement allaité et passe ses journées et ses nuits auprès de sa mère. L'allaitement dans ce cas ne prend pour ainsi dire pas de temps, au sens où aucune préparation n'est nécessaire : pas d'eau à faire tiédir, de biberon à secouer, de matériel à laver. La nuit, pour ma part, j'ai trouvé tellement plus agréable de mettre directement un bébé au sein, sans quitter ma chambre[106], plutôt que de devoir me rendre à la cuisine, allumer la lumière et mesurer la quantité de poudre et d'eau, puis attendre que cela chauffe... en supportant les pleurs pendant tout ce temps ! Allaiter, c'est aussi pouvoir partir en promenade aussi longtemps qu'on veut sans avoir à transporter la bouteille d'eau minérale, la poudre et le biberon... Sans doute la durée d'une tétée est-elle supérieure à celle d'un biberon, mais on peut en faire un moment de lecture, de détente, de câlin, bavarder au téléphone ou jouer en même temps avec les grandes sœurs et frères... Bref, le temps de

105 http://www.materneo.com/etre-maman/preparer-larrivee-de-bebe/le-budget-de-bebe-dans-sa-premiere-annee/budget-bb1.html

106 La pratique du *cosleeping* fait toujours débat, mais il est à présent admis qu'il est bon pour la santé du nourrisson qu'il partage la chambre de ses parents en ayant son propre lit. Selon l'académie de pédiatrie des États-Unis (AAP), faire dormir l'enfant dans la même pièce que ses parents serait associé à une réduction de 50 % du risque de mort subite. Sur la base de ce constat, l'association médicale estime dans un rapport présenté ce 24 octobre dans la revue médicale *Pediatrics* qu'une telle pratique « devrait être suivie pendant au moins les six premiers mois, et même jusqu'à un an ». Source : France Info, https://www.francetvinfo.fr/sante/enfant-ado/mort-subite-du-nourrisson-mieux-vaut-dormir-dans-la-chambre-parentale_1887375.html

l'allaitement, ce n'est que du bon temps ! Il me paraît sain de s'autoriser à le prendre, car chaque bébé ne vient au monde qu'une seule fois. (En plus, quand j'allaitais ma deuxième, mon mari préparait tous les repas pour « participer à l'effort de guerre » ! J'étais vraiment gagnante.)

Les choses se compliquent pour les mères qui continuent à allaiter à la reprise du travail. Les plus chanceuses auront peut-être une crèche d'entreprise et pourront allaiter « en direct ». Les autres peuvent choisir de tirer leur lait et de le conserver pour le fournir à la crèche ou à l'assistante maternelle. C'est une solution qui demande incontestablement du temps et de l'organisation, et qui n'est réalisable que si le lieu de travail s'y prête un minimum, c'est-à-dire s'il y a un endroit propre, avec un point d'eau et offrant l'intimité requise (ce qui est théoriquement une obligation légale de l'employeur). Le temps d'allaitement pendant le travail est prévu par le Code du travail pour tout type d'entreprise et quel que soit l'effectif : « pendant une année à compter du jour de la naissance, les mères allaitant leurs enfants disposent à cet effet d'une heure par jour durant les heures de travail » (art. L.224-2), « répartie en deux périodes de trente minutes, l'une pendant le travail du matin, l'autre pendant l'après-midi. Le moment où le travail est arrêté pour l'allaitement est déterminé par accord entre les intéressées et leurs employeurs. À défaut d'accord, il est placé au milieu de chaque demi-journée de travail » (art. R. 224-1).

Personnellement, j'ai tiré mon lait deux fois par jour sur mon lieu de travail depuis les trois mois de ma fille jusqu'à ses dix mois. Je bénéficiais d'une pause d'une demi-heure le matin, et je prenais ensuite du temps sur ma pause déjeuner (qui durait une heure trente). Le plus difficile était de venir récupérer en vitesse les biberons de mon lait dans le frigo en fin de journée sans rater mon bus ! Au-delà de dix mois, j'ai cessé de tirer mon lait, et à la place, la nounou donnait des yaourts à ma fille pour qu'elle ait la quantité de laitages suffisante.

Mais lorsque la lactation est bien installée, une mère peut tout à fait continuer à allaiter sans tirer son lait, et ce dès la fin du congé maternité. Quand le bébé est gardé, il consomme du lait infantile et tête aussitôt qu'il retrouve sa mère. Il continue à bénéficier des bienfaits du lait maternel le soir, au petit déjeuner, les week-ends et pendant les vacances… C'est sans doute la solution la plus légère et la moins chronophage.

BRASSIÈRE D'ALLAITEMENT ET ROBOT CUISEUR POUR BÉBÉ : DEUX OBJETS « COUP DE POUCE »

Mathilde Senghor, sage-femme et mère d'un petit garçon de 18 mois qu'elle allaite, m'a fait part de deux astuces qui l'ont aidée à gérer ses journées surchargées :
« Pendant quelques mois, j'ai tiré mon lait au travail, mais comme mes pauses étaient comptées, il fallait souvent que je mange en même temps. Heureusement, j'ai découvert l'existence des brassières d'allaitement, qui permettent de fixer les téterelles du tire-lait et de garder les mains libres. Une amie enseignante utilise une brassière pour corriger ses copies en tirant son lait. Il faut compter 45 € environ et on en trouve facilement sur Internet. Pour les purées de mon fils, une amie m'a donné son robot cuiseur qui mixe les aliments. C'est un modèle basique, très pratique, parce qu'il permet de cuire de petites quantités : je n'épluche que le nécessaire, ça va vite, et je ne suis pas obligée de faire chauffer ma grosse Cocotte pour si peu de légumes. Je m'en servais beaucoup au début, mais maintenant, je ne le fais plus que de temps en temps, parce que mon fils mange à peu près la même chose que moi. Je ne sais pas si j'aurais acheté cet objet neuf, pour l'utiliser seulement quelques mois, mais si on vous l'offre ou si vous pouvez vous le procurer d'occasion, n'hésitez pas ! »

En ce qui concerne la diversification, des parents qui cuisinent déjà régulièrement des légumes pour eux-mêmes et pour les autres enfants n'auront guère de travail supplémentaire. Il faut simplement penser à congeler de temps en temps une portion pour bébé, en prévision des jours où on voudra préparer un plat qu'il ne peut pas encore manger. Il me semble que la seule chose qu'on est obligé de faire spécialement pour un tout-petit, c'est la compote de fruits ou les fruits cuits. En principe, cuisiner pour un bébé ne nécessite pas de matériel particulier, mais certains accessoires peuvent tout de même vous faire gagner du temps.

Enfin, les purées qui prennent du temps – et génèrent de la vaisselle supplémentaire – ne sont peut-être pas si indispensables que cela. Si vous laissez votre enfant manger avec les doigts, dès qu'il en est capable, vous le rendrez responsable de son repas et vous vous éviterez bien des batailles (« Mais Chérie, rends-moi la cuillère si tu veux que je la remplisse ! »). Vous n'aurez pas plus de nettoyage à faire (qu'est-ce qui tache le plus un mur ? des morceaux de légumes qui retombent par terre ou une purée qui s'étale ?). De plus, avoir un bébé qui mange tout seul permet de manger soi-même (toutes les personnes qui partagent leur repas avec un tout-petit voient ce que je veux dire). Ne vous inquiétez pas, le moment venu, votre petite princesse et son frère sauront manier la cuillère, la fourchette, le couteau, les baguettes chinoises et les couverts à poisson… Mais pour l'instant, si vous leur donnez des haricots, des morceaux de carottes fondantes, de pommes de terre bien tendres, des lamelles de poires cuites, bref, tout ce qu'ils peuvent manger avec les doigts, vous y trouverez votre compte comme eux – et vous n'aurez plus à laver votre presse-purée.

LA TOILETTE DE BÉBÉ

Les lingettes… encore !

À la naissance de votre enfant, avant même que vous ayez l'occasion de mettre les pieds dans un supermarché, vous avez déjà entre les mains un certain nombre de produits qui semblent de première nécessité : des couches, des biberons « de complément[107] », des lingettes pour le change… Ces produits vous arrivent généreusement distribués par la maternité, qui les reçoit elle-même généreusement donnés par les fabricants.

Personnellement, à la naissance de mon premier enfant, je ne connaissais pas les lingettes imprégnées. Ayant vu ma mère utiliser des « laits nettoyants » pour le change de ma plus jeune sœur, je m'en étais procuré un par avance. Pour le reste, j'attendais sagement les consignes de la maternité quant à la bonne manière de donner le bain du nourrisson et de faire ses divers soins. Je dois dire que les puéricultrices n'ont fait de publicité pour aucun savon, aucune lotion, aucune marque de shampoing. J'ai appris à savonner

---

107 Au sujet de ces biberons, notons que si les marques de lait infantile n'ont pas le droit de faire de la publicité pour leurs produits et sont tenues de diffuser des messages de promotion de l'allaitement maternel, il est paradoxal qu'elles fournissent gratuitement les maternités et soient présentes sur le lieu et au moment où se joue le bon démarrage de l'allaitement.

mon nouveau-né de la tête aux pieds et à le rincer de la plus simple des façons. Mais j'ai aussi très vite pris l'habitude d'utiliser à chaque change les fameuses lingettes imprégnées mises à ma disposition, si bien que de retour à la maison, j'ai laissé au placard mon « lait nettoyant » et j'ai demandé à mon mari d'acheter trois paquets de lingettes.

Quelques jours plus tard, j'ai entendu parler du phénoxyéthanol dans une émission de radio. Nous étions en effet en 2008 et cette année-là, l'INRS (Institut national de recherche et de sécurité) publiait une fiche toxicologique sur cette substance. Elle indiquait qu'elle était facilement absorbée par la peau et pouvait induire (après métabolisation en acide phénoxyacétique) des effets neurotoxiques et des troubles neurologiques. La journaliste mentionnait que le phénoxyéthanol était présent dans toutes les lingettes pour bébé, de même que d'autres produits dangereux comme les parabènes. Je suis allée lire la composition de mes sympathiques lingettes parfumées : la liste de produits chimiques était longue comme le bras, et j'y ai retrouvé phénoxyéthanol, et éthyle ou méthylparabène...

J'ai d'abord décidé de ne pas utiliser ces lingettes sur la peau de mon enfant – elles pouvaient toujours servir à essuyer autre chose. Ensuite, je me suis tournée vers le « lait nettoyant » que j'avais prévu : j'ai trouvé la liste de ses composants bien trop longue, de même que celle d'une autre lotion pour le corps qu'une amie m'avait achetée en pharmacie.

De nos jours, la composition des lingettes de la plupart des marques a évolué : certaines affichent sur leurs bandeaux : « Sans parabène, sans phénoxyéthanol, sans alcool, sans BHT, sans DMDM, sans colorant, sans parfum, non testé sur les animaux » (c'est fou, tout ce qu'on pourrait mettre dans une lingette !) ; une marque annonce même que ses lingettes sont 100 % biodégradables. Mais elle précise sur son site Internet : « À jeter dans le bac des ordures ménagères. La filière de recyclage n'existe pas actuellement ». Or, la question des déchets avec un nourrisson devient vite… embarrassante ! La poubelle de la salle de bains se remplit en un temps record.

Alors, comment faire pour laver et changer Bébé sans faire de lui un pollueur à la peau chargée de substances plus ou moins dangereuses pour sa santé ?

Les produits de toilette : le plus simple, le plus sain

Je me suis alors mise à fréquenter un forum où de jeunes mamans échangeaient leurs astuces « naturelles ». C'est ainsi que j'ai découvert le liniment, qu'elles disaient toutes « magique » et qu'on pouvait fabriquer soi-même. Le liniment, qu'est-ce que c'est ? Simplement de l'eau de chaux mélangée à de l'huile d'olive. Il permet de lutter contre les érythèmes fessiers : la base (l'eau de chaux) rétablit le Ph de la peau de Bébé (acidifiée par l'urine) et l'huile la recouvre d'un film protecteur – donc, il ne faut pas rincer, mais simplement appliquer. Personnellement, je ne l'ai jamais fabriqué, mais acheté en pharmacie, puisque c'était l'endroit où on le trouvait le plus facilement il y a dix ans.

Mais, mais, mais… il se pourrait qu'à mon insu, j'aie appliqué à mon fils et à ma fille un certain nombre d'autres produits que les fabricants n'étaient pas obligés d'indiquer dans la composition à l'époque. Ainsi, pour le liniment provenant d'un laboratoire pharmaceutique, il était simplement écrit à l'époque : « huile d'olive, hydroxyde de calcium ». La même marque énumère aujourd'hui les ingrédients suivants : « Olea Europaea Fruit Oil,

Aqua, Stearalkonium Hectorite, Caprylyl Glycol, Propylene Carbonate, Ethylhexylglycerin, Calcium Hydroxyde, Peg-8, Tocophérol, Ascorbyl Palmitate, Ascorbic Acid, Citric Acid.» Or, d'après le site «la vérité sur les cosmétiques» (https://laveritesurlescosmetiques.com), ce liniment contient deux ingrédients reconnus comme néfastes (Propylene Carbonate et Peg-8). Donc, malgré toute mon attention, j'ai été trompée, parce que la législation à l'époque (avant 2014) n'imposait pas aux fabricants de donner la composition complète de leurs produits. Et pour être totalement objective et impartiale, je dois signaler que les liniments des marques de distributeurs ont des formules plus «propres» que celles de plusieurs grandes marques de cosmétiques ou de pharmacie…

Si c'était à refaire, peut-être bien que je fabriquerais mon liniment moi-même (enfin, je le ferais faire à mon époux qui aime bien ce genre de «recettes») !

Faire soi-même son liniment…

Les recettes que l'on trouve sur Internet disent toutes à peu près ceci : Faire chauffer au bain-marie 100 ml d'huile d'olive (bio) dans un récipient, et 100 ml d'eau de chaux dans un autre récipient. Lorsque les deux liquides sont chauds, les sortir du bain-marie et verser lentement l'huile sur l'eau de chaux en mélangeant avec un fouet pour créer une émulsion. (On peut aussi les mixer au blender.)

Il existe une alternative : mélanger les ingrédients directement au blender à froid. Mais il faudra alors davantage secouer avant chaque utilisation car les deux ingrédients auront tendance à se séparer.

Attention à la conservation : prévoir un flacon propre, opaque (pour garder le mélange à l'abri de la lumière) et l'utiliser dans le mois qui suit.

Pour les autres produits d'hygiène, nous avons suivi les conseils de la sage-femme qui nous avait accompagnés pendant la grossesse : du savon d'Alep pour le corps, de l'huile d'amande douce pour les croûtes de lait. Trois produits de base, c'est amplement suffisant pour la toilette de Bébé – et encore, il y a des mamans qui utilisent aussi le liniment pour les croûtes de lait ! Mais tout cela ne dit pas comment changer une couche sans les fameuses lingettes imprégnées...

Comment remplacer les lingettes ?

Sur cette question, tout dépend de votre implication dans la démarche « zéro déchet » ! Si ce n'est pas votre critère principal, vous trouverez dans certaines épiceries (pas toutes), en pharmacie ou ailleurs, des carrés de coton bio jetables. Il est important de les choisir bio, car la culture du coton classique emploie beaucoup de pesticides. Mais outre qu'ils remplissent votre poubelle, ils ont aussi un coût, ce qui peut vous amener à opter pour l'autre solution, celle des carrés de coton lavables.

En effet, beaucoup de boutiques bio et de sites de vente en ligne proposent des lingettes ou des carrés en tissu – le plus souvent en coton, mais cela peut aussi exister en chanvre, viscose de bambou, micropolaire, ou mélange des différentes matières pour plus de douceur...

Personnellement, j'avais une « méthode » moitié-moitié : j'utilisais des carrés lavables mouillés et enduits de savon pour nettoyer le caca et rincer (ma table à langer était dans la salle de bains, avec le robinet à portée de main). Puis sur la peau sèche, j'appliquais le liniment à l'aide d'un coton jetable. J'aurais pu tout faire « en lavable », mais je craignais que l'huile du liniment ne dépose à la longue un film gras sur mes carrés de tissu, et je n'étais pas non plus adepte du liniment étalé avec les doigts (ce qui peut se faire). Lorsque j'étais à l'extérieur, j'utilisais uniquement des cotons jetables. Eh oui, je n'ai pas toute la rigueur nécessaire pour être une maman « zéro déchet » !

Mais je suis quand même contente quand je pense à toutes les lingettes enduites de phénoxyéthanol que je n'ai pas mises sur la peau de mes enfants… et dans ma poubelle.

Et pour débarbouiller les petites mains et les joues pleines de purée ? Une vieille serviette de toilette usée, découpée en dix rectangles stockés dans un tiroir de la cuisine : voilà mes lingettes lavables ! (D'ailleurs, pour les carrés de coton lavables, il m'est arrivé aussi de recycler des bavoirs trop fins… Deux coups de ciseaux, quatre carrés pour le change !).

Combien ça coûte ? Combien de temps ça prend ?

L'intérêt est surtout de comparer le coût d'une année avec les différents produits. Je prendrai une moyenne de 6 à 8 cotons ou lingettes utilisées dans une journée. Je choisis pour faire mon calcul la marque de lingettes qui apparaît comme la moins toxique sur le marché (les lingettes aux parabènes et au phénoxyéthanol sont moins chères, mais comparons des produits non nocifs si possible !).

Lingettes imbibées (les moins toxiques) :	*Cotons bio jetables :*	*Carrés ou lingettes lavables :*
5,05 € les 60 lingettes. Soit 0,084 €/pièce Liniment : 0 € **Total** : **entre 184 et 245 € par an.**	3,50 € les 60 carrés. Soit 0,058 €/pièce, entre 128 et 170 € Liniment : 3,45 €/mois soit 41,40 €/an. **Total : entre 169,40 et 211,40 € par an.**	Lot de 12 lingettes lavables coton bio (22,5 x 22,5) = 15 € 6 carrés de coton bio lavable en 10 x 10 = 9,90 € Liniment (même base) : 41,40 € **Total : 66,30 € par an.**

Ajoutons deux précisions. La première : si vous utilisez des lingettes lavables, la deuxième année, vous n'aurez pas besoin d'en racheter. Vous ne paierez plus que le liniment. La seconde : si vous utilisez des lingettes imprégnées, vous dépenserez aussi sans doute beaucoup plus en crèmes pour les érythèmes fessiers…

Quid du temps ? Mettre des lingettes à la machine à laver n'est pas réellement chronophage. Peut-être passerez-vous deux minutes de plus à étendre votre linge…

Il nous reste à présent la question qui fâche, la question qui tue : celle des couches ! Comment garder Bébé au sec sans les couches jetables du supermarché – et les super promos chocs en bons d'achat fidélité ? Est-ce qu'il peut vraiment y avoir une solution moins chère ? Oui !

LES COUCHES

Qu'y a-t-il dans une couche jetable ?

Les fabricants de couches-culottes n'indiquent pas la composition de leurs produits sur le paquet. Et pour cause ! Quand la publicité vante la douceur au toucher, quand on veut laisser croire que Bébé est « dans du coton », il est délicat d'avouer qu'il n'y a pas le moindre coton dans la couche, mais seulement de la cellulose (une fibre issue du bois), du plastique et quelques autres substances potentiellement toxiques.

Quant à leur pouvoir super absorbant, la plupart des couches (même des couches « écologiques » vendues en grande surface) contiennent du polyacrylate de sodium. Je suis allée chercher des informations sur cette substance sur le site canadien de la CNESST (Commission des normes, de l'équité, de la santé et de la sécurité du travail), lequel fournit un répertoire toxicologique[108]. Il n'indique certes pas que le polyacrylate de sodium soit cancérogène ou cause de stérilité, mais précise dans les règles de manipulation : « Éviter les contacts prolongés ou

108 http://www.csst.qc.ca/prevention/reptox/Pages/fiche-complete.aspx?langue=f&no_produit=269712

EN JANVIER 2017, LE MAGAZINE *60 MILLIONS DE CONSOMMATEURS* PUBLIE DES ANALYSES MENÉES SUR DOUZE RÉFÉRENCES...

« Des résidus de glyphosate (le principe actif de l'herbicide *Roundup*) et d'autres pesticides ont ainsi été détectés dans certaines références. Ce qui interpelle, car la plupart de ces pesticides sont classés « cancérogènes probables » ou « cancérogènes possibles » par des organismes qui font autorité dans ce domaine.
Dans d'autres couches (ou dans les mêmes), ce sont des traces de dioxines – et de molécules de la même famille – ou d'hydrocarbures aromatiques polycycliques (HAP) qui ont été mises en évidence. Autant de composés dont le potentiel toxique est, là encore, étayé scientifiquement. Et la liste des molécules indésirables que nous avons retrouvées dans les couches bébé ne s'arrête pas là... [109] »

À la suite de l'enquête de *60 Millions de consommateurs*, et à la demande du journal fin janvier 2017, sept fabricants ont accepté de révéler leurs « ingrédients [110] ». On retrouve sans surprise des dérivés du pétrole, des colorants « dont la composition n'est pas déclarée », et même, dans les adhésifs de l'une d'entre elles, des « polymères thermoplastiques incluant un agent masquant d'odeur de matière première ». Autrement dit, la matière première de l'adhésif pue tellement qu'il faut ajouter un produit pour masquer son odeur.

répétés avec la peau ». Nous pouvons donc nous demander ce qui se passe quand un bébé, à la peau particulièrement sensible, reste 24 heures sur 24, pendant deux ans et demi, avec une certaine dose de polyacrylate de sodium sous les fesses. Est-ce que le voile de surface en polypropylène fait barrière ? Et qu'en est-il, une fois que la couche est mouillée ?

Heureusement, en se passant du supermarché pour acheter les couches de Bébé, on évacue le problème : à nous les couches écologiques vendues sur Internet ou dans les boutiques bio ! Mais

109 https://www.60millions-mag.com/2017/01/24/des-residus-toxiques-dans-les-couches-pour-bebes-10917.

110 On peut retrouver les résultats marque par marque sur le site de la revue : https://www.60millions-mag.com/2017/02/08/couches-bebe-la-verite-sur-leur-composition-10959

est-ce vraiment si simple ? Pas sûr ! Pour tenter de le savoir, j'ai parcouru le site Internet d'une société qui se dit « la première marque de couches écologiques pour bébé fabriquées en France et bio ». Le fabricant annonce fièrement la liste des substances nocives que sa couche ne contient pas, mais ne donne nulle part sa composition complète. Au sujet du super absorbant, la substance utilisée n'est pas précisée. Il est seulement écrit que ses « matelas absorbants isolent totalement la peau de bébé du contact avec le super absorbant grâce à un grammage de cellulose nettement supérieur aux couches conventionnelles ». Cela n'enlève rien aux efforts fournis par ailleurs par le fabricant pour rendre sa couche moins mauvaise pour la peau et l'environnement. Mais un voile de surface plus épais, est-ce une garantie suffisante pour les parents ? Et pourquoi ne pas nommer le super absorbant utilisé ? Si votre enfant doit porter des couches jetables, prenez donc le temps de choisir la marque qui vous apparaîtra comme la moins toxique.

L'impact environnemental

Les couches jetables classiques ou écologiques ont au moins un point commun : comme leur nom l'indique, elles doivent être jetées. L'excellent documentaire *Couchorama* (accessible sur le site de la vidéothèque du CNRS[111]) rappelle que leur durée d'utilisation (quelques heures) est sans commune mesure avec le temps qu'elles passeront ensuite en décharge. La filière de recyclage des couches, même dites « écologiques », n'existe pas plus que celle des lingettes imprégnées. D'ailleurs, comment pourrions-nous stocker pendant une semaine des couches emplies d'urines et d'excréments en attendant le jour du passage du camion « poubelle verte » ?

111 http://videotheque.cnrs.fr/doc=2885

Produit emblématique de notre société de consommation, la couche jetable arrive en tête de nos ordures ménagères, toujours d'après *Couchorama*. À raison d'une moyenne de six couches par jour, un bébé produit en trois ans une tonne de déchets à lui seul. Est-ce le cadeau que nous voulons offrir à nos enfants : une tonne d'ordures pour leur troisième anniversaire ? En outre, les fabricants de couches, anticipant le déclin des naissances dans les pays occidentaux, sont partis à l'assaut de régions comme la Chine et l'Inde, qui pratiquaient jusqu'à il y a peu d'autres modes d'hygiène infantile. On l'oublie en effet, mais la couche jetable n'est une évidence que pour nous et seulement depuis 35 ans. On faisait autrement avant, et on le fait encore ailleurs.

Je ne parlerai pas ici de ce que l'on appelle HNI (Hygiène naturelle infantile), ni des mères africaines qui font un petit siège avec leurs pieds pour permettre au bébé de se soulager proprement, ni des pantalons fendus traditionnels en Chine. Il ne s'agit pas de refuser tout le confort de notre modernité, mais plutôt d'en faire un usage raisonné. Laquelle modernité nous offre une machine formidable qui s'appelle le lave-linge et qui nous permet de nous (re) tourner vers un objet non moins formidable : la couche lavable !

Les différents types de couches lavables

Trois mois après la naissance de mon fils aîné, lassée de voir les paquets de couches se vider aussi vite que mon porte-monnaie, et intriguée par les conversations des jeunes mamans sur le forum auquel je participais, j'ai commencé à m'intéresser de plus près aux couches lavables dont elles parlaient avec tellement d'enthousiasme. D'abord, elles s'accordaient toutes à dire qu'elles faisaient des économies. Ensuite, elles vantaient le côté esthétique des motifs, des tissus, des couleurs. Certaines avaient même cousu leurs couches elles-mêmes pendant leur grossesse ! Et puis, elles comparaient les différents systèmes existants, en fonction des matières, du système d'attaches, de l'adaptation à telle ou telle morphologie de bébé, du temps de séchage... Cette file de discussion était une mine d'informations.

Puisque d'autres mamans y trouvaient leur bonheur, pourquoi pas moi ? Persuadée de faire un bon investissement, je me suis rendue dans une boutique de puériculture «écologique», et la vendeuse m'a proposé, pour débuter, de tester trois modèles différents. En effet, avant d'investir dans le lot de douze à quinze couches nécessaires, mieux vaut faire un essai !

Précisons d'emblée une chose : les couches lavables d'aujourd'hui n'ont rien à voir avec les langes de nos grands-mères (même si les langes reviennent eux aussi à la mode). Elles sont très efficaces et aussi performantes que les couches jetables – lesquelles sont loin d'être parfaites, comme le savent tous ceux qui ont pu faire l'expérience d'une fronce mal positionnée ou d'un débordement inopportun...

Dans les grandes lignes, on peut considérer qu'il y a deux modèles de couches lavables : les couches «tout en un» et les couches dans lesquelles la partie absorbante (insert en éponge de coton bio ou mélange de coton et de bambou le plus souvent) est indépendante de la culotte de protection imperméable.

L'avantage des «tout en un», c'est que le moment du change est aussi facile qu'avec une jetable. Ces couches sont pourvues de scratchs ou de pressions ajustables et se mettent en un tour de main comme celles du supermarché. Pratique quand on a un bébé qui gigote. Ce sont celles que je préfère, mais elles ont aussi leur inconvénient : elles sont plus chères et elles existent rarement en taille unique (ce qui signifie qu'il faut acheter trois ou quatre lots suivant les marques pour couvrir toute la période qui précède la propreté). Pour le temps de séchage, je n'ai jamais eu de problème : la marque que j'avais choisie se dépliait pour que les trois épaisseurs d'éponge sèchent plus vite. En 24 heures, mes couches propres étaient de nouveau prêtes à l'emploi. Ah, oui, bien sûr : on évite d'utiliser le sèche-linge, pour ne pas les abîmer ni surconsommer de courant électrique...

Les couches en deux parties, vous l'avez compris, ont l'avantage de revenir moins cher. En effet, on achète moins de culottes de protection que de parties absorbantes, car à moins d'un très gros pipi, on peut remettre la culotte de protection plusieurs fois dans la journée. On ne change que l'intérieur de la couche. De plus, ce sont souvent des modèles qui existent en taille unique avec un jeu de pressions permettant d'ajuster la couche à la taille de l'enfant. Ainsi, on s'équipe une bonne fois pour toutes. Mais elles ont aussi leurs inconvénients. Parmi les modèles que j'ai testés, l'un s'attachait avec un lacet : dès que le bébé bouge pendant le change, cela devient compliqué ! Un autre était muni de pressions, en plus des scratchs de la culotte de protection : trop long à mettre. Un dernier était vraiment trop épais et mettait plus de 24 heures à sécher... Pour moi, ce fut donc le modèle «tout en un» qui l'emporta. Bien que plus élevé, son coût est resté en dessous de ce que m'auraient coûté trois ans de couches jetables...

Combien ça coûte ?

Pour avoir un point de comparaison, il faut donner une idée de ce que coûte un bébé en couches jetables. Le site de Maternéo, qui fait très bien les choses, propose le calcul suivant :

Le coût d'une couche

Le coût d'une couche jetable est très variable d'une marque à l'autre, d'une taille à l'autre, mais aussi d'un paquet à l'autre si vous « tombez » sur une opération « pack en promo ». En faisant une étude de marché, il apparaît que le coût minimum pour une couche est d'environ 15 centimes d'euro, le coût maximum d'environ 50 centimes d'euro. Vu l'étendue de la gamme, nous pouvons nous accorder sur un coût moyen de 25 centimes d'euro.

Le budget «couches» pour trois ans, calculé à partir du coût d'une couche à l'unité[112] :

Nombre de changes sur 1 an :	*Budget minimum : 15 cts d'euro*	*Budget moyen : 25 cts d'euro*	*Budget maximum : 50 cts d'euro*
Minimum : 3950	592,50 €	987,50 €	1975 €
Moyenne : 4410	661,50 €	1102,50 €	2205 €
Maximum : 4870	730,00 €	1217,50 €	2435 €

Pour ma part, en me basant sur le prix des couches d'une marque «écologique» et en tenant compte de la variation du prix de la couche en fonction de la taille, j'ai calculé que j'aurais vraisemblablement dépensé 2 € par jour, soit 1 825 € en deux ans et demi… et encore, mes enfants n'étaient pas propres à cet âge-là, mais plutôt à trois ans ! Il faut ajouter à cela que si vous avez un deuxième ou un troisième enfant, vous débourserez de nouveau la même somme…

112 Source : http://www.materneo.com/etre-maman/preparer-larrivee-de-bebe/le-budget-couches-de-votre-bebe/le-budget-couches-par-annee-et-par-mois-pour-votre-bebe.html

Voyons à présent ce qu'il en est avec les couches lavables. Je me réfère à la marque suédoise de couches en coton bio que j'ai utilisées pour mes enfants, avec les prix affichés en 2018. Il existe sans doute des marques moins chères, mais j'avais fait le choix de la qualité pour pouvoir réutiliser sans problème les couches pour mon deuxième enfant.

Voici donc ce que me coûteraient trois ans de couches si je les achetais aujourd'hui :

Couches « Tout en un » :	*Couches taille unique avec culotte de protection séparée :*
16 couches taille 1 12 couches taille 2 12 couches taille 3 10 couches taille 4	3 kits de huit changes (2 culottes et 8 inserts) : 327 €
Soit 50 couches à 22 €/pièce	3 inserts de nuit : 37,50 €
	1 culotte « de rechange » : 13,50 €
Total : 1 100 €.	**Total : 378 €.**

On constate donc que le budget le plus onéreux en couches lavables correspond au budget moyen des couches jetables et reste bien en deçà des jetables « écologiques ». Quant à la version « insert + culotte de protection », elle défie toute concurrence. Mais il y a mieux : votre deuxième ou votre troisième enfant réutilisera les mêmes couches, faisant chuter le budget « change » à zéro ! En outre, vous n'êtes pas obligé(e) d'acheter les couches neuves. Ma belle-sœur utilise par exemple pour son fils les couches qui ont servi à mes deux enfants. Si personne de votre entourage ne peut vous en donner, vous avez la possibilité d'en trouver des lots d'occasion sur Internet.

En réalité, on a toujours besoin de quelques couches jetables : quand survient l'épidémie de gastro-entérite, quand on séjourne chez une personne chez qui on ne peut pas demander à se servir de la machine à laver... Mais leur achat reste exceptionnel.

Combien de temps ça prend ?

Évidemment, ça prend un peu plus de temps que d'ouvrir la poubelle. Mais pas tant que ça ! Même si les deux parents travaillent, c'est possible et même tout à fait vivable. Il suffit de trouver la gestion qui vous convient. Il y a des parents qui préfèrent laver les couches à part et moins souvent : dans ce cas, il faut gérer le stock de couches sales et aussi avoir un lot de couches plus important : c'est pour ces raisons que je n'ai jamais opté pour cette solution.

Pour ma part, j'ai toujours lavé les couches au fur et à mesure, avec le reste du linge. Avec un bébé, *a fortiori* s'il y a déjà un grand frère ou une grande sœur, on fait facilement tourner une machine de 5 kilos par jour ou presque. Il suffit d'y joindre les cinq ou six couches de la journée, préalablement rincées. Le système de feuillets papier que l'on place à l'intérieur de la couche permet de récupérer les selles et de les jeter directement dans les toilettes ; finie, la poubelle qu'on doit descendre en urgence, avant même qu'elle soit pleine, à cause de la couche atrocement malodorante qu'on vient d'y mettre ! Et si le feuillet n'est pas souillé, il supporte trois ou quatre passages en machine avant de rendre l'âme. Il faut donc prévoir chaque jour cinq minutes de rinçage des couches avant le passage en machine (un peu plus si les couches sont très sales), cinq minutes de plus passées à étendre le linge, et cinq minutes de pliage des couches propres et sèches avant de les remettre « en circulation ». Un quart d'heure quotidien pour éviter une tonne de déchets, pas mal de dépenses, et un contact permanent de bébé avec des substances douteuses : est-ce que le jeu n'en vaut pas la chandelle ?

Ajoutons qu'il existe dans certaines régions des services de location/lavage de couches[113].

Comment fait-on à l'extérieur ?

Il existe des sacs en toile imperméable spécialement conçus pour transporter les couches souillées sans désagrément. En promenade, on emporte le sac avec les couches de rechange. Chez la nounou, on donne le sac vide et les couches propres le matin et on récupère le sac plein le soir. Les deux assistantes maternelles qui ont gardé mes enfants ont accepté sans problème, alors même qu'elles ne connaissaient pas les couches lavables et que les autres bébés étaient en jetables. Chaque fois, j'ai pris le temps de montrer comment cela fonctionnait et les réticences du début ont vite fait place à l'habitude, tout naturellement.

Si votre enfant est en crèche, trois cas sont possibles. La crèche peut refuser par crainte que le système ne soit pas suffisamment « hygiénique » – en réalité, parce qu'il est difficile de bousculer les habitudes. Mais il existe des crèches qui tolèrent que les parents fournissent des couches lavables : il est alors recommandé d'associer le personnel de la crèche au choix du modèle de couche, car les auxiliaires puéricultrices vont avoir à les mettre et les enlever aussi souvent que vous… Enfin, il existe des crèches qui mettent déjà depuis des années tous les enfants en couches lavables et se chargent du lavage sur place : quelle aubaine pour les parents !

Chauffe-biberon, stérilisateur, berceau, transat, poussette… Finalement, un deuxième enfant plus tard, je me rends compte que

---

113 http://www.mapetitecouche.fr ; http://www.alsace-ecoservices.org

les deux seuls objets vraiment nécessaires pour les premiers mois étaient le siège auto (personne ne plaisante avec la sécurité) et le porte-bébé en tissu.

Au final, se passer du supermarché quand on a un bébé, c'est tout à fait possible, c'est moins cher, c'est meilleur pour sa santé, et c'est la meilleure façon de ne pas en faire dès le début de sa vie un « surconsommateur malgré lui » !

CONCLUSION

APRÈS PLUS DE DEUX ANS...

En guise de conclusion, je voudrais faire le point sur notre expérience familiale de ces deux dernières années.

Quand j'interroge mon fils de neuf ans sur ce que signifient nos nouvelles habitudes, il répond : « Cela limite les emballages, c'est plus écologique, ça aide les petits magasins et producteurs, ça permet d'avoir des produits meilleurs. » Nous avons découvert que vivre SANS supermarché, cela veut dire AVEC beaucoup d'autres choses !

Concrètement, cela nous a apporté :
- des découvertes gustatives,
- une alimentation plus fraîche, plus riche en fruits et en légumes,
- l'amour de la cuisine (et ça, c'est une surprise !),
- des activités avec les enfants,
- davantage d'occasions d'échanger avec les autres,
- plus de curiosité et l'impression d'être des aventuriers du quotidien,
- un autre regard sur l'organisation de notre vie en général,
- le sentiment de mettre en cohérence nos actes avec notre façon de penser,

- le sentiment de renouer avec de bonnes choses de notre enfance,
- celui d'être plus libre, aussi, de s'affranchir du «système»,

... et pas plus de dépenses !

On peut tout à fait faire ses courses hors des grandes surfaces à budget égal. Pourquoi ? Parce qu'on ne consomme pas exactement les mêmes produits. On réalise beaucoup d'économies en renonçant aux plats préparés, aux produits en emballages individuels, à la malbouffe (très chère)... et à toutes les tentations de dernière minute ! Le marché, le vrac, les AMAP, les circuits courts... permettent de se procurer des produits bio et de qualité sans se ruiner. Pour les plus petits budgets, il existe aussi des associations qui rendent (au moins en partie) ces produits accessibles. On fait de même beaucoup d'économie sur les produits d'entretien et nombre de produits d'hygiène. On mange moins de viande, mais elle est bien meilleure (et cela contribue à notre santé). Si on est bien organisé, on dépensera même nettement moins d'argent hors du supermarché.

L'organisation, c'est sans doute le plus important ! Au début, cela m'a effrayée, naturellement. Prendre le temps de cuisiner, aller faire mes courses à deux ou trois endroits différents, trouver un créneau pour faire les biscuits... Pourtant, cela s'est fait pour ainsi dire «tout seul», sans que je renonce à mes activités sportives et artistiques (bien au contraire !). Cela s'est fait avec l'accord et le soutien de toute la famille, dans la bonne humeur. Peut-être aussi que mieux manger nous donne plus d'énergie et un meilleur moral ? En tout cas, nous ne trouvons pas ça «trop lourd». C'est devenu naturel et pour rien au monde nous ne reviendrions en arrière. Pour ma part, j'aime le côté rituel de l'AMAP ou du marché, et je redoute plutôt cette perte des repères spatio-temporels (on mange n'importe où n'importe quand, on travaille partout, on communique sans interruption, on fait ses courses jusqu'à minuit...) qui nous donne cette impression de « ne pas avoir de vie ».

Au-delà de l'alimentation et de la vie quotidienne, cesser de fréquenter les grandes surfaces a aussi entraîné une baisse de nos achats d'objets. Lorsque nous avons déménagé, il y a quelques mois, nous avons évité au maximum les grands magasins d'ameublement (pour ne pas citer de marque). Nous avons tout de même acheté quelques chapeaux de lampe, mais pour équiper la cuisine, nous avons tout pris d'occasion : une gazinière récupérée chez ma belle-sœur, un banc abandonné par ses anciens propriétaires (et que nous avons réparé), une colonne et un petit meuble pour ranger la vaisselle, tous deux trouvés sur le Bon Coin. Le seul objet neuf de la cuisine est un cadeau qu'on nous a fait. On parle en effet beaucoup du gaspillage alimentaire, mais le gaspillage de l'électroménager, des vêtements, des objets en tout genre, est tout aussi important et scandaleux. Quand allons-nous revenir à la raison ? Heureusement, les personnes qui refusent ce gâchis sont de plus en plus nombreuses, et les initiatives qui les fédèrent le montrent, comme celle des Colibris qui ont proposé en 2018 le défi « Rien de neuf ».

J'ai tenté ici, au-delà de mon expérience personnelle, de faire un petit tour d'horizon des solutions qui existent pour consommer moins et mieux, plus responsable et plus humain. Par bonheur, je ne peux pas prétendre à l'exhaustivité, car les idées nouvelles germent à chaque instant. Pendant que je rédige cette conclusion, j'apprends qu'il existe même une application pour donner ou vendre les surplus de son jardin... L'inventivité humaine est sans limite.

Et heureusement ! Car tout est à réinventer dans ce monde que nous avons façonné et qui va d'ici peu devoir faire face à des bouleversements profonds. On parle beaucoup du réchauffement climatique, un peu moins de l'épuisement des sols, de la perte de biodiversité, de la fin inéluctable du pétrole (que rien ne sera jamais capable de remplacer, selon toute vraisemblance). La tentation est grande de se replier dans le déni ou le sentiment d'impuissance. Pourtant, aucun être humain n'est véritablement impuissant, chacun et chacune peut agir à son niveau et auprès de son entourage. Rompre avec nos habitudes de consommation n'est pas à proprement parler un acte héroïque, mais c'est déjà un acte qui a des répercussions rapides et concrètes sur l'économie, l'environnement, la santé. Favoriser une agriculture de proximité et la moins dépendante possible du pétrole, c'est du plaisir pour aujourd'hui et un atout pour demain.

REMERCIEMENTS

Je tiens à remercier sincèrement toutes les personnes qui m'ont donné un peu de leur temps pour témoigner de leur expérience ou expliquer leur travail, et ainsi apporter un précieux complément à mon expérience personnelle :

Alain Sorgues, André Fournel, Karine, Gallien Rieusset, Philippe Marguery, Séverine et Monique, M. Benois, Jean-Luc Margerit, Valérie Mokry, Camille Lykzinski et Loïc Gillon, les bénévoles de l'association Citoyens Solidaires, Marion Journet, Mohammed, Juanita Digonnet, Vincent Ducreux, Frédéric Faure et Noémie Tostet, Céline, Joachim Robert, Odette Miralles et Silvana Medves, William Dussart, Lucas Bodet, Stéphanie Nicolas, Marc-Alexandre Krier, Laure Buthon, Eugénie Grimonet, Jean-Sébastien, Laurent Chomel, Denis Scarenzi, Agathe Béraud, Mathilde Senghor, Amélie Borie, Paul Roy, Marie-Claire Frédéric et Marie-Christine Tanchoux.

Un chaleureux merci à Paul Ariès, qui a accepté sans hésiter de préfacer cet ouvrage. Merci à lui, aussi, parce qu'il rappelle souvent à quel point la poésie nous est nécessaire pour vivre et rendre possible le changement que nous désirons.

Merci plus largement à toutes les personnes qui portent avec enthousiasme une autre vision du monde, dans laquelle « moins de biens » rime avec « plus de liens ».

Je remercie aussi, bien sûr, Dominique Pérot-Poussielgue qui a cru en ce projet et qui lui a permis de prendre forme, ainsi qu'Anne Guirado pour ses relectures.

Je remercie tendrement mes enfants, qui ont compris que c'est beaucoup de travail d'écrire et qui ont patiemment attendu que je rédige cette page de remerciements (et toutes les autres avant).

Merci à mon époux de s'être lancé à mes côtés dans cette démarche et d'avoir passionnément contribué au blog qui la relate.

Je remercie Mamisa qui a suivi le rythme et nous a permis de le tenir, Hélène et Quyên pour leur présence réconfortante, mes sœurs qui sont aussi des sources d'inspiration.

Merci à Jean-Yves Caro pour sa manière de m'encourager sans réserve dans tous mes projets d'écriture et pour ses retours avisés.

Merci enfin à ma chatte Alice, qui m'a tenu compagnie pendant la rédaction de ce livre et qui s'est bien habituée à ses croquettes d'Auvergne.

SITES UTILES

Pour trouver un marché :

Le site Internet de votre mairie !

http://www.marches-producteurs.com/

https://presdecheznous.fr/
Annuaire précieux, à consulter également pour les autres recherches !

Pour trouver une AMAP :

www.reseau-amap.org
Annuaire national des AMAP.

http://miramap.org/-Trouver-une-AMAP-.html
Cette page renvoie vers tous les réseaux régionaux d'AMAP et vers l'annuaire national.

https://www.cagette.net
Un logiciel libre qui vise à faciliter les achats groupés de produits locaux, en direct de la ferme, bio ou équitables.

Pour trouver les producteurs qui pratiquent la vente directe :

www.acheteralasource.com
Répertorie tous les endroits où acheter en vente directe.

http://www.bienvenue-a-la-ferme.com/recherche/produits-fermiers/2651

http://www.reseaucocagne.asso.fr
Agriculture bio, circuit court et insertion par le travail.

Pour trouver des cueillettes à la ferme :

http://www.chapeaudepaille.fr
32 exploitations dans toute la France.

www.cueillettemontplaisir.com (02)

Les Petits Verts,
Les Mauberts, Route d'or, Pégomas (06)
Tél. : 06 33 54 93 01.

Ferme de la Frestellée,
Lisores (14)
Tél. : 06 76 75 43 71.

http://cueillettefabull.canalblog.com à Soyaux (17).

http://www.fraises-asperges-pyrenees.com à Sombrun (17).

La Cueillette de Saint-Xandre (17)
Tél. : 06 82 32 87 20 ou 06 62 46 07 82.

http://www.cueillette-lavernose.fr (31).

http://cueillette-fruitsrouges.fr/ (Labège, 31).

http://www.lafermedugrandchemin.net/ (38).

http://cueillettealaferme.free.fr/ (38).

https://cueillette-a-la-ferme.net/ (69).

http://www.fermedurocher.com/ (83).

Le site **www.evous.fr** répertorie également les cueillettes à proximité de Paris, Toulouse, Lyon, Marseille, Bordeaux, Nantes, Strasbourg, Lille, Nice, Montpellier.

Pour trouver une ferme urbaine :

http://www.larecyclerie.com/ferme-urbaine/
Ferme dans le quartier de la Porte de Clignacourt, mais vente à la Ruche qui dit Oui des surplus qui ne vont pas au restaurant.

https://www.facebook.com/fermeurbaineclermontferrand
Ferme en projet à Clermont-Ferrand.

https://www.terracoopa.net/agriculteurs-entrepreneurs/les-agriculteurs-bio/ferme-urbaine-collective
Ferme urbaine collective de La Condamine à Montpellier.

http://www.chezbasile.fr/agriculture-urbaine/ (Saint Denis, 93).

http://www.veniverdi.fr
À Paris, vente des produits cultivés dans les fermes urbaines.

http://www.lyon-dardilly-ecully.educagri.fr/ferme-de-labbe-rozier
Ferme de l'abbé Rozier à Lyon.

Pour trouver un magasin de producteurs :

http://www.magasin-de-producteurs.fr/
Répertorie 356 magasins dans toute la France.

http://www.terredenvies.fr/
Réseau de boutiques paysannes.

Pour trouver un *drive* fermier ou local :

http://www.drive-fermier.fr/
Site émanant de la Chambre d'agriculture.

http://www.drive-fermiers.fr/

https://ledrivetoutnu.com/ (Toulouse).

Pour trouver un jardin :

http://www.jardins-familiaux.asso.fr/

http://www.lesjardinsduloup.fr/le-jardin-participatif-2/ (06).

http://jardins-partages.org/
Site du réseau national du Jardin dans tous ses états, qui fournit la liste des associations suivantes :

Auvergne Rhône-Alpes, association Le Passe Jardins,
Béatrice Charre, 131 rue Challemel Lacour, 69008 Lyon,
Tél. : 04 78 00 22 59,
contact@lepassejardins.fr, www.lepassejardins.fr/

Bretagne, association Vert le Jardin,
Michel Campion, Céline Le Bihan, Venelle de Kergonan,
29200 Brest, Tél. : 02 98 46 06 92,
vertlejardin@wanadoo.fr, www.vertlejardin.infini.fr

Île-de-France, association Graine de jardins,
Laurence Baudelet, 21 rue de Jessaint, 75018 Paris,
Tél. : 09 82 42 43 46,
contact@grainedejardins.fr, www.jardinons-ensemble.org

Grand Est, association Eco Conseil,
Serge Hygen, 7 rue Goethe, 67000 Strasbourg,
Tél. : 03 88 60 16 19
contact@ecoconseil.org, www.ecoconseil.org

Hauts de France, association Les AJOnc,
René Penet, 13 rue Montaigne, 59000 Lille, Tél. : 03 28 55 03 30,
coordination.ajonc@free.fr, www.ajonc.org

Nouvelle Aquitaine, association Place aux jardins,
Dorothée Nicq, 84 avenue du Président Kennedy, 33600 Pessac,
Tél. : 06 30 56 98 10,
contact@placeauxjardins.org, http://placeauxjardins.org

Normandie, association Ardes,
Jean-Baptiste Cazin, Maison des Solidarités, 14000 Caen,
Tél. : 02 31 82 43 91,
ardes-bn@wanadoo.fr, www.ardes.org

Pays de Loire, association BiodiverCity,
Marie Keruhel, 95 rue Deslandes, 37000 Tours,
biodivercity.contact@gmail.com, www.biodivercity.fr

Provence-Alpes-Côte d'Azur, association Réseau des jardins solidaires méditerranéens,
4 cours de la République, 13350 Charleval, BP 20017,
Tél. : 09 63 24 55 57,
contact@reseaujsm.org, www.reseaujsm.org

Région Occitanie :
- Association Les semeurs de jardins,
Céline Viaud, Montpellier,
contact@semeursdejardins.org
- Association Arpe,
Jean-Louis Fabry, 14 rue de Tivoli, 31068 Toulouse Cedex,
Tél. : 05 34 31 97 13,
fabry.jl@arpe-mip.com
- Association Partageons les jardins,
36 rue Bernard Mule, 31400 Toulouse,
Tél. : 06 87 37 81 67,
contact@partageonslesjardins.fr,
www.partageonslesjardins.fr

Pour jardiner durable :

http://kokopelli-semences.fr/boutique
Pour acheter des semences libres de droits et reproductibles.

http://www.terrevivante.org/

Pour se faire livrer à domicile ou en point relais :

https://locavor.fr/
(toute la France).

https://jemangefrancais.com
(toute la France).

https://www.kerbio.fr
(Nantes).

www.lacabionnette.fr
(Morbihan).

https://www.marechal-fraicheur.fr/
(Lyon).

https://deligreens.com/
(Lyon).

https://www.potagercity.fr/
(plusieurs villes en France).

www.lacharretteforezienne.fr
(Loire).

https://www.mon-panier-bio.com
Répertorie les solutions de livraison de paniers de légumes partout en France.

https://www.foodette.fr/
Paniers recettes sur toute la France.

https://www.okadran.fr
Viande sur toute la France.

https://poiscaille.fr/
Produits de la mer sur toute la France.

https://www.panier-paysan-correze.com
(Corrèze)

http://www.courgetteetciboulette.fr/
(Drôme, Ardèche, Isère).

http://www.lepanierpaysan.fr/
(Loire, Rhône).

http://cap-local.fr/
(Toulouse et agglomération).

https://www.fermeattitude.fr/
(Toulouse).

http://www.lepanierdeschamps.com
(Ille-et-Vilaine, Morbihan, Côtes-d'Armor).

Pour faire ou se faire livrer ses courses en vrac :

https://www.vracnroll.com/
(Lyon).

https://www.epicerie-vrac.fr/
(France).

https://mescoursesenvrac.com/
(Grenoble).

http://www.iletaitunenoix.com/
(France).

https://greenshopper.fr/
(Nantes).

http://open-atlas.org/kiltirvrac/
(La Réunion).

https://reseauvrac.org/
Répertorie un grand nombre d'épiceries vrac.

https://consovrac.com/
Répertorie tous les magasins vrac par lieu et par produit.

https://www.abracada-vrac.com/
Pour trouver du vrac près de chez soi.

Pour se renseigner sur les épiceries indépendantes :

https://filiere-paysanne.blogspot.com
(Marseille).

http://www.grap.coop/
(150 kilomètres autour de Lyon).

Pour partir en vacances sans supermarché :

http://www.accueil-paysan.com/fr/

http://www.bienvenue-a-la-ferme.com/accueil/index/se-
jours/2646

http://gitelebocal.fr/
Premier gîte « zéro déchet »..

Pour éviter le gaspillage alimentaire :

http://www.lapetitecuisinedenat.com/tag/anti-gaspi/
Recettes « anti-gaspi ».

Associations solidaires et « anti-gaspi » !

http://vrac-asso.org/
Vers un Réseau d'Achat en Commun.

http://www.recupetgamelles.fr/
Bocalerie solidaire.

http://www.jaimebocoh.com/
Bocalerie solidaire.

https://discosoupe.org/
Pour des fêtes populaires «anti-gaspi».

https://www.lesecocharlie.org/
Association anti-gaspi.

http://lechainon-manquant.fr/
Lutte contre le gaspillage et redistribution.

http://www.confiturerebelle.fr
Bocalerie solidaire.

https://www.lepotagerdacote.fr/
Application pour vendre ou donner ses surplus de jardin.

Pour s'informer et aller plus loin :

http://www.mescoursespourlaplanete.com/
Guide pratique en ligne de la consommation responsable, avec des fiches produits très intéressantes.

http://simplicitevolontaire.org
Site québécois de la simplicité volontaire.

https://www.colibris-lemouvement.org/

Et pour nous retrouver sur notre blog :

https://maviesanssupermarche.blogspot.com

De la même auteure, en poésie :

Un Récit, préface de J.P. Siméon, Gros Textes,
prix Amélie Murat 2018

Vingt-sept degrés d'amour, éditions du Citron Gare.

Direction : Guillaume Pô
Direction éditoriale : Élisabeth Pegeon
Conception et suivi éditorial : Dominique Pérot-Poussielgue
Corrections de texte et relecture : Anne Guirado
Direction artistique : Julie Mathieu
Création couverture et maquette : Johanna Fritz
Adaptation maquette et mise en pages : Véronique Sommeilly
Direction de la fabrication : Thierry Dubus
Suivi de fabrication : Gwendoline da Rocha

Certifié PEFC
Ce produit est issu de forêts gérées durablement et de sources contrôlées.
PEFC 10-31-1470
pefc-france.org

Rustica éditions s'engage pour la planète : cet ouvrage est imprimé de façon éco-responsable avec des encres végétales, sur du papier issu de forêts gérées durablement, par un imprimeur français certifié PEFC (promouvant la gestion durable de la forêt).

Achevé d'imprimer en décembre 2018
par SEPEC - ZA des Bruyères - 01960 Peronnas (France).
Numéro d'impression : 10435180915